光尘
LUXOPUS

李跃儿 著

读懂孩子的行为

国际文化出版公司

· 北京 ·

图书在版编目（CIP）数据

读懂孩子的行为 ／ 李跃儿著． --北京：国际文化
出版公司，2024.2（2025.3重印）
ISBN 978-7-5125-1395-2

Ⅰ．①读… Ⅱ．①李… Ⅲ．①儿童教育－家庭教育
Ⅳ．①G781

中国版本图书馆CIP数据核字（2022）第010883号

读懂孩子的行为

作　　者	李跃儿	
责任编辑	张　茜	
责任校对	沈安佶	
出版发行	国际文化出版公司	
经　　销	国文润华文化传媒（北京）有限责任公司	
印　　刷	文畅阁印刷有限公司	
开　　本	880毫米×1230毫米	32开
	11印张	220千字
版　　次	2024年2月第1版	
	2025年3月第4次印刷	
书　　号	ISBN 978-7-5125-1395-2	
定　　价	59.00元	

国际文化出版公司
北京市朝阳区东土城路乙9号　　　　邮编：100013
总编室：（010）64270995　　　　传真：（010）64270995
销售热线：（010）64271187
传真：（010）64271187-800
E-mail：icpc@95777.sina.net

李跃儿和她的芭学园

张同道

纪录片制作人，纪录片《小人国》《成长的秘密》《零零后》导演

芭学园的孩子们叫她大李，家长们喊她大李老师，我称她老李——我们说的是同一个人：李跃儿，"李跃儿芭学园"的创办人。

芭学园汇聚了一群个性饱满的孩子，他们生活在自然、自由的世界，表现出最真淳的人性状态：2岁半的探险家、3岁的哲学家、4岁的爱情公主、5岁的孩子王……别以为芭学园是放养天才的处所，它只是打开了儿童的心灵，释放了人性的光辉。在这里，只要不伤害他人，每个孩子的行动就都是自由的，每个孩子的天性都能得到尊重，这体现的正是李跃儿的教育理念"孩子是脚，教育是鞋"，削足适履不是芭学园的工作。

每个家长都以为自己最懂孩子、最爱孩子。然而，看了芭学园里孩子们的生活，也许家长们就不那么自信了，有些人会发现自己在教育孩子方面是那么的无知和愚昧。在小康中国，不少父母不惜重金为孩子的身体提供一个物质天堂，

却不愿为孩子的心灵搭建一间温馨的小屋。从传统的诉诸棍棒的教育理念到当代放纵孩子的教育模式，多少暴力假借爱的名义耀武扬威，正如法国思想家卢梭所说："自由，多少罪恶假汝之名以行。"

李跃儿芭学园奉行的教育理念什么样？为了真切感知李跃儿的教育方式，我的摄制组在芭学园跟踪拍摄一年，制作了一部关于儿童的纪录片《成长的秘密》。在这里，我权作放映员，为您剪切几个镜头。

场景一：静静的午睡时间，一位2岁半小男孩悄悄地溜到教室，发现筐里放着豆子。他谨慎地回头看看，发现李跃儿站在门口，便试探性地往地板上丢了几颗豆子，又小心翼翼地看一下大李，大李表情平静，他便又撒出一把豆子，大李依然表情平静，于是，他大把大把地把豆子撒在地板上，疯狂地在豆子上来回奔跑。待他跑够了，疯够了，大李邀请他一起把豆子收起来，放回筐里。

场景二：游戏结束了，大李告诉一位小男孩时间到了，必须把剪刀归位。小男孩拒不放下剪刀，放声大哭。大李抓住剪刀，不抢不夺也不松手，只是一遍又一遍地重复：游戏结束了，剪刀必须归位。僵持了一刻钟后，小男孩放弃，依然哭泣，大李拥抱了小男孩。

场景三：雪中的芭学园，门口站着一位4岁女孩，拒不进屋——她在等一位小男孩，男孩不来她就不进屋，这个情况已经持续一年了。大李走过来问道："我可以陪你等吗？"

小女孩摇摇头。雪越来越密,大李再次走过来,把自己的围巾给女孩围上。大李再次问她是否可以陪同,女孩点点头。雪还在飘,大李陪同小女孩等待,一直到男孩出现。

这些都是发生在芭学园的平凡场景,它凝聚了李跃儿的教育理念:耐心、原则和方法——这是爱的真实内涵。她尊重孩子的意志,呵护儿童的心灵,让他们感到自己是世界的主人;同时,她又耐心帮助孩子们建构原则,决不漫无边际地放纵。李跃儿正在以她的理念和行动,改写中国儿童教育版图。

李跃儿何许人也?

镜头切回1999年,为寻找纪录片选题,朋友老徐陪我驾车畅游宁夏,拜访了研究《易经》和宇宙之谜的王木匠、造飞机的牧羊老人、唱民歌的花儿大王、留在西海固的北京知青等等。中秋前夕,我们赶到贺兰山下的小楼——老徐家住这里——我第一次见到李跃儿。老徐反复预告"家有傻妻",不过李跃儿一点儿也不"傻",墙上悬挂的风景油画揭示了她的画家身份,而且她还给了我更多惊喜。一见面,她就讲述了她父母的陈年爱情故事,细节、情境极为逼真。看过她为儿童美术班上课,我当即确定她为纪录片的主人公——这个决定有些突然,出乎她,也出乎我本人的意料。她顺应儿童天性的教育理念、对待儿童的耐心与善意、调动气氛的才华触动了我的神经。这部纪录片便是后来在中央电视台播出的《沙湖画人》,沙湖边上的儿童写生成为影片的重要内容。此事定下以后,我们就带着帐篷去体验小沙湖。晚上明月当空,凉风如洗。那一天正是中秋。

此后两年，我们依然断断续续地通电话，偶尔也写信，彼此诉说一些生活中的欢乐和担忧。直到有一天，李跃儿告诉我她已辞去工作，专心从事儿童教育。我隐约感到，这个女人发挥天资的时刻来临了，一旦燃烧，没人能浇灭她升腾的生命火焰，正如罗曼·罗兰写《约翰·克利斯朵夫》时，心里亮起一道神奇的光芒，命运之神叩门了。

果然，不久之后，李跃儿的著作《谁拿走了孩子的幸福》出版了，她创办了芭学园，并从贺兰山下来到北京。她的儿童教育理念，从艺术家的直觉发展为一套完整的学说，她疯狂地工作、吸纳、释放，宛如穿上了一双红舞鞋。当我从美国游荡一年回到北京时，芭学园已经成为北京儿童教育圈里的顶级品牌。

李跃儿以艺术家直达心灵的洞察力、丰富的儿童教育经验，破解了儿童成长的心理秘密，她吸纳了西方现代教育成果，发展出一套完整的儿童教育模式，并以母亲般的耐心和爱心创办了芭学园——中国儿童教育的伊甸园。《读懂孩子的行为》这本书，正是李跃儿对儿童教育探索的最新成果。

不管人生的路多么漫长，童年都是一个意义重大的起点，隐藏着无法破译的心理秘密，一个阳光灿烂的童年为孩子储存了一生受用不尽的财富。大多数人都只有一次机会做父母或者子女，错过了就无法再来。我衷心祝愿李跃儿为更多儿童带去洒满阳光的童年。

育儿问题全解

李跃儿

我常常疑惑：几乎所有的领域都有个全解、汇编集，怎么在养育孩子这个问题上就没有呢？

就拿孩子吃手来说，这就不是一个简单的问题。刚出生的孩子吃手，是件让人兴奋、吃惊的事，母亲应该为此自豪，这说明孩子在没出生前就已经开始利用吃手安抚自己了。如果0—6个月的孩子吃手，那家长应该感到安慰，这说明孩子发展正常。不过家长需要尽快把物品介绍给孩子，让孩子从吃手转向啃更加丰富的物品。6—9个月的孩子吃手，还算是正常，但是说明家长没给孩子预备足够的工作材料。9个月到2岁的孩子还吃手，说明家长的工作引领做得不够。3—5岁的孩子还吃手，就说明家长可能强化了孩子的吃手行为，而且没有引领孩子进一步成长。孩子以前不吃手，现在突然开始吃手，说明孩子遇到了麻烦，家长需要找到问题的根源，从根源上去帮助孩子，否则这个简单的吃手行为可能发展为很严重的心理问题。

可惜的是，很多家长只能看到孩子表面上的行为，把吃手当成了孩子令人厌烦的毛病，不管不顾地、粗鲁地制止孩子。如果家长了解自己这样做的后果，那他们肯定会被吓坏的。

比如，在孩子口的敏感期，如果家长把孩子吃手当成一个毛病去粗鲁地干涉，孩子就可能产生严重的不安全感，因为孩子用于满足内在需求的行为被不断打断，他会觉得自己无法掌控自己的世界，外部世界困难重重。在日后的成长中，这样的孩子会特别害怕困难，无法勇敢面对新环境中的挑战。

再比如，在肛欲期之前，孩子已经能够表达去卫生间的需求，到了肛欲期，孩子却突然尿裤子，这时，家长就以为孩子是故意跟自己作对，于是更加紧盯着孩子，不断提醒孩子上厕所。这会造成孩子的泌尿系统感觉紊乱，无法很好地练习自主排泄，甚至可能造成成年后的性障碍。

大多数家长在养育孩子的问题上会努力寻求正确的知识，但也有一些家长按照自己的猜测来处理和"解决"问题，直到孩子的问题变得严重。或者，孩子根本就没有问题，家长却觉得孩子到处都是问题，家长自己很紧张，弄得孩子也很紧张，导致孩子出现了睡眠问题、专注问题等等，令家长痛苦不堪。

养育一个孩子，是世界上最精密、最严肃、最复杂的事情，如果自己不懂却大胆乱来，那么结果可想而知。

　　我想对各位家长说：无论如何，请看看这本书，让它陪伴着您，帮助您养育您的宝贝孩子。本书集中解答了李跃儿教育论坛和李跃儿芭学园公众号上家长提出的许多具有代表性的问题，以及基于我四十年来与家长和孩子打交道的经验做出的解答，每一类问题都尽量按照年龄来排序，因为一个行为在某个年龄段可能是好事，而在另一个年龄段却成了问题。我想，您能在这本书里找到幼儿期孩子的绝大部分行为问题的成因和解决办法。希望这本书能够成为您养育孩子的好助手，成为您理解孩子的好工具。

　　感谢本次出版这本书的编辑付出的努力。

李跃儿

2023 年 10 月 23 日于威海

目录
Contents

第一章

孩子吃手，究竟该不该管

很多家长，尤其是帮儿女带孩子的老人，对孩子吃手的现象感到特别紧张。我曾经见过这样一幕：带孩子的大人时刻紧盯着孩子的嘴巴和手，只要孩子把手伸进嘴里，就立刻冲上去粗暴地把孩子的手从嘴里拿出来。有的家长很得意，因为他有更好的办法制止孩子把手伸进嘴里，那就是抓过孩子的小手，狠狠地揍，疼痛造成的恐惧使得孩子不敢再把手放进嘴里。于是，家长们在阳光下聊着天，孩子们就只能呆呆地坐在婴儿车上。

每当看到这样的情景，我都特别地着急和难过。在这个世界上，万物都有自己的生存方式，而每一个物种的幼崽之所以能够存活，都是因为被大自然赋予了属于这个物种的秘密武器。

我们来看看小猫。无论是家猫还是野猫，猫妈妈在生小猫前，都一定会找个最安全的地方做窝。小猫出生后，它们会产生一个坚定的信念，就是只要不离开猫妈妈给它们做的那个窝，它们就能活下来。如果你把还没有满月的猫带离它的窝，它就会感到非常恐慌。自然界给小猫设计的生物机制是记住妈妈的味道，坚决地待在窝里不乱跑，保证了这两条，它们就很可能活下去。

其他物种也有保证它们存活的生物机制，马、牛、羚羊、狮子、老虎的机制各不相同，正是这样的生物机制保证它们能代代繁衍、生生不息。那么，我们人类有没有这样的机制呢？人类是好奇的动物，世界万物之首，我们有能力去研究其他物种的生物机制，自然也研究过自己的生物机制。

孩子吃手，就像小猫依赖它的窝一样，是人类这个物种的生命机制。大自然为人类设计了成长的步骤和计划，这个计划的第一步就是吃手。

当婴儿从只吸吮母亲的乳头转为吃自己的手时，乳头和手的区别会刺激大脑，使得婴儿通过触觉开始分析、了解它们的不同，这就是早期的思维。

婴儿吃手就像小猫出生了要待在窝里一样重要，这是他们生存下来的保证。如果我们不让婴儿吃手，他们的大脑就不能在这一阶段开始发育。婴儿的发育与他们的心理健康程度密切相关。如果婴儿能够顺利按大自然设定的计划发展，他们就会感到平静和快乐；如果婴儿没能发展或者发展进程被严重干扰，他们就会显得不快乐，而当婴儿实在斗不过家长时，他们就只能变得麻木，以减少自己的痛苦。

在本章中，我们将用案例来帮助大家了解，孩子在什么情况下吃手是正常的发展行为，在什么情况下吃手是家长的教育出现了问题，需要家长改变自己。

0—2 岁的孩子吃手

孩子的神经是从头部向脚部逐渐成熟的。0—6 个月时，孩子脑部的神经开始成熟，而出于吸吮的本能，孩子使用嘴巴比使用其他肢体和器官更加熟练，于是出现了发展心理学家和教育家所称的口的敏感期。在这一时期，婴儿会用嘴巴啃所有自己感兴趣的东西，以锻炼大脑搜集外界信息的能力，这是他们为了日后用大脑学习、思考和生活所迈出的第一步。

1. 不让吃手，会不会影响孩子的心理健康？

☺ 我的宝宝怎么了

儿子现在 4 个半月了。早在 2 个多月大时，他就开始吃手指。一些书上说，在孩子半岁之前，家长不用管孩子吃手，半岁以后孩子就不会再吃了，所以我们目前并不阻止他。我认识一个妈妈，她女儿一吃手指她就打一下，现在她女儿已经不吃手指了。

我想确认的是，如果制止孩子吃手，孩子的心理健康会受到不良影响吗？

☺　大李老师来帮忙

在出生后的第 2 个月，婴儿就会练习用手找到自己的嘴巴，笨拙地将手伸进嘴巴，然后拼命地吸吮它。到了第 2 个月时，婴儿已经能够用手笨拙地抓住物品，连拖带搂地送进嘴巴了。这个时候，如果大人没有把适合孩子抓握的物品放在孩子手里，孩子就只能持续吃手，最终养成吃手的习惯。

这个时候，正确的做法是将合适的物品介绍给孩子，要选择孩子可以抓住的，而且不会呛进气管、捅坏嗓子的东西，因为婴儿还不能灵巧地使用他们的双手，也不了解哪些物品会带来伤害。这样，孩子的注意力就从手转向了物品，而不同的物品会带给孩子不同的刺激，新鲜的感觉总是能让孩子兴奋，这种喜悦和兴奋的感觉会使得孩子更加努力地啃这些物品。我们把婴儿的这种行为叫作"工作"，因为婴儿做出这些行为不是为了玩耍，而是为了发展，称其为"发展的工作"是最确切不过的。

既然婴儿在为自己的发展而努力工作，我们家长有什么必要为此担心呢？我们只需要懂得，婴儿需要用嘴巴去认识不同的事物，而不能只满足于吸吮。如果担心孩子一直吃手，往孩子手里塞一些可以啃的物品，问题也就解决了，同时，父母应该为孩子具有这样正常的发展行为而感到欣慰。

在这个时期，父母可以准备一些不同质量、不同大小的物品，供孩子用手抓握。在孩子吃饱奶后还没睡着时，家长可以用托盘装三件物品，如表面比较光滑的小铃铛、表面有凸出小颗粒的软胶玩具和一个小苹果，这三件物品中，有硬的、光滑的，有软的、不光滑的，也有带有味道的。这个时期的孩子还不会选择，家长可以将盘子放在孩子面前让他抚摸，并拿起其中一件物品放在孩子手里，然后将孩子的手和物品一起伸向他的嘴巴，这样孩子就理解了我们的意图，也了解了抓住物品给嘴巴去啃这个动作应该如何去做。之后，孩子就会自主地这样做。由于接触了物品，孩子慢慢地就不再吃手了。在这个过程中，家长为孩子做的事情就叫作教育。

2. 孩子吃手，父母是否应该干涉？

☺ 我的宝宝怎么了

我的儿子 1 岁零 4 个月了，还是经常吃手。今天，我带他在小区幼儿游乐场玩，别的孩子都在玩滑梯，他站在那里只顾吃手。我看着觉得有点儿烦，就把他的手拿出来，不让他吃，反复几次之后，儿子开始大哭。

我现在很苦恼，这么大的孩子吃手，应该干涉或者引导吗？是不是我的儿子口的敏感期比较长？我应该顺其自然，等他自动放弃吃手吗？如果应该引导，采取什么办法比较好？

我现在采取的办法就是转移他的注意力，给他玩具，给他磨牙棒、安抚奶嘴、磨牙饼干等替代物。这些方法有时候还算有效，但有时候不太管用。

☺　**大李老师来帮忙**

我先要感谢案例中的家长，她真诚表达了看到孩子吃手时的心情。我建议，在遇到这种情况时，父母应该对自己的厌烦情绪警觉起来，而不是关注孩子吃手的行为。孩子来到这个世界才一年多，如果我们不懂得孩子，在养育的过程中，没能让孩子发现玩耍是自己最需要的，而且让孩子觉得这个世界是危险的，那么，孩子自然会感到紧张，从而通过吃手来自我调节。再者，在前一个案例中我们讲得很清楚了，人类的发展阶段中本来就有一个吃手的时期。现在，孩子才刚刚过了吃手的时期，又遇到了他们这辈子最大的困难，那他们当然只能用自己知道的方式解决，这就是吃手。

我们成年人已经度过了做孩子的时期，但自己有了孩子后，我们一定要倒回去，体会一下孩子的处境，下点心思弄清楚孩子到底为什么吃手、孩子的感受是什么、孩子遇到了什么难题需要家长的帮助，找到问题的根源，然后用智慧的方式帮助孩子，而不是因为孩子处在困境之中或需要帮助而讨厌孩子。父母的厌烦情绪会伤到孩子，使得孩子以为父母不喜欢他、不爱他，这容易给孩子带来很多心理问题。

如何解决案例中的问题呢？1岁零4个月的孩子还太小，在公众场合不敢去玩那些大型器械是很正常的。如果家长想训练孩子去玩游乐场的器械，那么可以抱着孩子一起玩。家长带着孩子把所有的游乐器械都玩熟了，让孩子有了使用它们的经验，孩子就不会感到紧张了。家长还可以给孩子准备一些小桶、小铲子，如果孩子不去玩器械，家长可以让他在旁边挖挖土，这对这个时期的孩子的发展更有帮助。也许到那时，孩子不紧张了，就不会吃手了。

如果孩子没有经过这样的训练，去游乐场的机会又没有其他孩子那么多，那么，站在那里吃手指头就是最具有智慧的行为了。或者，孩子是在一边吃着手指头，一边观察别人的行为，这也是学习的一种方式。

3. 孩子有段时间没吃手，现在又吃起来了，怎么办？

☺ 我的宝宝怎么了

我家孩子打小就爱吃手，本来快到 1 岁半时他就不吃了，谁料从上个月开始，他突然又开始吃了，没事儿的时候吃，散步的时候吃，玩着玩着也会吃起来，好像是一想起他还有两只小手，就要赶紧放到嘴里吃。书上说，孩子 1 岁半后还吃手，或者突然又吃手，就是心里焦虑，可分析来分析去，我也找不到他焦虑的原因，于是我自己就焦虑起来了。

回想起来，以前我们是任由他吃的，基本不说他。至于吮吸需求，他还没断奶呢，应该满足得差不多啊。我倒是一直跟他念叨 2 岁断奶的，难道他知道马上要断奶了，就开始焦虑了？孩子没这么有时间概念吧？

☺ 大李老师来帮忙

因为吃手简单易行，不需要别人配合，所以很多孩子都会吃手。孩子出生后的第一个工作就是吃手。在心理上，当妈妈不在身边时，孩子能通过吃手获得情感上的慰藉；在认知上，孩子能获得将手指和奶头比较的机会；在技能上，孩子能习得将手伸向嘴和把手有目的地留在嘴里的动作。这些都为嘴的探索打下了良好的基础。所以，不是说孩子断奶了就会吃手，也不是说孩子还没断奶就不会吃手，吃手是人类为了发展而具有的天然行为。

正像口的敏感期会随着手的敏感期的到来而结束一样，如果孩子正常发展，吃手的行为模式也会被新发展出来的其他模式所代替。家长对孩子的哪一个行为过于关注，这个行为就会被强化。比如，家长很希望孩子少吃点饭，告诉孩子少吃点，孩子就会注意自己是吃少了还是吃多了，于是失去了感受饥饱的自然机能。

在自然的发展规律下，孩子将注意力放在什么上面，就会去探索什么。如果家长能够适当地引领孩子，使孩子把注意力集中在广泛的物质探索上，吃手的时间可能就会减少。只要能有更丰富的物品供孩子玩耍，孩子大脑的工作能力就会提升。

不过，生活中的一些因素会导致孩子吃手的时间延长：断奶造成的对吃奶感受的思念被转化为吃手；无所事事、无聊使孩子将吃手作为一种工作保留下来；家庭关系紧张，父母情感不和、常常冷战，孩子就会用吃手来缓解环境带来的不愉快；突然遭到惊吓后，为了缓解内心的紧张，孩子也会吃手（这就像家长在感到紧张时嚼口香糖，紧张的情绪会得到缓解一样）；生活环境中的困难，孩子无法解决，也会吃手；还有在肛门期的孩子，伴随着对生殖器的触摸，也会出现吃手的情况。

从表面上看，吃手的行为都是一样的，但其背后的原因非常复杂。父母必须学会寻找孩子吃手背后的原因，帮助孩子解决背后的问题，这样，吃手的问题才会得到有效解决。如果父母不解决吃手背后的问题，只是强制性地针对吃手做文章，那么孩子即使不吃手了，也还是会吃别的东西。通常情况下，强制性的制止会使吃手问题越来越严重。

案例中的家长说，自己以前任由孩子吃手，基本不说他，但从描述中可以看出，家长只是被动地放任孩子吃手，没有主动给孩子提供更多可以玩的物品。如果家长没有帮助孩子探索符合其发展阶段的工作材料，又强化了孩子吃手的行为，以后让孩子改掉吃手的习惯就会成为一件很困难的事，但如果引导孩子探索其他物品，忽视孩子吃手的行为，这一行为就会自行消失。

2—3 岁的孩子吃手

在孩子的发展过程中，同一个行为在不同的时期会有不同的意义。在 1 岁前，吃手是上天赐给人类的发展的秘密武器，是一个必然的发展行为。为此，我们要保护孩子的吃手行为，甚至帮助他们顺利吃到手，再用手协助嘴巴啃能啃到的所有物品，这就是教育。但到了 2 岁，如果孩子还在吃手，那么我们就需要考虑一下，孩子是不是遇到什么困难了；我们也可以欣慰于孩子能够用吃手来安慰自己，这样他们的内心就不会受到恐惧和焦虑的侵袭。

我在这里讨论孩子的吃手问题，目的是让家长学习如何理解孩子，如何观察自己，看看自己对待孩子吃手的态度是否正确，采取的方法是否正确，而不是给大家灵丹妙药，包治所有的吃手问题。实际上，不会有什么灵丹妙药，因为每个孩子性格不同、境遇不同，家长理解、支持以及养育的方式也不同，虽然问题从表面上看是相同的，但其成因完全不同，解决的方法自然也不相同。本书中的建议方案只能代表一种思路、一种启发。

4. 孩子2岁了，为什么依然在吃手？

☺ **我的宝宝怎么了**

我家孩子2岁了，可是依然常常吃手。经过仔细观察，我发现他在以下时间、场合最容易吃手：睡觉前和醒来以后；向我们撒娇，或者躺下来睡在我们身上的时候，以及太无聊的时候（这种情况很少）。我们看到他吃手，就把他的手拔出来，但一眨眼的工夫，他又把手放进嘴里去了。有时候，他爸爸也威胁他，或者轻轻打他一下，但是收效甚微。他这么大了还吃手，让我很焦虑，而且，他的大拇指上已经有老茧了，两颗上门牙也微微有点儿往外突出了。

（5个月后，这位妈妈又来提问。）

我家孩子还在吃手——睡觉前后，我给他按摩的时候，躺在我怀里听故事入迷的时候，总的来说，只要他觉得非常舒服，他就会把小手放到嘴巴里啃。

他爸爸只要一看到他吃手，就是一句呵斥："不许吃手！"我知道这样会强化他的行为，但是没有办法，因为他爸爸说"你说不要说，忍了两年不说，结果现在还是吃手"。现在，孩子的大拇指上都有块白白的茧子了。

☺ **大李老师来帮忙**

孩子在迈向独立的过程中，会从依恋妈妈转为依恋其他东西。孩子在放松和没事干时啃手指头，这是孩子创造性地满足自己心理需求的有效方法。如果孩子开始吃手后，家人没有把新的物品给孩子，使得孩子在口的敏感期只能吃手，时间长了，孩子就会养成吃手的习惯。无论怎样，孩子都是需要理解和帮助的，即使孩子已经养成了吃手的习惯，这也不是因为孩子不好，而是家长没有做好功课，没有帮助好孩子。从公平的角度来说，家长应该检讨自己，想办法弥补自己给孩子造成的"损失"。家长应该觉得对不起孩子，因为孩子才是受害者。

案例中的妈妈可以跟丈夫好好沟通一下，这位父亲的做法，恰恰强化了孩子的吃手行为。如果他能把制止孩子吃手的力气用在陪孩子玩要上，可能孩子早就不吃手了。

做母亲的如果懂得父亲这样的做法是错误的，就要尽力保护孩子。我们不能认为自己的做法一定是对的、是经过仔细思考的，实际上，我们进行所谓思考后做出的决定，大多是沿袭了父母对待我们的方式。因为我们也经历了吸收性心智期，就是吸收父母的特质形成自己特质的时期，在这个时期，我们会无意识地学习父母，他们养育孩子的方式也会被我们继承。我们长大了，却不知道自己其实从出生起就已经开始吸收学习父母的行为，等我们做了父母以后，我们会误以为自己的行为是思考过的。

我们要重新学习，分析自己的行为对孩子发展的利弊，努力改掉那些对孩子的发展和心理具有破坏性作用的想法和做法，用正确的方法来帮助孩子。

5. 孩子最近老爱吃手，是出于什么原因？

☺ **我的宝宝怎么了**

女儿最近突然特别爱吃手，还经常把东西放进嘴里去咬，有时还会伸出舌头舔手或舔其他东西。真是让人着急。我们大人怎么说都没用，转移注意力的法子也不管用，要不了多一会儿，她就又开始做吃手、舔手的"工作"。她在几个月大的时候也爱吸手指，我都没有阻止过她，吸手指这个敏感期是让她自然度过的。我都不知道现在她这么爱吃手是什么原因，是否正常。

☺ **大李老师来帮忙**

前面已经说过，孩子突然吃手的原因非常复杂，像这种2岁半的孩子突然吃手，家长可以调查一下可能的原因，如近期家里是否有人吵架或打架，孩子是否突然便秘等，各种原因都会造成孩子突然吃手。

如果没有这些问题，孩子就有可能是到了成长过程中的肛门期。1岁到3岁的孩子，括约肌会开始发育，而大脑会开始控制括约肌。在这之前，孩子的大小便基本是反射性的，孩子有了便意就会自然地排泄，但是从肛门期开始，孩子需要大小便，泌尿系统会把这个信息反射给大脑，大脑要经过思考和判断，决定是现在就排还是等一会儿再排，这种练习使人能够自主地排泄。

与此同时，孩子的性感觉发展也到了某个特定时期，孩子会变得比以前敏感。孩子通过"憋"和"放"体验着排泄所带来的快感，与此同时，他们会有类似于性快感的新快感体验。除了排泄以外，快感体验还包括口唇的触觉快感。所以，这个时期的孩子会做出一些令人费解的行为，如以前有排便需求时会告诉家长，这个时期却经常尿裤子、拉裤子；同时，孩子会将手指放在嘴里搅来搅去，也会见了东西就啃。如果孩子是因为到了肛门期才吃手，那么这就是正常的；如果不是，家长就要先去了解孩子生活的各个方面，看看孩子是不是遇到了什么困难，总之，不能通过不让孩子吃手或啃东西来解决这一行为问题。

如果孩子是在幼儿园遇到了困难，那么家长不必太过担心，只要不是被老师不当对待，经过一段时间的适应，孩子自己就能解决适应集体的问题，慢慢自然就不吃手了。如果家里氛围不好，父母吵架，那么为了孩子，父母要找到解决问题的最好方式，不要让父母之间的问题影响孩子。如果孩子是到了肛门期，那么父母可以耐心等待，不要朝孩子发火，不要因此对孩子有任何负面情绪，几个月后这个行为就会慢慢消失。在此期间，引领孩子进行大量的肢体活动并投入工作是很积极的方法。负面情绪一方面可能对孩子造成心理伤害，另一方面会延长孩子吃手的时间。如果父母态度恶劣，孩子就会一边忍不住吃手，一边恐惧，觉得自己不是好孩子，这种状态造成的问题会留在孩子的内心深处，形成对孩子很不利的人格特征。

6. 家长到底该不该帮孩子戒掉吃手的习惯？

☺ 我的宝宝怎么了

孩子一直喜欢吃手，睡觉时会吃，愤怒、伤心、无聊时会吃，被我抱着听最喜欢的儿歌时也会吃。总之，他是随时随地都会吃手，只要能空出来一只手，就会吃。

孩子以前是光吃左手大拇指，后来左手大拇指被吃坏了，就开始两只手的大拇指都吃了。这也怪我，他吃坏左手拇指以后，我劝他："你吃右手的大拇指吧！"

孩子专吃大拇指的习惯好像是在7个多月大断奶时养成的。断奶前，他每天晚上都要吃好几次母乳，因为奶水一直不够，每次只能吃几口。我担心他贪这几口母乳，不好好吃其他的，所以就断了，断得也挺轻松的，说不让他吃，他就真不吃了（孩子晚上一直是跟我睡的）。我记得断奶那天，我婶婶为了让他快点午睡，怂恿他吃手。我是帮凶，因为我默许了。结果到了晚上，他就自己吃着手睡觉了，根本不找我吃奶。其实孩子好像从没找我要过奶吃，都是我主动给他吃的，孩子一直对奶粉的兴趣胜过母乳。我估计断奶那天孩子在外面玩时，婶婶也怂恿过他吃手。

7个月至1岁期间，孩子每天都由婶婶带着在外面疯玩。那时，孩子在小区里特别受欢迎，因为他特爱笑。但因为吃手，有个最喜欢他的婆婆每次见了不仅要说他，还要打一下他的手。其他人见了也会因此羞孩子，因为都是善意的，我一直不知道如何应对这种情况。"没关系的，妈妈不觉得吃手有什么不好。"这句话我倒是每次都想对孩子说，但又担心这么一说，孩子就会认为吃手是理所当然的事了。

孩子 1 岁多的时候，我曾经买过手指水，想给他戒掉吃手的习惯。但涂了手指水后，孩子只要一舔就会狂吐，一上午我都记不清吐了多少回，以后我就不敢再试了。

我到底该不该帮孩子戒掉吃手的习惯？如果要戒，该如何着手？

☺ 大李老师来帮忙

案例中的妈妈对孩子吃手的态度是宽松的，这没有问题，她的问题在于不知道保护孩子，当小区中的那些"好心人"用各种方式强化孩子吃手的行为时，妈妈没有采取任何行动来保护自己的孩子。其实，有很多"好心人"会对长得可爱的孩子"实施暴力"，他们喜欢一个孩子就像喜欢一个宠物一样，会随意地逗弄孩子，拿孩子取乐。

遇到这种情况，家人不能因为面子而把孩子置于这种"暴力"之下，而是应该告诉那些人，请他们不要将注意力放在自己的孩子身上。他们可以向孩子问好，和孩子聊孩子喜欢的话题，和孩子一起玩，但不要充当教育者。

如果家长发现有人这样对待孩子，那就要事先向他们每个人打招呼，让他们不要提及孩子需要调整的行为。当有人当着孩子的面谈论这个行为时，家长可以向对方说"对不起"，然后马上带着孩子离开。在孩子不在场时，家长可以挑这些人集中活动的时间向他们说明，请他们不要这样做。

7个月的孩子通常已经过了口的敏感期，不需要通过吃手来练习将物品送给嘴巴，这时为了安慰孩子而让孩子吃手显然是一个不够好的策略。我们希望父母在孩子出生前就能系统地了解帮助孩子发展的基本常识，不让孩子养成毛病。

如果孩子已经养成了这个毛病，那么家长该怎么办呢？要注意以下三点：

第一，忽略孩子的吃手问题，不要太在意这件事，手上长老茧不会影响孩子的行动；

第二，给孩子介绍丰富的活动，让孩子有事可做；

第三，只要每天都有玩耍的时间，孩子的大脑发展就不会有问题，所以，孩子在睡觉前、听故事时吃吃手没有关系。

3—4 岁的孩子吃手

1 岁前是孩子吃手的自然发展阶段，大人需要帮助孩子吃到手，并且把物品介绍给孩子，让孩子用嘴巴去探索。到了 2 岁，只要孩子是在休闲时偶尔吃一下手，不是一天到晚只吃手，他的发展也不会受到影响。现在我们看看，同样是吃手，在孩子 3 岁时会是什么情况。这个时期的孩子，会开始探索物体与物体的关系，开始需要跟小朋友一起玩，开始能够把身边人的行为用过家家的形式进行演绎，并产生早期的心理活动。他们会开始通过绘画、肢体行为、语言、表演整合自己收集的信息，以此确定大脑的工作模式，发展大脑的工作能力。如果这个时期的孩子吃手，我们该怎么办呢？

7. 为什么孩子上幼儿园后开始吃手了？

☺ 我的宝宝怎么了

儿子从出生到上幼儿园之前，都没有明显的吃手指的阶段。他在很小的时候，偶尔会把手指放进嘴巴里玩，我们也没有强调过不能吃手。我觉得自己应该没有压抑他这方面的需求，还觉得我儿子可能生来就是个不爱吃手指的孩子。但是上幼儿园才两个月，他就开始吃手指了。他们班上有两个孩子有这个习惯，整天把手指放在嘴巴里，结果我儿子就学上了。他时不时地就会把手放进嘴巴，怎么跟他讲都不行，给他拿出来，没过一会儿他又把手放进嘴巴了。他的手总是到处乱摸，多脏啊！我该怎么办？

☺ 大李老师来帮忙

孩子有时会互相模仿，如果孩子口的敏感期过得很好，以后即使出现吃手的情况，其持续的时间也比较短，他会沉浸在自己发展的工作中，不会模仿小朋友的这类行为。如果孩子以前没有吃过手，他看到其他小朋友吃手会感觉比较新奇，由吃手开始将口的敏感期重新过一遍，这种情况叫作"修复行为"。家长不必过于焦虑。如果幼儿园的生活丰富多彩，孩子使劲儿吃手和啃其他物品的行为会慢慢消失。

需要注意的是，父母千万不要在孩子面前或背后议论甚至嘲笑孩子吃手的事，而且要做好身边所有人的工作，告诉他们不要对孩子吃手的行为大惊小怪地议论或嘲笑。要沉住气，等待孩子停止吃手。在这期间，家长更要注意为孩子设计丰富多彩的游戏活动，让孩子忙一点，这样就可以减少孩子吃手的时间，避免把手吃裂。

其实，家长在看到孩子上幼儿园后第一次吃手时，就要立刻采取行动，3岁的孩子已经能够听懂一些家长的话了，家长可以跟孩子讨论吃手的害处，然后跟孩子一起决定不学习那两个小朋友吃手。就我的经验来看，孩子如果只是单纯地模仿，没有经过较长时间的练习巩固，是不会形成吃手习惯的。当孩子做出某种不好的行为时，各位家长朋友一定要及早处理，不要等这种行为变成固定习惯后再去着急。

看案例中的情况，孩子不像是因模仿而形成了吃手的习惯，家长可以考虑一下其他原因。

第一，孩子正处在上幼儿园的焦虑期，这时正好遇到了那两个吃手的孩子，于是他发现吃手能让内心平静。如果是这种情况，牺牲了大拇指的形象，换来了心理的健康，还是值得的，等孩子长大后不再吃手了，手上的茧子自然会慢慢褪掉。

第二，孩子吃手与那两个孩子无关，是幼儿园的老师对孩子态度严厉或体罚孩子造成孩子因紧张而吃手。家长要好好调查这个幼儿园，如果孩子天天跟一个态度恶劣的老师在一起，不断被呵斥，孩子就会吃手，这一方面是安抚自己，另一方面是告诉家长"救救我"。在这种情况下，家长一定要替孩子把这个问题解决了，可以换幼儿园，或者与幼儿园的领导协商解决老师的问题。

第三，如果前两个原因都被排除了，那么家长除了继续寻找其他原因，还要在孩子从幼儿园回家后跟孩子多玩游戏，在孩子吃手时装出不经意的样子拉着孩子正要吃的手去做事。家长不要从心底反感孩子吃手这件事，我们从未看到过任何一个 20 岁的青年人吃手，所以不必担心。

8. 如何帮孩子戒掉吃手的习惯？

☺ 我的宝宝怎么了

我儿子现在 3 岁零 4 个月了，他从 6 个月大开始吃手，专吃大拇指，吃得两个大拇指都有茧了。

这学期结束了，幼儿园上公开课，儿子的爷爷去参加的，他回来后就不停地唉声叹气，说整整一上午，儿子在公开课上一直在吃手，什么也吸引不了他，做游戏、念儿歌、认字……他一概不参与，也不配合。

以前，我还认为是幼儿园的教学方法不对，是老师要求太高，可是，同班的小朋友都能参与其中，只有我儿子表现得不一样。例如，老师把书分到每个小朋友的桌子上，要求大家跟着老师念，儿子就会拿着书又揉又撕。这是不是说明我儿子确实有问题？我心里急呀！我该怎么办？

正好我们这里有个综合训练中心，我马上就给儿子报名了。在训练中心，我看到一个 4 岁零 1 个月的男孩子，有好多地方和我儿子很像，不爱与人交流，坐不住，不配合。他妈妈带他去北京儿童医院做检查，被诊断为自闭症！我的心又落入谷底！我也带儿子去脑科医院做了测试，结果排除了自闭症。他的语言能力很好，能和家人聊天，能观察到事物的变化，老是问为什么。我宁愿相信是吃手让儿子对什么都没了兴趣。

让我特别欣喜的是，我居然看到了李跃儿老师关于吃手问题的回答。我把李老师的答复全部打印了下来，准备好好研究，同时也打算让孩子的爷爷看看。他最近老是用语言和行为恐吓儿子不要吃手，可是收效甚微。有一次，他把正在吃手的儿子拉到门外，关上了防盗门，尽管防盗门是隔栏式的，互相能看见，但儿子还是吓得又跳又哭。为此，我很自责。

明天，我打算让儿子做"工作"，让他忘了吃手。

☺ 大李老师来帮忙

案例中的孩子看上去的确是出问题了，但孩子能跟别人进行言语上的沟通，有情感的交流，会藏猫猫，能够理解某种情景和氛围，就不太可能是自闭症。不过，孩子现在的情况也不属于正常情况，家长还是有必要带孩子到儿童精神科去检查。如果排除了自闭症和其他精神问题，那之所以出现这种情况就有可能是因为带孩子的人对孩子控制过多，造成孩子动的需求大于动的目的，使得孩子的心理年龄小于实际年龄。像撕书、揉书就是1岁多的孩子做的事情，也许那时孩子就有撕纸和揉纸的需求，却被养育孩子的家长制止，因此孩子把需求留在了内心深处，以后见了纸或书都会去撕。

我感觉，这个孩子的发展受到了严重的阻碍，这也可能是因为孩子在2岁前被抱着的时间太多，感官刺激不够，大脑工作能力没有得到很好的发展。孩子自我发展的空间和自由不够多，所以大脑就没有收集到足够的信息来支持孩子理解别人的语言和行为。老师上课时要求大多数孩子做的事，孩子无法理解，所以才做出揉、撕书这样的行为。由于缺乏跟其他小朋友接触的机会，孩子无法感知群体兴趣和别人的要求，于是只能用吃手来满足工作的心理需求。

案例中的爷爷似乎在养育中占据着主导地位，而他采取的方式是极其可怕的。为了帮助孩子，父母至少得让爷爷离开一段时间，并给孩子重新选择一个不是以学文化和知识为主的幼儿园，这样可能会弥补一些发展的空白。

父母要赶快让自己清醒过来，搞清楚孩子在成长过程中到底发生了什么样的事情。如果是爷爷在照顾孩子长大，那么从爷爷对孩子的态度上，可以想见他是怎样带孩子的，孩子有现在的问题，应该不难找到原因。

童年是孩子建构人格的关键时期，孩子将来成为什么样的人，是痛苦地活着还是幸福地活着，与童年时期性格的形成有很大关系。孩子有无限的可能性，无论多难，父母都要尽力保护孩子，即便是受穷受累也要把孩子从不合适的养育人手里"解救"出来。

家长可以试试以下方法：

第一，家长可以在家里训练孩子做家务，一点一点地要求，让孩子一个步骤一个步骤地去做，一直到把整个程序全部完成，这样，孩子的感官会被再度刺激，孩子的大脑也会重新开始工作。

第二，家长最好找一个以行动和任务为主的幼儿园，让老师每天训练一下孩子的做事能力、对他人的感知能力和指令执行能力。

第三，家长不要对孩子不满，这个孩子看起来是一个不懂孩子的老人带大的，而老人担心孩子受伤，因此给孩子的自由太少了，所以错不在孩子。

9. 为什么孩子最近开始吃手、啃指甲了？

☺ 我的宝宝怎么了

女儿 2 岁半左右的时候很爱啃指甲，全家人都很担心。因为听说这个毛病不好改，很多孩子都十几岁了还会啃指甲。为此，我采用了很多方法：提醒、分散精力、以抹辣椒来威胁、打小手……当时并没有明显的效果。后来，女儿上幼儿园了，我让老师帮忙提醒她不要吃手，再后来，不知不觉中，女儿吃手的次数越来越少，最后完全消失了，我不禁暗自庆幸，现在想来，那次吃手的情况大约持续了五六个月。

最近半个月来，女儿又开始吃手、啃指甲了。我仔细观察了一下，她不是吮吸，而是要么把 4 根手指几乎都含进嘴里，要么啃指甲。现在，女儿的指甲已经被她啃得很短很秃了。我一提醒，她马上说"我不吃了"，但没多久又会去吃，我都不知道该怎么办了。我感觉以前的那些做法肯定有不对的地方，但如果听之任之，又觉得不妥。

我再补充一下，女儿的心智发育一直比较正常，她有安全感，入园也很顺利，现在上中班了，没有换老师，她也很喜欢幼儿园。不过，女儿是个比较内向敏感的孩子，而且自尊心很强。举个例子，女儿最近有几次在幼儿园尿床或尿裤子，却不敢跟老师说，都是老师发现了才给她换的。我问她为什么，她不说。我又问她："老师批评你了吗？"她说没有。我再问她："尿床以后你难过吗？"她很自然地回答："尿床有什么可难过的呀！"看来，老师真的没有说她，可能是她有些难为情才不跟老师说的。

☺ 大李老师来帮忙

啃指甲的确是一个不太容易改掉的习惯，根据我的经验，这种有无目的的重复行为的孩子，大多在 2 岁前没有从大人那里得到充分的探索环境的机会。当一个弱小的孩子无力对抗大人，无论怎样挣扎都无法自由地用手、眼、耳、鼻、口与世界互动时，孩子就只好玩自己的身体来满足本能的探索欲望，家长们担心的吃手指头、摸生殖器、啃指甲大多是这样形成的。

案例中已经不啃指甲的孩子突然又开始啃指甲，一定是有原因的，家长还是要敏感一些。很多时候，跟孩子进行语言沟通是无法找到真正的原因的，因为孩子还无法弄明白自己的想法，也无法找到合适的方式把想法表达出来，这就要求家长具有良好的感受力。比如，案例中的孩子在重新啃指甲之前尿过一次裤子，虽然她没有表现出不愉快的情绪，但这不等于孩子没有困难，家长要看看孩子是不是因为正在上课不敢说，或者解不开裤子，等等。孩子尿完后虽然假装没事，但对一个内向敏感的人来说，在集体中尿裤子的那一瞬间就像天塌了一样，孩子还不具备足够的智慧来处理这种突发情况，这可能造成孩子重新吃手。这里只是用案例中的尿裤子事件举个例子，孩子是不是出于这个原因吃手还不能就此下结论。

孩子的任何一个行为习惯，都无法只靠讲道理来改变。家长要想帮助孩子戒掉啃指甲的习惯，就要观察孩子会在什么情况下啃指甲。如果孩子是在无聊、发呆、感到舒服时才啃指甲，那么家长就要注意在孩子无聊时与孩子互动，给孩子介绍能做的事情，培养孩子丰富的兴趣，使孩子乐在其中，这样，孩子就会慢慢地不啃指甲了。

如果不能搞清楚孩子重新啃指甲的原因，家长可以先不动声色，等等看。如果啃指甲不耽误孩子做别的事，那就没关系；如果孩子啃得手疼，相信她也自然不会继续啃下去。这个习惯既不影响别人，又不会伤害自己，家长不用太担心，家长的担心给孩子造成的不良影响可能大大超过孩子啃指甲这个行为本身。

5 岁的孩子吃手

在我看到的关于吃手的案例中，几乎没有超过 5 岁的孩子，这足以证明随着孩子长大，吃手的习惯会慢慢消失。但如果孩子在 5 岁前，把用来发展的大部分时间用来吃手，那家长还是要帮助一下孩子的。一般过了 4 岁，孩子再吃手，真正的问题就有可能不再是吃手了。如果孩子是在很舒服时把吃手当成一种附加的行为，那么他们长大后很可能会继续吃手。不过，家长也不用特别担心，因为每个人都多多少少有一些习惯动作，这就是人。只要孩子从整体上看没问题就可以了，我们不必紧紧盯着那些细微的小动作。

10. 孩子从几个月大起就吃手，一直吃到现在，怎么办?

☺ 我的宝宝怎么了

我女儿刚 5 岁，3 岁前是我妈带，虽然我们住在同一个屋檐下，但我妈在孩子 3 岁前的教育中居主导地位，当时的我好像还没有进入母亲的角色。

女儿从几个月大开始就有了吃手指的习惯，当时我是强烈反对的。我妈说我小时候也吃手指，后来 3 岁时被人取笑了，就没有再吃过。我不记得自己当年把吃手指的兴趣转移到哪里了，但是我妈的这句话误导了我。我当时也读了一些家庭教育类的书，上面也提过不能强迫孩子不吃手指，因为这是孩子的需求，我也就放任自流了。就这样，女儿吃手一直吃到 5 岁。我们曾经试过跟她讲道理，说长大了就不能吃手指了，4 岁时，她回答 5 岁才算长大，现在要是问她，答案估计又会变成 6 岁了。当然，女儿也有两个晚上试过戒掉吃手指，她把双手压在屁股下，翻来覆去的，大概用了一个多小时才入睡。为此，我们还奖励了她小礼物，可惜很快还是一切照旧。

对于这种情况，我们家长应该如何做正确的引导？女儿的这种行为和缺乏安全感有关系吗？

☺ 大李老师来帮忙

虽然孩子到 5 岁还在吃手指的情况不是很常见，但既然孩子有这种行为，我们就需要在不被孩子发现的情况下悄悄地调查一下，看看是否发生了什么。有这样两种可能：孩子从小就容易感到无聊，她只能通过吃手来消遣；家长经常在孩子面前议论吃手的问题，强化了孩子吃手的需求。如果孩子只是在睡觉的时候吃一吃手指，那么这应该没有问题，即便孩子 20 岁了睡觉前仍然躺在被窝里吃手指，也没有什么坏处。

看案例中的描述，孩子只是在睡觉前吃一下手，这应该不会造成什么问题，所以家长不用干涉孩子。这种行为与安全感没有关系，只是一种个人习惯。如果5岁的孩子每天大部分时间在吃手，那就是有问题了，家长需要带孩子去看儿童精神科。

家长在引导孩子的过程中，不要再制止孩子睡觉前吃手，不要通过眼神、表情等任何方式去指责孩子，要假装没看见孩子的这种行为。如果家长真的想强行制止，那就把孩子的手从嘴里拉出来，给她讲故事或跟她聊天。如果孩子挣扎和哭泣，那家长既不要发火，也不要生气，平静地看着孩子即可。如果孩子还要把手指放在嘴里，那家长就把手指再拉出来，把她的胳膊搂住，连人一起抱在怀里，一直这样做到她不吃手为止。但这样做是很残忍的，我们得考虑，有必要以这样严苛的方式让孩子戒掉吃手这个并没有很大危害的习惯吗？

最后，希望天下的父母都能在孩子出生前就了解如何正确帮助孩子，不要让孩子养成不好的习惯，否则，家长和孩子都会在纠结中痛苦，不能很好地享受家庭的温暖。

第二章

如何用好安抚物

在孩子成长的过程中，我们会发现孩子有很多行为令我们百思不得其解。当不理解变成担心时，我们就可能对孩子强加干涉。担心的情绪还会影响家庭的氛围，最终对孩子造成深层的不良影响。孩子是感觉动物，这种不舒服、不愉快、充满忧虑的氛围会使孩子以为这个世界或者自己是不安全的。

　　所以，我们必须懂得孩子，这样才能正确地评价孩子的行为。应该知道孩子的哪些行为是令我们欣慰的，哪些行为是值得我们担心的，并要清楚地了解我们应当怎样对待孩子、怎样帮助孩子。比如，孩子到哪儿都要带着他的小花被，这是为什么？这对孩子是好事还是坏事？

　　在本章中，我们要来看看孩子与所谓的"安抚物"之间是什么关系，我们又该如何利用安抚物帮助孩子。

给 0—2 岁孩子的安抚物

　　安抚物对孩子的成长有积极作用。1 岁前，孩子刚出生不久，从母亲的身体里来到一个完全不同的世界，环境的突然变化对孩子来说是一件很可怕的事，就像我们正在睡觉，突然被绑架带走，等醒来时发现自己在水底下。想一想，这时我们会有怎样的感觉？我们肯定恐惧到了极点，感觉极其不舒服，尤其是还不能用鼻子来呼吸。这时候，如果我们突然听到一个熟悉的人在说话，然后有人把我们在家里盖的被子披在我们身上，我们的恐惧会不会减轻一些？如果有人要求我们到别的地方去，我们会不会紧紧地抱着被子？

　　等有一天我们完全适应了这个水下的世界，我们还需要无论走到哪里都紧紧地抱着这床被子吗？被子就是我们称为"安抚物"的东西，它在我们的心理健康方面起到了很大的作用。

　　请大家把这个在幻想故事中陷入困境的人换成我们的孩子，孩子遇到的情况大体就是这样的。由此看来，孩子需要安抚物并不是孩子出问题了，也不见得是件不好的事情。儿童心理研究者称安抚物为"过渡客体"，即孩子从依赖母亲走向独立的过渡桥梁。弄清楚了安抚物对孩子的作用，我们就能区分各种案例中孩子的情况并找到帮助他们的方法了。

11. 孩子睡觉时用浴巾当安抚物，要干预吗？

☺　我的宝宝怎么了

我儿子 10 个月大了。今天中午，我下班回到家看见孩子时，他已经一脸睡意。我给他换好纸尿裤后往房间走，刚走到门口，他就开始哭了，我哄他说"妈妈拿水给你喝"才让他安静下来。我把他往床上放，他又要哭，不过这回没哭出来。我很奇怪，看了看他，他嘴里发出哼哼声，眼睛看着平时睡觉盖的浴巾。我想，难道他要浴巾，就将浴巾递给他，他一把抓过去，用两只手抱着，然后上、下眼皮开始打架。我顺势抱起他喂奶，很顺利，没过 5 分钟他就睡了。我把他放到床上时，他突然又哭了，我顺手将浴巾塞进了他在空中挥舞的小手中，他立马又安静下来，简直神了。

难道这就是传说中的"安抚物"？是不是我平时给他的安全感不足，才导致他寻找安抚物？

☺　大李老师来帮忙

在母乳喂养的孩子中，10 个月大时就需要安抚物的孩子很少。在孩子早期的秩序建构中，如果他睡觉时会看见那条熟悉的浴巾，他就会把睡觉的模式和浴巾整合在一起，于是以后在睡觉时就需要浴巾。妈妈以前可能没有注意到孩子与这条浴巾的关系，一般来说，孩子不会突然如此依恋一件物品。

对于 10 个月大的孩子，这种需要是出自生命的本能，无论是出于需要安全感还是别的什么，只要孩子需要，那家长就可以给他，这对孩子没有什么不好。案例中的妈妈要考虑的是，一个 10 个月大的孩子，在妈妈怀里睡觉时不要妈妈而要安抚物，这是为什么。妈妈可以考虑以下两种情况：

第一，妈妈有时候在家，有时候不在家，当妈妈不在家时，孩子不能依偎着妈妈安全舒服地睡着，于是形成了依恋浴巾的习惯，因为浴巾是一直在的，孩子只要想要就能得到。

第二，妈妈身上有种气息，不足以让孩子舒服而放松地依靠，比如妈妈比较忙，身上老带着一种因为忙而造成的粗糙感，不能满足孩子所需要的纤细柔和的感觉，所以孩子才转而寻找可以与自己的感觉相贴合的浴巾。

孩子在睡着前就离开母亲的身体陪伴，而选择独立拥着浴巾入睡，这对孩子、对家长都是很好的选择，家长应该鼓励孩子。

10 个月正是孩子口和手的敏感期，在孩子醒着的时候，父母要多给孩子一些适合用嘴啃、用手抓捏的物品，让孩子投入工作。

同时，案例中的妈妈也要反思自己的心境，如果有负面情绪，就要尽快调整。妈妈要全身心地去感受孩子的情绪，发现孩子的需要，满足孩子的需求。孩子需要安抚物时，家长一定要递给他；当孩子不需要时，家长不要用这件物品去刺激他的注意力。如果孩子身心愉悦，且能获得发展上的满足（即工作的满足），家长就没有什么可担心的，可以任凭孩子去喜欢任何一件物品。

12. 孩子喜欢摸着衣物的边儿睡觉，要干预吗？

☺ 我的宝宝怎么了

我家孩子 1 岁零 3 个月大，她睡觉时喜欢摸着枕头、床单、衣服的边儿，边摸边闭着眼。晚上醒来时，如果摸不着布料的边儿，她就哇哇大哭，有时会闹上一两个小时，严重影响了睡眠。

我该怎么帮她改掉这个毛病呢？

☺ 大李老师来帮忙

孩子依靠安抚物睡觉本来是没有问题的，如果孩子是抱着枕头、床单、衣服而不是非要摸着它们的边儿，事情就不会那么麻烦。半夜睡得迷迷糊糊的，还要找到这些物品的边儿，对孩子来说不是一件容易的事情。我们在养育孩子时，如果发现孩子的某个行为会给家长和他自己带来没有意义的麻烦，那就一定要及时调整，这就是所谓的"家长要敏感"的含义。家长要敏感地察觉这是一件有意义的事情还是没有意义的事情，然后思考怎样去调整比较有利。

像案例中的这个孩子，每当半夜醒来找不到布料的边儿，都以为这个世界是不安全的，并因此焦虑得大哭，这是不值当的，如果孩子因此而不能踏实地睡觉，危害就更大了，这时，安抚物起的是负面效果。父母可以采取以下几种方法来解决这个问题：

其一，家长可以给孩子做一个跟她的枕头外形相似的更舒适的枕头，不给它做边儿，自己先抱着这个枕头，每天在孩子面前表现出很舒服的样子，然后给孩子抱。妈妈抱过枕头之后，枕头上会留有妈妈的气息，孩子会喜欢。如果需要强化这种舒适的感觉，妈妈可以在一段时间内用一种味道温和淡雅的香水，使孩子每天扑到妈妈的怀里时都能闻到这种味道，然后在枕头上也喷上这种香水，再把枕头给孩子。这种味道会使孩子依恋于嗅觉，从而淡化孩子对布料边儿的触觉上的依恋。

其二，孩子醒来后摸不到枕头、床单、衣服的边儿，家长应该平静地将它们塞进她的手里，千万不要因为孩子打扰了家长的睡眠而很烦躁地把它们塞给孩子，否则，孩子会更加依恋布料的边儿，而不依恋人。这是混乱型依恋，是不好的依恋模式。

其三，家长可以做一些宽的布条给孩子，白天把它们当作玩具，晚上给孩子放在枕边，这样，孩子随随便便就能抓到布料的边儿，不会再有摸不着布边儿而焦虑的问题。

总之，刚刚 1 岁的孩子，当妈妈在身边的时候，还极其依赖安抚物品而不依恋妈妈，这是需要妈妈思考的。

13. 孩子一分钟都离不开我，怎么办?

☺ 我的宝宝怎么了

我家孩子从生下来12天起就是奶奶带着睡，母乳吃到5个月就断了。

孩子1岁零6个月时被带回了老家。我、奶奶、孩子都回去了。回去后，孩子特别黏我，看不到我或奶奶就哭。在这期间，我们跟他说了，让他和奶奶留在老家，小家伙应该是听懂了，那几天生怕我溜走似的，很不开心，不活泼，还生病。看到这种情况，我最后没敢让孩子留在老家。

但这还是对孩子造成了伤害，回到家后，孩子也比以前更黏我，连我离开他的视线去上厕所都不行。之前我去上班时，他能开开心心地跟我说再见，从老家回来后，将近两个星期，他都一看我要上班就大哭，直到第三个星期情况才开始好转，我去上班时，他能跟我说再见了。

一个月后，孩子奶奶有事要回家，我只好带他到姥姥家，这次他没怎么哭闹。我做了很多工作，在奶奶回去之前的几天，我跟孩子说，奶奶的爸爸病了，奶奶要回去看他，过几天就回来。小家伙很懂事，自己也这样跟着说。奶奶回去后，我跟孩子说，这两天妈妈在家陪他，不过星期一妈妈也要上班了，他就要去姥姥家了。小家伙就说妈妈上班买牛奶、买鸡蛋，也接受了。以前，我妈、我弟弟和他女朋友经常来我们家看孩子，孩子和他们玩得很开心，但这次只要我一下班回到家，他就黏我黏得不行。虽然我从没带孩子睡过觉，但我发现这两个多星期我带他睡时，他睡得很好。

我想，这次孩子去姥姥家也受了一定影响，虽然不大，但还是有的。因为回家以后，我问他去不去姥姥家，他说不去了，也不要姥姥来。在他心里，如果去姥姥家，他的奶奶就要走。

在姥姥家时，还有两件事对孩子有影响。第一件事是，我弟弟的女朋友带他时，说孩子不听话就要打屁屁。第二件事是，有一次，孩子要玩电脑，我弟弟骂了他，说要拿走他的毛毯。毛毯是孩子的心爱之物，他睡觉时一定要抱着毛毯睡，还经常啃毛毯，如果睡醒后没有摸到毛毯就会哭，也不让别人动他的毛毯。结果，孩子总是在梦中说起这两件事：不打屁屁，不要拿毛毯。我要怎么修复孩子受到的伤害呢？孩子特别黏这条毛毯，这是不是说明孩子没有安全感，这是不是跟从小没和我睡有关？

孩子胆小，也可能跟他奶奶老吓他有关。以前，奶奶动不动就说，他要是再不听话，奶奶就要走，孩子有时听了就不哭了。奶奶认为，小孩都是吓大的。昨晚她又这样说，被我制止了。

我家附近有几个经常一起玩的孩子，一个妈妈家里有事，就会叫其他妈妈临时帮忙照看孩子。其他孩子都不会哭，开开心心地玩，但我家孩子就不行。我跟他都说好了，我回去拿点水就下来，让他跟姐姐玩会儿，他说好，但我一走开就哭，最后我还是没走成，只得抱着他去拿水。在这种情况下，我是应该让他哭，还是回来安慰他？

☺ **大李老师来帮忙**

在这个案例中，我们看到了什么呢？

首先，妈妈很敏感，孩子一有点情况，妈妈就会找出很多可能的理由，让事情带上一层更加具有负面意义的色彩。比如，妈妈想把孩子留在老家，孩子听懂了，妈妈就变得极其焦虑。这个年龄段的孩子，如果从出生起到 1 岁零 6 个月大都没有去适应开放性的养育环境，那他就会比较容易固守已知的环境。从自己的家到奶奶家，环境的变化会使敏感类型的孩子感到焦虑，即使不敏感的孩子也会由于谨慎变得不那么开放。如果这时，妈妈跟奶奶商量要留下孩子，即使还没商量，只是有了这个想法，妈妈流露出的纠结、忧伤、担忧也足以影响孩子，使孩子更加有不安全的感觉。当感到有危险时，孩子如何才能消除恐惧呢？一定是紧紧缠着妈妈。妈妈认为是自己的话伤害了孩子，会变得更加难过。如果妈妈的身体在散发忧虑，那么孩子离妈妈越近，就越会感受到忧虑。

其次，孩子的舅舅和他的女友既没有从自己的父母那里学会对待孩子的正确方式，也没有养育自己孩子的经验，于是非常随意地对待这个还不到 2 岁的孩子，这是不好的。从他们的行为中可以看出，他们不懂得如何爱孩子，甚至连起码的尊重孩子都做不到。在一个陌生的环境里，妈妈的身体散发出陌生的气息，舅舅等人做法也不恰当，孩子可谓深陷泥潭。

一个 1 岁多的孩子，要怎样去应对这样恶劣的环境呢？他除了哭，除了对环境和他人充满警惕，还有什么办法呢？这时，可以安全依靠的只有妈妈，而妈妈要在白天离开那么长的时间（孩子无法准确感知这段时间是长还是短）。如果在妈妈离开的这段时间里，孩子一直思念着妈妈，而以前奶奶等人又吓唬他，那么等妈妈下班回来紧紧地黏着妈妈，就是孩子生存的真理了。

父母要考虑的是如何调整自己的心态，时刻体察自己内心是不是舒服，是什么在影响自己内心的平静，自己内心的快乐还在不在，自己又能不能把快乐带给孩子。我们养育孩子，就应该为他提供适合他成长的土壤，在这片土壤中，内心的快乐是最重要的。

像案例中的这个妈妈，她应该赶快去学习有关孩子发展规律方面的知识，赶快为孩子重新营造成长环境。从案例中可以看出，这位妈妈在孩子的问题上不去寻找自己的原因，而是一味担心孩子，这种担心孩子是能感觉到的。这会使孩子更加黏妈妈，当妈妈不在时，孩子找一个物品来替代妈妈也是理所当然的。

在养育的过程中，家长还需要注意这两个问题：

第一，家长一定要不计任何代价、全身心地去爱孩子。

不要怕孩子麻烦自己，也不要为了自己省事而去吓唬孩子。

第二，家长不要拿自己的孩子跟别人的孩子比，倒是可以研究一下那些状态好的孩子的成长环境，取他人的长处，补自己的不足。

在这个案例中，孩子对安抚物的依恋有利于他保持心理的安稳和平和，这对孩子是有好处的，家长不必给孩子强行戒断。

给 2—3 岁孩子的安抚物

孩子在很小的时候依恋的是环境整体，他们会把熟悉的环境当作整体来认知，这一整体让孩子感觉是安全的。绝大多数的哺乳动物幼崽会无限信任自己的窝，因为哺乳动物母亲都有一种本能，那就是在孩子降生之前建造一个最安全的窝。等孩子降生后，孩子会坚定地信任这个窝，信任的方式就是记住家的整体状态。慢慢地，孩子会在这个环境中注意到一些个别的物品，当危机出现时，如果某一物品对孩子恰巧起到了安慰的作用，孩子就会认准这件物品，把自己内心的平衡建立在与这件物品的连接上。

通过这件物品，孩子将学会不再仅仅依恋妈妈或其他第一依恋人，所以这件物品将成为孩子由母亲身边走向世界的桥梁。安抚物被心理学家称为"过渡客体"，客体就是指孩子身体之外的物体。在婴儿早期阶段，孩子每天都跟母亲或第一依恋人的身体近距离接触，基本不需要安抚物。随着孩子慢慢长大，他们有越来越多的机会与身边的人或物发生关系，遇到困难的几率也大起来，所以安抚物在孩子走向独立的初期容易成为被他们注意的对象。总体来说，家长不必因为孩子有安抚物而担心。

14. 孩子为什么喜欢揪毛衣上的毛？

☺　我的宝宝怎么了

　　吃手是个坏习惯，但我从来没有阻止过孩子吃手。让我没想到的是，她还有了其他毛病：揪自己毛衣上的毛，然后放到鼻子边，感受那种痒痒的感觉。刚开始，我以为只要不去阻止她，不加强她的感觉，她就不会继续。每当她这么做的时候，我就对她微笑，然后抱抱她。结果情况不但没好转，反而越来越严重，她现在已经发展到要揪所有有毛的东西。我开始着急，暗暗想办法，看书，向他人请教。

　　大家都说可以为孩子找一个替代物，我就买了一个绒毛缝得比较牢的大鱼玩具给孩子，没想到她不喜欢，扔在一边。后来，我发现孩子偏爱一件羊羔绒的小背心，那个小背心的毛很粗很长，一团一团的，不容易吸进鼻子，我就把这件背心给她，让她专门用这个。毕竟这个比毛衣安全，毛衣的毛太细，很容易吸入鼻子，还很难及时发现。

　　我最担心的就是孩子的健康，怕她把毛吸入肺里，那就麻烦大了。我也想过孩子是不是有心理问题；是不是因为保姆有时要做饭什么的，无法自始至终陪着她；是不是1岁多的孩子最需要妈妈，而妈妈总是要上班，无法时时在她身边。所以，我一直希望给她一定的时间，让她自己去调整和改正。

　　可是现在，我的父母严厉地批评我，怪我没有在刚发现问题时制止孩子，到了现在也不阻止。按他们的意思，这是个原则问题，一定要逼孩子改过来，不然以后会成为一个大问题。我开始焦虑，担心孩子的健康，也不知道自己这样做对不对。难道真要用时间和孩子的健康来做赌注？

过年走亲访友时，孩子看到很多陌生人，严重缺乏安全感，一分钟都不肯离开我，还要我抱着，一步也不肯自己走。我也尽力地满足她了，但她揪毛毛的毛病还是变得越来越严重，我经常看到一地的毛毛团。有一次，我发现她吸入了一团毛，打喷嚏才打出来。我开始担忧了。

我叔叔来过我们家后，在电话里严肃地向我提出了这个问题，要我一定不能心软，一定要坚持原则。他还说，不能硬来，可以用别的替代物来引导。于是，我又找出了那个大鱼玩具，把背心收起来，并告诉孩子，背心被小猫带回家当被子了。孩子很伤心，也很烦躁，一直哭。这个时候，我把大鱼拿来，奇怪的是，这次孩子接受了大鱼，一直用到现在。

现在孩子很有安全感了，但她还是吃手，还是要大鱼。一开始我告诉她，毛毛吸到鼻子里不好，会生病，生病就要打针，如果实在想揪毛毛，揪完就要扔掉，只要不放到鼻子边就好；如果喜欢把毛毛放到鼻子边，那就直接把大鱼放在鼻子下面，不要把毛毛揪下来。孩子听懂了我的话，但她还是不能完全做到，不过已经好多了。现在，她只在睡觉时这样，平时根本不会想到了。这要感谢保姆给了她无尽的爱和宽容，从来没有为这个事强迫过她。

这段时间，我发现孩子又开始揪大鱼的毛放到鼻子下面闻了。于是，我在她睡觉时坐在一边盯着她，一旦发现她揪毛毛，就马上轻声制止。后来，孩子就开始背对着我睡了，但我还是会偷偷观察她，最后，她发现了，开始赶我走，我就开个小灯，轻轻关上门，悄悄走开，过10分钟再去看她，她已经睡着了。

我真的很矛盾，不知道自己做得对不对，也很担心她一个人的时候会吸进毛毛。为此，我会在她睡着后检查，虽然并没有发现问题，但我还是担心。我没有想到的是，这件事居然让孩子养成了一个人入睡的习惯，真不知道这是好事还是坏事。

☺ 大李老师来帮忙

看了案例中的描述，我感觉孩子是因为没有得到自己需要的工作机会，把揪毛毛当成了一种工作，这类似于吃手的行为，孩子并不是把毛毛当成了依恋的对象。家人对孩子的行为非常焦虑，妈妈反复说自己没有制止孩子，但全家给妈妈的压力和妈妈时刻表露出的忧虑都会给孩子带来负面影响，使得孩子对继续做这件事产生危机感和不安全感，而妈妈又把孩子进行这项工作当成了依恋毛毛，没有花时间给孩子介绍新的工作，或者找到安全的安抚物使孩子获得满足，并加入其他元素将孩子引向发展性的工作。家长只是试图制止孩子，而且是带着紧张感去制止，使得孩子终于把一项工作变成了顽固的癖好。

　　我们观察了园内上百个孩子的成长过程，发现他们在身心舒畅的情况下，会在某一时间段内专注于某种工作材料，在专注的期限内，孩子也会搂着这些工作材料睡觉。但这跟案例中的情况是不同的，他们对这些工作材料的喜好，并不会替代对母亲的依恋。我们在观察中发现，依恋安抚物的孩子一般是内心焦虑的孩子，一旦他们接纳了新的环境，获得了持续的关怀，有了喜爱的玩伴和丰富的工作环境，他们就会很快地将安抚物丢在一边。

　　有些家长过分"需要"孩子的身体，在带孩子时，喜欢一直把孩子抱在怀里，不停地体会来自孩子身体的舒适感，这样容易使孩子内心软弱，在独自面对周围的环境时发生"退化"的情况，这种"退化"是指退到比现在更弱小的状态。但即便是这样，在家长给予恰当的关怀并持续培养孩子的工作兴趣之后，孩子也会走出这种"退化"的状态，开始热情地投入对周围环境的探索。随着探索的事物日渐丰富，孩子的内心会慢慢充实起来，他们的精神会逐渐充满力量，多余的能量也会得到充分的消耗。这样的孩子既吃得香，也睡得香。

　　这样看来，当孩子养成某些不良习惯时，家长只把精力用在制止这些不良习惯上显然是不够的，就算一种不良习惯被改正了，也会再出现另外一种。就拿案例中的孩子来说，如果她揪毛毛是出于心理需求，那么她就是需要工作，这说明保姆和妈妈以前为孩子提供的工作自由和工作材料没有使孩子获得满足。

家长可以试试用下面的办法解决。

首先，家长要想办法搞清楚保姆在一天里是怎样跟孩子互动的，比如，保姆是否会为了让雇主满意而把孩子圈在一个不能动的地方，然后自己去做家务，或者保姆是否会因为怕孩子受伤而不让孩子活动。如果答案是"是"，那么就说明孩子天生用来发展的内在生命力没能获得释放，长久的压抑会使孩子发展出一种固定的、重复的模式替代生命本能所需要的探索工作，如啃指甲、咬衣服角，案例中的揪毛毛就类似于这种情况。家长可以帮助保姆为孩子准备一些这个年龄段的孩子喜欢的探索材料，让孩子自由地玩耍。

其次，孩子在不同的发展时期需要不同的工作材料，如果不能获得工作材料，孩子身上用于发展的力量就会找不到出口，时间长了，孩子就会用挖鼻孔、揪头发、揪眼睫毛、啃指甲这样的行为来满足动的欲望，这也就是大家所看到的孩子焦虑的表现。因此，让孩子在白天醒着的时候获得发展的满足感是非常重要的。家长要给孩子多准备一点工作材料，引领孩子去工作。保姆可以不做或者尽量少做家务活，把精力和心思多用在引领孩子工作上，具体方法请看我的另一本书《关键期关键帮助》。

在还没有找到孩子问题的根源时，家长先不要急着让孩子戒掉揪毛毛的行为，同时不要在孩子身边表现出担心和焦虑。比较好的办法是把不容易被揪掉和被吸入鼻子的针织物给孩子，并鼓励孩子去做工作，让孩子安心地揪毛毛。家长也可以在孩子身边准备好水和杯子等让孩子倒水玩，或者吸引孩子去做其他事，比如和面做饼干。慢慢地，孩子的注意力就会从揪毛毛的工作转移到别的工作上去。

但当看到孩子要做有危险的事情时，家长一定要第一时间排除危险，比如，看到孩子把毛毛塞进鼻子，家长要直接把毛衣拿走，带孩子去做别的事情，不要因害怕孩子哭而眼看着孩子养成一个危险的习惯。

另外，面对一个2岁的孩子，还是少讲道理进行教育为好。因为在孩子的经验库里，语言和行为并不是匹配在一起的，孩子的意志力还不足以让他们将答应的事情付诸实施。家长在给孩子讲道理时，说话的氛围、隐含的情绪都会使孩子感觉不舒服。家长误以为孩子听懂了，结果发现孩子答应了却没去做，就可能因此产生负面情绪，在下一次对孩子进行语言教育时将情绪带出来，会使孩子更加注意那件家长不让他做的事。这样，孩子反而会想尽办法去做那件事，到那时，孩子发展的力量就会被扭曲。

15. 儿子喜欢摸妈妈的乳房，正常吗？

☺　我的宝宝怎么了

儿子2岁零3个月了，有一次，他晚上睡觉睡得迷迷糊糊的，小手偶然伸进了我的睡袍，摸到了我的乳房，从那以后他就开始经常摸我的乳房。以前，我没有限制他，并且认真地告诉他"这是乳头，这是乳晕……"

但是，最近儿子不但晚上睡觉前要摸，半夜迷迷糊糊时也要摸，白天我如果在家，他也要笑眯眯地说，我要摸"那个"（他对我乳头的称呼）。

请问，这正常吗？我该怎么应对呢？

☺ 大李老师来帮忙

对于2岁多的孩子，这样是不利的，因为身体是妈妈的，乳房完成了喂奶的工作以后，属于妈妈的"私有财产"，孩子得学会尊重别人的身体，同时也得了解别人对待自己身体的态度。孩子偶尔碰到父母的隐私部位并问起来时，家长可以告诉他名称；如果孩子不问，家长也不必把它当成学术问题告诉孩子。如果孩子不到3岁，那他探索性地想摸一下也是可以的，这时母亲的态度也应该是学术的，而不要将探索的氛围与亲昵的氛围混杂在一起。在孩子下一次再要求探索时，妈妈可以用同样的态度对待他。当孩子一再要看时，家长可以提供图画等学习材料。总之，将孩子探索的注意力引向科学形式会比较好一点，对他人身体的探索，尤其是对隐私部位的探索，可以用孩子自己的身体或模型来替代。

如果孩子不到4岁，那么在他要求看乳房时，妈妈可以答应，同时要告诉他，这是他小时候给他提供奶水的器官，他就是吃着里边的奶水长大的，然后穿好衣服，带孩子去找裸体的图画看。如果能去性教育馆就更好了，家长可以带孩子在模型上进行研究。

实际上，如果工作材料丰富的话，孩子很少会持续地对家长的身体感兴趣。因为他们从出生开始就在不断地与父母的身体密切接触，到了 4 岁，对他们来说，父母的身体就像家里的桌椅板凳那样平常；而这个身体是某种精神的标志，对孩子有非凡的意义，所以孩子很少会把父母的身体当成物品去探索。但在 3 岁左右，他们有可能问及父母与自己不同的某些身体部位，父母只需要平静地告诉他们，这一关也就过去了。如果孩子在探索中对父母的某一器官产生了依恋，这就比较糟糕了，因为身体属于另一个人，不属于孩子。严肃地讲，拿人的身体做安抚物，对孩子来说是错误的选择，因为孩子不能自由使用这件安抚物，这会给孩子带来很多痛苦，也会给家长带来很多烦恼。

案例中的孩子才 2 岁零 3 个月，可以用替代物来解决这个问题。父母可以在家里给孩子准备一些半成品的工作材料，和孩子一起去工作。要尽量让爸爸陪孩子一起工作，使孩子爱上爸爸给他介绍的工作。如果孩子在工作之余来找妈妈，要求摸乳房，妈妈可以拒绝。如果孩子哭闹，妈妈可以平静地看着孩子，等他不哭了，再带他去工作。

当孩子无意识地将手伸进妈妈领口时，妈妈不要直接对孩子说"不可以摸乳房"，可以抓住孩子的手，说："走，我们去做面包（或者别的工作）。"要尽快地使孩子注意其他的工作和材料，让孩子的手感受那些材料，用这些工作来吸引孩子。这样引领孩子 14 天左右，孩子的这一行为就会逐渐减少。

16. 孩子每天都非要带着一块布上幼儿园，怎么办？

☺　我的宝宝怎么了

女儿差 1 个月就 3 岁了，已经上幼儿园 10 天，她每天都要带着自己的"小被"上幼儿园。晚上，她跟我说老师不让带了，我要听老师的吗？

"小被"是一小块布，从女儿出生起就跟着她，原本是她盖的一张小被子的被面。孩子对"小被"是不离手的，出门的时候都要带着，她对从小就玩的洋娃娃、毛绒玩具都没有这么长时间的兴趣。前几天，我看到了一篇关于安抚物的文章，对照以后觉得不怎么沾边，特摘抄如下：

"当孩子需要安抚物的时候，父母不妨多多审视一下自己的养育方式：（1）孩子是否很小就和父母分开，长期见不到父母；（2）孩子是否平时主要由老人或保姆带，与父母相处的时间太少；（3）家长是否与孩子身体亲密接触的时间太少；（4）孩子是否缺乏工作的引领，有太多时间处于无聊状态；（5）孩子与外界的接触是否太少；（6）家长是否不懂得或不注重孩子精神力量的培养；……"

孩子在 1 岁半之前，我带得最多，之后孩子跟我的时间也最长，所以很依恋我。我经常抱着她，而且她从小就跟附近的孩子玩，也没有常处于无聊状态。最后一条我不知道怎么理解，孩子跟我亲子阅读的时间也很多，我对孩子算是放养的，约束不那么多。

我的疑问是，女儿对安抚物依赖是不是因为缺乏安全感（前一阵子，她开始爱吃手）？幼儿园老师不让她带"小被"是否恰当？我是否应该引导她逐渐摆脱安抚物？

☺ 大李老师来帮忙

其实，孩子依恋安抚物对孩子自身没有什么伤害。临时的生活变化或生活模式、环境的改变，如断奶、妈妈上班、上幼儿园、搬家、换保姆等，都会造成孩子对某一特定物品的依恋。由于孩子无法控制令其不愉快和不安全的外部因素，为了获得安全感和舒适感、排除痛苦，孩子就会选择一件能够安抚自己的物品，并紧紧地抓在手里不放。这件物品使孩子获得了可控制感，只要抓住这件物品，他就会觉得自己控制了环境。所以，一旦孩子依恋了某件物品，就说明孩子有这个需求。

对6岁以前的孩子来说，他的需求都是来自生命的本能，所以这些需求对他是有意义的。如果成人能够理解孩子成长所需的环境，就不应该剥夺孩子对安抚物的需求，所以幼儿园老师不让孩子带安抚物是不恰当的。如果老师能给予孩子恰当的关注和安抚，又能让孩子结交可以依靠的小朋友，孩子渐渐地就会将安抚物忘在一边，转而去依恋可以和他互动的人，这样才对孩子的发展有利。所以，安抚物只是孩子某一时期用以渡过危机的临时用品，家长要做的是使孩子自然地放弃安抚物，而不是强迫孩子。

案例中的妈妈问，她跟孩子在一起的时间非常多，对孩子的关怀也非常充分，孩子怎么会没有安全感呢？妈妈对孩子的恰当关怀能为孩子铺建一条走向独立的道路，从孩子会爬开始，与生俱来的本能就促使他们不遗余力地试着独立。妈妈给的爱如果适合于孩子的这一生命特征，那么孩子就会发现，离开了妈妈他仍然是安全的，他也一定会将生命力投注到其他事物中，也就是说，孩子不再把精力全部放到获得安全感上。

当吃、喝、睡、拉、安全这些基本的生活需求被满足后，人类需要的就是精神的愉悦。如果一个人把精神愉悦定位在吃上，那么他就会不停地吃；如果一个人把精神愉悦定位在被别人照顾上，那么他就会成天躺在那里想入非非。但儿童并不存在这些情况，儿童天生就要利用肢体与环境互动，使自己获得精神愉悦。在基本生活条件获得满足后，儿童一定会追求精神愉悦，也就是不停地工作（活动）。

如果一个孩子不活动了，只抱着安抚物不愿意放手，那我们就得思考一下：是我们使孩子把精神愉悦定位在了对安抚物的需求上，还是孩子没有安全感而需要安抚物？

注意：家长担心孩子没有安全感而过度陪伴，也会造成孩子缺乏安全感。

从人的自然生命状态来看，如果家长从孩子出生开始为他建构的模式是，无论何时、无论做什么事，都要有某个特定的家长陪同，而这个家长又给予孩子过多身体上的依恋，造成孩子只要离开这个特定的人和他身体的气息，就会感到非常失落，那么，这种失落感就是孩子无法排遣的，他只能找一个带有自己所需要的气息的物品，来替代那个人和那种环境。这个替代品一般是孩子从小就搂着睡觉的毛绒玩具，自己的枕头、枕巾和被子，常用的手绢，妈妈的内衣或者睡袍等。

案例中的妈妈要想一想，自己和孩子互动时是不是破坏了孩子独处的需求，反过来说，是不是过分的照顾反而给孩子带来了失落感，使孩子没有安全感。除此之外，长期的身体不适也会造成孩子依恋安抚物，如便秘、身体瘙痒、发烧等。所以，当孩子焦虑时，依恋安抚物对孩子是有利的，家长要做的是找到孩子依恋安抚物的原因，为孩子解决困难，让孩子不再需要安抚物。

另外，家长不要过分关注孩子对安抚物的依恋，更不要劝说孩子放弃安抚物，要在游戏中倾听孩子的内心世界，给孩子介绍工作，使孩子沉浸于工作状态。

家长要引导孩子与班里的几个小朋友交流、互相串门，可以先请小朋友到自己家里玩，等熟悉后再带他到小朋友家里去，帮孩子交到固定的朋友。当他的注意力完全被小朋友的活动所吸引并投入这些活动时，安抚物就不再重要了。

在孩子依恋安抚物的后期，孩子会将安抚物丢到各种地方，并请身边的人替他保管。家长在孩子暂时放弃安抚物时，一定要注意他把安抚物放在了什么地方，当他找时，要尽快地递给他，不要让他为寻找安抚物投入过多的心力，否则会让他已经转移开的注意力又重新集中到安抚物上。孩子只抱着安抚物，会影响他对其他事物的探索。依恋安抚物一开始是出于心理需求，问题不解决就会成为习惯。家长需要帮助孩子逐渐摆脱对安抚物的依赖，可以在孩子很忙时建议他暂时把安抚物放在某个地方，或代他保管，等他要时再还给他；等安抚物成为孩子的累赘时，再建议他放弃安抚物。

给 3—4 岁孩子的安抚物

　　孩子 3 岁后，家长会觉得孩子已经长大了，不应该再有依恋安抚物的问题。其实，如果孩子需要一个安抚物，而家长又没有用正确的方式去专门解决这个问题，那么孩子对安抚物的依恋保持到 3 岁之后也是很正常的。只是按照孩子的发展规律来看，到了 3 岁，可探索的世界范围扩大了很多，能够探索的程度也深入了很多，而 3 岁的孩子也会开始进入发展友谊的阶段，如果环境能够支持孩子的发展，那么此时的孩子大多会自动放弃安抚物，因为他们太忙了。有些孩子直到 3 岁都保持着对安抚物的依恋，这时安抚物大多变成了象征符号，孩子依恋它们只是习惯而已。我们发现，他们常常把安抚物随便地扔在一边，只是在睡觉时偶然想起，这时，如果家长不过度担心，忽视孩子的这种行为，孩子和家长很快就都会忘记安抚物的重要性。

17. 孩子多大才能戒掉安抚物？

☺　　我的宝宝怎么了

　　儿子从断奶后就把我的胳膊肘当成安抚物，尤其在睡觉时不能少，甚至经常要闻一闻、亲一亲、咬一咬，好像很享受的样子。这样正常吗？我要不要想办法让他戒掉这种行为呢？如果顺其自然，儿子要到几岁才能改掉这个习惯呢？

☺ 大李老师来帮忙

案例中孩子的情况是很正常的，只是别人的身体没有其他物品那么容易受孩子控制，比如当妈妈出差或生病时，孩子就不能再依恋妈妈的身体了。还有，当孩子需要这个安抚物时，会给另外一个人带来感受，这种感受无论好坏都会影响孩子。所以，在孩子需要安抚物的时期，家长可以试着为孩子介绍安抚物，尽量不要让孩子把家长的身体当成安抚物。

孩子在早期寻找安抚物时有一个形成和固定的过程。举例来说，断奶后，孩子会感到非常孤独和痛苦，而妈妈每天又不得不离开孩子，这时妈妈就可以让孩子抱着毛绒玩具、妈妈的枕巾、漂亮的丝绸睡衣等；也可以试着给孩子精神的依靠，如给孩子讲故事、表演玩偶剧，把孩子抱在怀里安抚好后建议孩子躺下来睡觉。如果发现孩子开始探索安抚物，家长就可以给他介绍一个安抚物。

有的孩子在睡觉时需要搂着某个安抚物，这完全不影响他的发展和活动，所以家长不必干涉。案例中的孩子才 3 岁，如果母亲不会离开孩子，也不在意孩子的触摸，那就暂时不必让孩子戒掉依恋妈妈胳膊肘的行为。等孩子适应了幼儿园的生活，家长可以慢慢地试着用其他物品代替，如拿一块枕巾让孩子抱着先睡，告诉他妈妈现在要去做别的事情；每天让他先和安抚物待一会儿，然后来到他的身边，接着用故事来分散孩子的注意力。在这一时期，妈妈可以把孩子搂到怀里，让孩子全身都沉浸在妈妈身体的气息中，从而获得心理上的安慰。这时，他获得了同抱妈妈的胳膊一样的舒适感，只是怀里的物品是枕巾，不是胳膊。

完成这个过程需要一些时间，家长要判断一下是否值得。一般在5岁之后，孩子有了一定的自控能力，他们就会在家长的要求下慢慢放下对妈妈身体的依恋。一般在6岁之后，孩子会自然放下这种依恋，所以家长不必着急。

如果孩子——尤其是男孩——在4岁之后过多地依恋妈妈的身体，心理年龄就可能会滞后，他们的内心无法获得力量，当遇到困难时，他们会自居为婴儿，试图寻求那种紧挨着妈妈身体的被保护感、舒适感和柔软感，在冲突面前他们会退缩和放弃。另外，这样的孩子还会因对母亲的独占欲而对父亲产生妒忌的心理，甚至产生仇恨和负罪感，这对孩子的心理发展是不利的。所以，家长尽量不要让孩子过久地依恋母亲的身体。

18. 孩子喜欢抚摸布料，要干预吗？

☺　我的宝宝怎么了

我女儿现在已经3岁零5个月了，她有一个从小养成的习惯——抚摸棉、毛、丝制品。这个习惯她从几个月大开始就养成了，只要她一哭，姥姥就会把被单盖在她脸上，然后她就不哭了。我每次都会制止，并说明其危害，无奈姥姥个性太强，不愿接受，加上我要上班，孩子大部分时间和姥姥待在一起，她最终形成了这个习惯。

现在，她在睡觉前必须抚摸她的"被被"，把玩很久，而且一边抚摸，一边紧紧吸住下嘴唇。更严重的是，她看到任何棉、毛、丝制品都要上前抚摸一阵，并吸住下嘴唇。我看到她已经养成了习惯，不想强行制止她，就试着用别的东西分散她的注意力，但她对这些棉、毛、丝制品最敏感，排除万难也一定要摸摸，除非看不到。

这是恋物癖吗？我知道很多孩子喜欢抚摸毛绒制品，但她这么上瘾，好像太严重了吧？这样对她的记忆力、智商等方面有没有影响？这个问题需要解决吗？怎么解决？

☺ 大李老师来帮忙

我们在前面已经讲过孩子依恋安抚物的各种可能原因。目前，我还没有看到专门针对恋物会不会影响智力的研究，但根据对一些恋物的孩子的观察，如果家长、老师能够正确地向孩子提供帮助，孩子很快就会自然放弃他依恋的物品。强行让孩子戒断会使孩子更加依恋安抚物，而极度依恋安抚物的孩子的工作时间会比不依恋安抚物的孩子少。依恋越严重，工作时间就越少，探索空间就越小。

案例中的孩子不见得是恋物，很多孩子对一种物品的喜爱会持续很久，像男孩喜欢玩具车，白天玩，晚上还要搂着睡觉，这是孩子探索世界的方式，只有这样他们才能深入了解事物的本质，培养起将来需要的生存能力。案例中的孩子不是几年只喜欢同一件物品，而是喜欢某一个类型的物品，并去感受它们和用它们工作。在触摸这些物品时，孩子的感官会获得不同的刺激，这种刺激对孩子的大脑发展或许会有积极作用，因为棉、毛、丝制品对感官的刺激会传输给大脑，大脑会去统合和加工来自不同物品的信息，最后形成孩子的个人经验。这个过程会促成孩子大脑的工作和神经元的连接，这就是发展。案例中，孩子由依恋一件物品发展到探索一类物品，不能不说，孩子的行为是建设性的。不过，案例中的老人安抚孩子不哭的方式不可取，孩子哭一定是因为不愉快或者有需要，我们要帮助孩子解决问题，而不能用某种方式让孩子不哭就算了，否则孩子会因为得不到帮助而感到无助。

孩子爱好丝绸和棉布是很好的现象，一些幼儿园会专门放很多不同质地的布、纱和绸等供孩子感受、玩耍。家长最好给孩子准备一些这样的物品，再配上布娃娃和过家家用的其他物品，引领孩子工作，拓展孩子对这些物品的使用空间，慢慢使孩子从单纯地探索物品到使用它们。只要工作，孩子就会发展。

这位妈妈要找机会了解孩子，学会判断孩子的哪些行为对她的发展是有利的，哪些是不利的，这样就不至于把孩子某个敏感期的行为当成不好的行为。

孩子对一种特殊物品感兴趣起来是很疯狂的，在这个时期，家长一定要给予配合，并给孩子这个自由。

19. 孩子喜欢把异物放进嘴里咬，怎么办？

☺ 我的宝宝怎么了

我儿子有个毛病，什么东西都喜欢放到嘴巴里咬，比如捡到的小圆塑料子弹、他的小玩具，或者其他捡到的不认识的东西。1岁前，他咬玩具我们没阻止过，但他为什么一直都喜欢咬呢？现在我们阻止也不管用了，我们告诉他这个有细菌，他反而故意咬。如果我们耐心地跟他说，他可以不咬，但一会儿就又忘记了。

按理说，儿子小时候在口的敏感期得到了充分的满足，长大了不应该再这样，但他为什么一直都没有中断过这个习惯呢？

某晚睡觉前，孩子从嘴里吐出个小塑料子弹给我——这种事他经常做。我没忍住，吼了他一通。以前我也吼过两次，但根本没有用。

他不爱吃零食，但喜欢嚼口香糖，有两次不小心吞下了木糖醇口香糖。他并不是想吞咽，而是喜欢那种嘴里咬东西的感觉。他对吞咽的东西选择得相当仔细，比如瘦肉，即使已经嚼了5分钟，我们认为已经嚼烂了，可以吞下去了，他也不肯吞，反而吐出来。只要是这类纤维含量高的东西，他都不肯吞咽。他喜欢吃肥肉，喜欢吃瓜果类的蔬菜，比如黄瓜、丝瓜之类的。

我实在不明白，这是为什么呢？我在孩子口的敏感期的时候已经很注意了，可是孩子还是有这样的情况。孩子是继续在用口感受物品吗？他是内心有压力吗？还是说他这样做有其他的原因？

☺　大李老师来帮忙

孩子从口的敏感期发展到手和腿的敏感期并进行更深入的探索，是一个复杂的过程，并不是说一个敏感期结束了另一个才开始。比如，孩子 6 个月时正处于口的敏感期，但同时，孩子对来自手的新鲜触感也非常着迷，当碰到了沙子或打破了鸡蛋时，他会不停地用手去抓捏，最后才试图送到嘴里去啃。到了手的敏感期，也就是 9 个月到 1 岁半时，当孩子抓到没有见过的事物，不知道怎么处理时，还是会先习惯性地送到嘴里啃，啃一下再决定怎样去探索。与此同时，孩子还经历着腿的运动关键期。如果家长非常刻板地看待这些发展过程，就会在所谓的下一个时期到来时阻止上一个时期的行为，这就破坏了孩子自然的发展状态，使孩子把注意力不自然地投入家长关注的事物。

另外，孩子在肛门期也会利用口腔去获得一些触感，这会持续很久，但最终都会消失。

案例中的孩子总是需要咀嚼一些东西，既然这不会影响别人和他自己，家长就不必给予过度关注并急于制止。这么大的孩子知道什么能吃、什么不能吃。为了保险起见，家长可以准备一些安全的东西专门给孩子去嚼，然后忽视孩子的咀嚼行为。

家长不必担心，不必计算什么时候是口的敏感期，孩子应该去啃；什么时候不是口的敏感期，孩子不应该去啃，并为此朝孩子发脾气。这就像我们对着延迟绽放的花朵或一棵奇异的植物大喊大叫，因为它们没按照我们认定的方式生长而生气，这样对孩子不公平。这种做法的唯一作用就是损害孩子的健康。对孩子而言，这样的关注和指责会使他更加注意咀嚼东西这件事，使他把发展和探索的力量过多地投注在咀嚼上，我们管这叫强化。看案例中的情形，这位妈妈很有可能强化了孩子的咀嚼行为，所以问题在妈妈而不在孩子。

对于喜欢咬异物的孩子，我建议家长：

第一，试着不再去注意孩子咀嚼这件事，为孩子介绍其他的工作材料，引领孩子以其他的方式探索。

第二，不要因为孩子自然发展的方式与家长想的不一样而朝孩子发火，并干涉孩子。这等于剥夺了孩子发展的自由。

第三，相信孩子是一个独立的个体，一定会按照正常个体的方式去发展自己，不必太在意孩子细节性的行为，要给孩子发展的自由。

给 4—5 岁孩子的安抚物

　　一般来说，4 岁的孩子不会再成天抱着安抚物了，如果孩子到了 4 岁还成天抱着一个安抚物，什么都不肯做，那么孩子就需要帮助了。如果家长总是认为孩子很脆弱，担心孩子受到伤害，那么孩子就有可能变得敏感和内敛。如果孩子一直没有完成从家庭环境到幼儿园环境的转变，没能从对家人依恋走向也对伙伴和老师依恋，那么孩子在离开家的环境时，就会退回到某种自己创造的虚拟的家庭环境中。在幼儿园时，这个孩子有可能成天什么也不做，只等着回家，在这种情况下，孩子不知如何面对发展中遇到的困难，因此也就不会获得很好的发展。这时，孩子成天抱在怀里不放下的安抚物，就成了他克服困难走向强大的障碍。所以，孩子如果是白天在自己所处的环境中奋斗，晚上睡觉时用安抚物安慰一下自己，就没有什么大问题；但如果孩子成天抱着安抚物，不进入社会群体，不工作，不探索，当安抚物不在身边时表现得很焦虑，那就说明他需要我们的帮助了。当然，帮助的方法不是教训孩子，而是看看我们自己哪里出了问题。

20. 孩子迷恋安抚物，该不该刻意戒掉？

☺ 我的宝宝怎么了

女儿从 2 岁左右开始恋上我夏天穿的一件圆领衫，每到睡觉时都要拿着，用小手指揉搓着并放到鼻子上嗅。

3 岁半的时候，女儿插班进了一所公立幼儿园，她是带着"妈妈衣服"去的，只在睡觉的时候拿。上幼儿园之前，她在家里也是睡觉时才要。一个月后，女儿转园到小区里的一所私立幼儿园。这里的老师和蔼，小朋友相对较少，离家又近，女儿很愿意去，她照样带着"妈妈衣服"。而且，从早上到下午放学，她能拿的时候都拿着，老师一点儿也不勉强她。

就这样过了一学期，女儿转入我朋友当老师的班级。刚开始的半个月，她也是整天拿着"妈妈衣服"，后来老师说上课时她老是把衣服放在鼻子下面嗅，注意力不是很集中，建议给她戒掉这个习惯或者睡觉时才让她拿。于是，我每天送她到幼儿园去时，都鼓励她把衣服放在自己的枕头底下，睡觉时再去找，她也做到了，可午觉起来后，她又拿着不放了，有时下午我去接她，就看到她手里拿着衣服。

早上去幼儿园的时候，她就开始黏着我要"妈妈衣服"了，我跟她说衣服会在教室里的，晚上回家再拿。我不知道女儿为什么会那么需要安抚物，我们家和老人住一起，平时都有人陪她玩或在她旁边，我工作时间也不长，我都是一回家就和她在一起，晚上也一直是我带她洗澡、睡觉。

她平时不太跟小朋友一起玩，喜欢自己玩，比如自己看书，讲故事，唱歌，在室内、室外的地上爬，在小区里的戏水池蹚水，在床上跳蹦床，趴在窗边看月亮、看灯，听音乐。在她小时候，我把她带到小朋友多的地方，她也只是喜欢摸摸别人的推车，然后就自己玩去了。她不大理会别人问她的话，像没听见一样。她跟大人提要求时很急切，性子急，脾气上来就爱扔东西。现在我有时问她在幼儿园玩了什么，她回答得也很简单："画画。"我问她画的什么，她要么说不知道，要么嘻嘻笑。在幼儿园学的儿歌，她经常在家里唱。我看了幼儿园发在网上的照片，觉得她经常不跟着老师的思路走。我对她一直宽容有加，限制较少，近一年才明确了一些规则。

请问，我是不是应该帮她逐渐戒掉对安抚物的依恋？我怎样才能让她学会描述自己的生活呢？

☺ 大李老师来帮忙

我们前面说过，孩子被过分护养后，内心会比较软弱，不敢面对自己的环境。看案例中母亲的描述，这个孩子很快乐，她能够很自由地活动，只是不跟小朋友来往。有时候，孩子的家人对孩子过于顺从，孩子就很少有机会去顺从别人，很少有机会跟别的孩子互动，想办法加入别的孩子的游戏。

孩子在还没有获得一项能力时，面对要使用这项能力的局面，会感到非常困难。第一，孩子不知道自己有没有可能成功；第二，孩子从未有过成功和失败的经历，可能都想不到要去克服这些困难。于是，孩子没有兴趣去做困难的事，就这么停留在简单的环境中，不能前进。对一个孩子来说，不前进就是不发展。我们家长的任务就是帮助孩子发展。如果孩子止步不前，那我们的帮助就是无效的。从这个角度去看案例中妈妈的疑问，我们就知道答案了。

强行戒掉孩子对安抚物的依恋可能导致两种情况。一种情况是孩子会感到无聊。没有了"妈妈衣服"这个安抚物，慢慢地，她就开始观察别人、模仿别人，进入别人的群体，开始跟别人一起工作，由此开始注意别人的语言、别人的思想、别人的感情，为未来上学打下良好的基础。上学实际上就是听别人讲，思考别人的想法，搞懂别人的发现，所以，如果孩子不能在幼儿期练习关注别人，未来在学习上就会遇到困难。另一种情况是，孩子对周围环境的看法变得不好起来，孩子从此更加防范周围的环境、防范老师。当然，这取决于在戒断孩子对安抚物的依恋时，家长采取的态度和方式。

家长可以试试以下几种方法：

第一，家长可以在班里找几个性格与自己孩子相近的、同性别的孩子，经常请这些孩子到家里来玩，周六、周日可以与这些孩子的家长联合搞一些活动。这样，在幼儿园时，虽然孩子还不会很快地跟那几个孩子来往，但孩子内心深处已经有了几个比较亲近的人。当那几个孩子活动时，孩子就会注意他们，等时间长了，孩子对他们有了一定的认识，就会试着进入他们的群体。等孩子被群体接纳后，就会慢慢地减少对安抚物的依恋。

第二，这么大的孩子成天拿着安抚物，的确会造成对其他工作的影响，如果不停地抱着安抚物去闻，就会拒绝其他活动的体验。在这种情况下，老师应试着每天抽出一定的时间专门给这个孩子，对孩子进行工作引领，介绍孩子进入群体，慢慢地，孩子就会把安抚物丢在一边。

第三，如果孩子只是睡觉时需要安抚物，那么即便她到了老年后仍然抱着妈妈的衣服也没什么不好，所以不必戒掉。

21. 孩子爱捏各种毛毛，捏了 4 年，家长要管吗？

☺　我的宝宝怎么了

我家的孩子从 4 个月开始吮自己的下嘴唇，1 岁零 4 个月开始捏毛毛。她 3 岁的时候，我试过跟她说明后果，鼓励她把最爱的毛毛裤藏起来，我用了很多种办法，但情况一直反反复复。每一次我以为她已经将捏毛毛的习惯戒掉了，过不了多久她就又开始捏了，而且兴趣更大。她 3 岁时，我看了《爱和自由》这本书，才反省自己：软硬兼施地逼她改这个习惯到底是为了什么？是为了预防将来那个未知的不良后果吗？我们母女正在互相折磨、较劲。退一步说，即使我努力给她改掉这个习惯，那个不良后果是否就一定不会发生呢？算了吧，不就是捏个毛毛吗，又不碍别人什么事儿。于是，我告诉她想捏毛毛就痛痛快快地捏，不必在意我们，因为那是她的事情，她自己做主。现在，她 4 岁了，照样捏毛毛，但我们真的不介意，全家气氛轻松愉快。

我倒一直没担心过她将毛毛吸到肺里，因为有时刚进嘴巴，她就自己试图弄出来，毕竟不舒服。

☺ **大李老师来帮忙**

案例中妈妈的举动让人欣慰。其实，在身心健康的情况下，从婴儿到成人都对不舒服的感觉极其敏感。所以，如果孩子把毛毛吸进鼻子和嘴里，就一定会及时表达自己不舒服的感受，并引起别人的关注，这是人的生存本能。但当人的内心痛苦到了一定的程度，肢体的感受就变得麻木了，在这种情况下，孩子可能对不舒服的感觉就不那么敏感了。在案例中，妈妈采取了放松的态度来对待孩子，使孩子捏毛毛的行为逐渐地不再是心理需求，再加上很好的工作引领，相信孩子捏毛毛的时间会越来越短。

在放松地对待孩子捏毛毛的同时，家长也要给孩子介绍其他的工作材料，给孩子提供各方面的帮助。我们希望孩子通过对环境的探索，获得大脑的发展，建构起思维模式、行为模式，发展解决问题的能力，得到意志力的锻炼。一个捏毛毛的工作无法承载这些方面的发展，所以在宽容地对待孩子捏毛毛的同时，家长一定要给孩子准备更加丰富的工作材料，引领孩子对它们产生兴趣并深入工作。这样，我们就真的不必担心孩子捏毛毛了。

第三章

如何帮助孩子建立
对世界的信任

人的身心就像一条船，承载着灵魂走完一生。为了让这次漫长的航行尽量顺利，在起航之前必须做好必要的准备。如果为这条船准备物资的人不了解航行，就不知道应该带什么、不能带什么。

在起航前最应该准备的是安全感。如果一个孩子在生命的早期没有获得足够的安全感，那么从婴儿时期到老年，这个孩子会不断以各种方式寻求安全感，而无法顾及生活中的其他很多有意义的事情。

6岁前是孩子建构人格的时间，在这6年里，孩子会把发展人格的内在力量和机制都用来获得安全感。由于他们获得安全感的方式是让自己处于恐惧中，所以表现的方式常常会让大人非常受不了。

在7—14岁时，如果孩子没有获得足够的安全感（这种安全感一般是在6岁之前就丢失了的），那么他就无法发展自信和信任他人的品质，他会用大量宝贵的时间继续寻求安全感；如果依然不能获得，孩子就会放弃，变得畏缩、不快乐。

如果孩子在15—21岁仍然没有获得安全感，那么这个孩子就无法确立自己的人生目标，进而失去人生方向，变得迷茫，觉得生活没意思，对生活没有信心。

如果一个人在 21 岁时仍然没有获得安全感，那么他在 21—28 岁期间就无法进行冒险，无法获得承担家庭重任的力量和勇气。

28—32 岁是人生最艰难的时期，这个人会感到苦难重重，无法独立生活，无法发展自己的事业或者一心只顾事业，无法担起家庭的重任或者会试图完全控制家庭成员。

到了 60 岁，这个人就会抓住儿女不放，要求他们什么都按照自己的意志去做，而自己往往疾病缠身。

其实，孩子在出生以前就在建立安全感，如果家庭环境融洽，妈妈内心平静，胎儿就能够很好地获得安全感。如果妈妈成天担心害怕，胎儿的安全感就会差一点。当然也有特例，但无论如何，我们都不要拿孩子做实验。

直到出生后很久，孩子都会以为自己跟妈妈是一体的。所以，妈妈要懂得安全感的建立对孩子有多么重要，并且要在这方面多加注意。

0—2 岁孩子的安全感问题

十几年前，大多数家长还不太在意孩子对安全感的需求。近些年，我们看到家长成长得很快，已经普遍关注到孩子在成长中的心理状态。如果孩子在很小的时候就失去了安全感，那么他就无法很好地发展，无法在学业上取得好成绩，即便取得了好成绩，也无法依靠高分生存下去。

读这本书的家长很多都初为人父、人母，虽然也知道安全感的丧失会影响孩子的发展，但由于经验不足，不能分辨孩子的哪些状态属于安全感不足，哪些状态属于发展中的正常状态。现在，我们就一起来探讨以下案例，辨别在哪些情况下家长需要调整教育方式，而哪些情况不需要进行干预。

22. 孩子病愈后明显爱哭，安全感严重不足，怎么办？

☺ 我的宝宝怎么了

我儿子前几天生病了，咳嗽，喘不过气，睡觉常被憋醒。医生让他做 X 光，然后又给他打吊针，他遭了很大的罪。在照 X 光时，我们紧紧地把他按在床上，他哭得死去活来，嘴里不停地叫"妈妈，妈妈"——还不到 1 岁的他怎么也不明白最亲的人为什么要这样对待他，然后我们又让他打吊针，喂他吃药……

现在他的身体好了，可他的心灵受到了伤害，这两天他明显爱哭多了，一点小事不如意就大喊大叫的，伸着手指到处乱指，我们也不明白他到底要什么，然后他就大哭起来。他还特别黏我，连爸爸要抱都不让，典型的没有安全感。

昨天晚上他哭醒后，我按照惯例给他喂夜奶，谁知他把头扭来扭去，嘴巴也闭得紧紧的，完全不像平时那样，如饥似渴地喝上几口就又安睡了。我观察了一会儿，才发现他还在梦魇中，可能是梦见我们给他灌药吧。我把他叫醒，他一见我，"哇"地又哭了。我也抱着他哭了，见到他现在这个样子，我才感觉到他以前是多么正常！

虽然我全职在家能够尽量抱他亲他，但我还是担心这件事会给他留下心理创伤。我现在该怎么做才能使孩子尽快恢复正常呢？

☺ 大李老师来帮忙

孩子遇到一些特殊的事件，受到一些刺激，会陷入短暂的丧失安全感的状态，只要家人是爱孩子的，不夸张地支持这种恐惧，慢慢地孩子就会恢复。

孩子像案例中那样生病或者受到意外伤害，这是没有办法的事情。案例中的情况，也是孩子病后或受伤后的正常状态。在国外，有一些儿童心理治疗机构会通过情景游戏帮助孩子修复受伤的心灵，经过十几个疗程，这种短期伤害基本能获得痊愈。如果找不到这样的机构，母亲和孩子可以玩一些情景游戏，在游戏中倾听孩子的内心世界，让孩子在醒着的时候能够经常笑起来；也可以用一些物品和可探索的元素吸引孩子，使孩子沉浸在对物品的探索之中；或者可以把孩子抱到大自然中，边轻声唱歌，边和孩子一起散步，这样，孩子就会放松下来；还可以试试用柔软的毯子将孩子包裹起来，放在床上，边说笑边吟唱，像擀面条那样轻轻地滚动孩子。每天坚持这样做，慢慢地孩子就会忘记恐惧，这种突发事件造成的心理伤害就可以得到治愈。

家长要知道，无论孩子遇到了什么样的困难，只要家长有足够的力量，自己不被伤害造成的结果吓倒，不因为孩子的恐惧而恐惧，不自责，不怨天尤人，尽量为孩子营造祥和、安全且正常的生活环境，带领孩子逐步回到正常的生活中，孩子就会慢慢修复自己。实际上，孩子受到的最大伤害来源于家长的紧张状态和痛苦心理，这会增加孩子的恐惧，并使伤害加深。

23. 孩子没有安全感，是否和保姆有关系？

☺ 我的宝宝怎么了

从孩子 3 个月开始，我们请了个保姆来带孩子。4 个月的产假结束后，我去上班，白天家里就保姆和孩子两个人。晚上，保姆回家，我自己带孩子。以前，我一直没觉得这种模式有什么问题，而且也没有其他选择。

现在，孩子已经 1 岁多了，她似乎总是没有安全感。如果我在的话，她只要我抱，其他人想抱她都会被拒绝。保姆和爸爸抱着她还能哄得住，其他人几乎不可能。我不在的话稍微好点，但她对抱她的人也是精挑细选。

国庆节时，我们带她去奶奶家，结果她半夜醒来哭了半个小时。我抱着她，不停地给她唱熟悉的儿歌，她才慢慢地睡了。一年来，这样的情况已经出现不下 5 次了，她经常是半夜醒来就开始撕心裂肺地哭，后来就泣不成声了。

如果让她抱着心爱的小熊，她就能慢慢平静下来。这个时候，小熊的作用胜于妈妈，这让我觉得很失败——连自己的孩子都哄不住。她这样是不是因为我没给她足够的安全感呢？白天一直是保姆陪她玩、照顾她，晚上保姆的离开会不会让她没有安全感？我该怎么做才能弥补给她造成的伤害？

☺ 大李老师来帮忙

孩子 1 岁左右，正是强烈地依恋安全对象的时候。案例中的孩子对妈妈和保姆的依恋模式是非常正常、非常好的。这个年龄段的孩子，一定会精挑细选依恋对象。如果从一开始家里就是晚上保姆离开、白天妈妈离开这样的模式，孩子是不会缺乏安全感的，所以家长不必担心。

如果家长很开放，带孩子去很多地方，放开手让孩子探索，不在孩子面前表现得太小心、太精细，孩子对环境就不会有太多的不安全感。

一般来说，保姆在带孩子时，如果特别尽心，就会担心孩子摔着、磕着，小心保护，宁肯让孩子什么都不动，也不让孩子出问题。为了防止孩子受伤，保姆有时会用恐吓等方式制止孩子做出他们眼中的危险行为。时间久了，孩子就会习得性地害怕，觉得到处都是危险的东西。这种害怕的情绪积累得多了，孩子就会觉得世界是可怕的。白天，这些令人害怕的信息会储存在孩子的大脑皮层中，如果未处理完善，晚上孩子就会做噩梦。孩子出现这种情况不一定是换地方住等原因造成的，家长一定要看带孩子的人是如何给孩子介绍这个世界的，这个太重要了。

有时，如果家长身上散发的不愉快的气息影响了孩子，孩子就会拒绝那个家长抱他。在需要安慰时，他会选择依恋一件物品。一般情况下，孩子恋物的情况是在依恋对象离开时出现的。如果依恋对象在，孩子可能会既依恋人，也依恋安抚物。如果孩子的第一依恋人在，孩子却只依恋物品，这便可算作"矛盾型依恋"。这时，家长就要反思自己与孩子互动时的心态和情绪，尽快改变自己，接纳孩子在发展中的自然状态，给予孩子心理上的帮助。

另外，这么大的孩子已经能够通过自己的情绪表达对秩序的需求，当已有的秩序被打破时，孩子会感到非常痛苦和焦虑，具体表现为换了地方和秩序模式就大哭大闹，甚至得病。所以，在孩子 2 岁半以前，家长一定要注意维护好孩子已经适应了的秩序模式。这是一个自然规律，与家长的教育方式无关。在秩序被打乱的情况下，家长不恢复已有的秩序，只是哄孩子，是很难安抚孩子的，所以家长不必感到挫败。

对于没有安全感的孩子，家长可以从以下几个方面入手：

第一，家长要学会接纳孩子，了解孩子的发展规律，做到能够判断孩子的哪些行为是自然状态。

第二，在与孩子互动时，家长要排除所有的杂念，一心一意地与孩子互动，不要在孩子每次需要抱的时候都紧紧地抱住他。其实，孩子更需要的是与自己的发展有关的游戏，即我们之前提到的"工作"。家长可以一边将孩子抱在怀里，一边对孩子进行工作刺激。孩子很快就会被工作所吸引，自然地离开家长的怀抱。

第三，在出门旅行时，家长要尽量带上孩子已经熟悉的卧具和玩具，并尽量找到与以前的生活相近的模式。比如，如果孩子以前睡在围栏床里，换了新的地方，家长就还要让孩子睡在围栏床里；孩子以前睡在大床上，到新的地方就还要睡在大床上。如果孩子哭闹不止，而且确定不是身体的原因，那就很有可能是环境的原因，只有解决了环境的问题，才能解决孩子哭的问题，否则孩子即便不哭了，也会变得麻木或多病。

24. 孩子总是很顺从，是缺乏安全感吗？

☺ 我的宝宝怎么了

儿子一直是我一个人带，1 岁左右时很黏我，现在好了很多。

两个月前，我带儿子第一次回外公家，由于行李多，我就把儿子交给在机场外等候的外公，自己回机场取行李。儿子很顺从地让外公抱，见我走开也没闹。出租车开出一段距离后，儿子才开始找我，在外公怀里时表情呆呆的，没有平日的活泼和开心。

今天，我带他去朋友家时也是这样。朋友的老公一开门就抱起儿子，儿子也是呆呆的，放下地才恢复了原样。这种情况还有过几次。儿子的这种表现是没安全感吗？

另外，儿子现在总是见别的小朋友玩什么就要什么，这正常吗？我现在应该怎么培养他的专注力？

☺ 大李老师来帮忙

如果孩子有自己认定为安全的第一依恋人，那么在离开这个熟悉的人时，他就会感到很恐惧。这样小的孩子，感到恐惧时往往不知道如何处理。如果孩子已经学会用哭来抗议，那么孩子就会大哭，以表示自己的内心出了问题。如果孩子已经学会了发脾气，那他就会用发脾气来抵御让自己恐惧的变化。如果这个孩子以前没有多次经历过让他不安的事件，那么变得僵硬不动也是一种防御机制。我认为，这是人类在生活环境中遇到正常情况时的正常状态，家长不必担心，只要多带孩子去一些人多的地方，多让孩子跟其他家庭成员接触，孩子就会慢慢变好。总之，孩子离开了依恋对象就感到痛苦，被陌生人突然抱到怀里就感到紧张，都说明孩子有很正常的依恋方式。

至于孩子得到玩具后不去探索、不去使用，这说明他以前的工作经验不够。从孩子表达自己的情感和对待玩具的方式上推断，孩子在家里有可能被过分照顾，以致表达自己情感的机会和工作的机会太少，没有建立起对他人有影响力的表达方式，也没有建立起使用工作材料的行为模式。遇到这种情况，家长需要反思自己是否在养育过程中给孩子的自由太少，比如是否很少让孩子在冲突中表达负面情绪，是否很少对孩子进行强有力的工作引领，是否在生活上将孩子照顾得无微不至。

平时，家长要注意以下几个事项：

第一，要给孩子机会去发泄自己的情绪，如延迟满足，在他发脾气的时候平静地等待，适当地给予共情，唤醒孩子的情绪。

第二，要在家里给孩子准备丰富的工作材料，跟孩子一起工作，使孩子发现工作的乐趣，并学会创造性地使用这些工作材料。

第三，要反思自己是否对孩子的生活照顾得太周到，使孩子失去了自己解决问题的自由。

25. 孩子病愈后为什么特别黏妈妈？

☺ 我的宝宝怎么了

孩子从一个多月前开始感冒咳嗽，每天夜里都睡不好。起初是因为鼻塞，半夜经常醒来，这时我就抱抱他。现在他的病好了，却又落下毛病了——半夜总是习惯性地半醒着哭着让我抱，不抱的话就拼命哭。

孩子现在还非常黏我，我出门上班的时候，他必定会哭，哭得撕心裂肺。在生病前，他还能很平静地跟我说再见，现在反而退步了。这三个多星期来，我被搞得筋疲力尽，听到他晚上叫"妈妈抱"，真的是感到崩溃。我只能不断地安慰自己：他现在年龄小才要我抱，以后大了才不要我这个妈呢！但是，我白天要上班，晚上再被他折腾，耐心眼看就要耗完了，我该怎么办？

☺ 大李老师来帮忙

孩子对病痛的感受可能会比我们成年人强烈，因为他们生病的次数还太少。我们大人活过几十年，生过各种各样的病。根据经验，我们能够理解生病是什么样子。但孩子不理解，他们不知道为什么自己突然这样难受，于是只能恐惧。等到病好了，他们还是不能理解与病痛相关的一切，只能把恐惧留在心里。但这是暂时的，也是人的一生所无法避免的，孩子会经历着这些苦乐逐步长大，成为一个有耐受力的成年人。

父母要在孩子经历风雨的过程中给予孩子巨大的支持，让孩子在将来面对痛苦和挫折时能够保持乐观的心态。其实，家长真的很辛苦，就像这位妈妈说的，白天上一天班，晚上已经很累了，半夜还得起来抱孩子，由于累，内心就产生了负面情绪。当这样的负面情绪影响了孩子时，孩子就会闹得更厉害，因为生病留下的恐惧已经转化为对妈妈的恐惧。

妈妈很累，累了就会烦，"烦"积累多了会成为愤怒，愤怒压抑久了就会产生暴力。这对孩子非常不利，也会让家庭不再温馨。在这个案例中，要缓解妈妈的痛苦，我们不妨这样试试：

第一，先想想自己为什么生这个孩子，当初是不是打算为孩子付出一切？当我们把要孩子的意图复习一遍后，就会找回自己的初衷。

第二，我们可以再想想孩子是被谁带到这个世界上的？他要经历每个人都要经历的一切，而母亲要为孩子付出自己的一切，这是多么伟大。而且，我们有足够的爱，无论孩子多么不可爱，我们依然爱他。

第三，要去求助，向家人说明自己的状况，请求帮助。

第四，让自己坚强一些，把这种痛苦当作一种锻炼。

下面我们再来说一下如何理解孩子。

病痛使孩子感受到恐惧，更重要的是，在孩子生病时，妈妈和他的亲热方式也发生了改变，如把他抱起来以减轻他的痛苦，这使得孩子发现跟妈妈分离是痛苦的，以为离开妈妈就会痛苦，于是死命地黏着妈妈。

这就是说，孩子以前建构起来的睡觉模式在得病后因妈妈的安抚行为出现了变化，新的模式让他感到更舒适，于是他一下子接受了新的模式。这时，妈妈对孩子的表现可能不理解，在半夜哭闹和抱多久、什么时候抱的问题上过于紧张，这种紧张的气息感染了孩子，使他在睡觉时不再平静、踏实，因为他只有睡觉时才会被从床上抱起来，也只有被抱起来时才会有紧张感。这种紧张感和父母抱的模式结合起来，成为一种不安定的感觉，因为父母在抱孩子时，不是全身心地在给予关怀和爱抚，而是在考虑着该不该抱、是否要将孩子放下。这种气息被孩子感觉到了，他就会担心父母放下他或者不抱他。所以，孩子每天晚上睡觉时都无法安心，不断地惊醒。这样一来，孩子的状态肯定会使父母更加焦虑，这种焦虑又加重了孩子的焦虑。这种恶性循环会把孩子半夜醒来要求抱的行为固定成模式，时间久了，家长肯定会受不了。

所以，当孩子出现这种状态时，家长不要只发泄情绪，而是要让自己平静下来，寻找原因和解决的方法。在孩子的成长过程中，甚至在人的一生中，我们都会不断地遭遇类似的情况，而每一次遇到问题都需要付出努力才能够解决。这就是人类的发展模式，我们只有接纳它才能够理性地解决问题，否则坏情绪会让人把事情办得越来越糟。

孩子生病时，父母要用能缓解病痛的手段来解决问题，而不要用破坏孩子已经习惯了的秩序模式的方法来解决问题。比如，孩子睡觉时鼻子不通气，能让孩子舒服起来的方法是让他的鼻子通气，而不是将熟睡中的孩子拉起来抱在怀里。前者是在解决孩子生病的问题，后者却是在用病中的孩子安抚父母痛苦的心理。前者不容易造成孩子行为模式的改变，后者容易造成行为模式的改变。

如果孩子由于生病身体极度不舒服，如疼痛或高烧，孩子在母亲的怀里得到母亲身体的支持就感到病痛减轻，那么这时，把孩子抱在怀里并不会造成孩子行为模式的改变，而且，即使有可能破坏原有模式，家长也要把孩子抱在怀里，等孩子病好后再去解决其他问题。一般在病痛严重时，孩子不会注意到母亲的怀抱，所以不太容易改变既有模式。不过，年龄小的孩子可能会将病痛的原因归结为自己躺在床上，以为被家长抱起来就不会再有那种难受的感觉，所以病好后的一段时间内还需要母亲在同一时间将他抱起来。如果母亲很放松、很接纳孩子被抱着的愿望，过一段时间，孩子的问题会自然消失。

像案例中孩子的这种情况，有两种应对办法：

第一，在孩子要求抱的时候，家长不要抱他，可以检查一下孩子是否还感受得到病痛或者身体上的不适，如果都没有，就亲吻一下孩子，把孩子放成睡觉的姿势，家长坐在床边等待。如果孩子爬起来，家长就把他抱起来亲吻一下，再重新放下去。孩子会哭，但最终会睡着。这样，大约10天之后，孩子就不会再在半夜醒来。

　　第二，先把孩子放在两个家长中间睡，父母的夫妻生活要在另外一间屋子里进行，到孩子六七岁时，就可以分床睡了，不过一般我不太建议使用这一方案。

2—3 岁孩子的安全感问题

孩子应该从小就尽可能地走进公共场合，家长要经常带孩子到一些人多的地方，使孩子能够对人群习以为常。到了 2 岁，孩子会开始由探索自己的身体感受转为探索环境。在这样的探索中，孩子无论如何都会遇到人，对孩子来说，人与物品又有很大的不同，孩子必须通过与人接触来了解人，学习如何在他人面前获取自己想要得到的利益，以及如何才能很好地满足他人的利益需求并保护自己。2 岁的孩子已经能有意识地与别人交流，在交流的初期，由于对各种各样的人不了解，缺乏交往经验，会在学习交往的过程中出现失败或者惹是生非的情况，这都是很正常的。了解到这就是孩子正常的发展情况后，家长就不会对孩子在交往过程中的一些行为感到疑惑了。

26. 孩子非常害怕其他小朋友，怎么办？

☺ 我的宝宝怎么了

女儿非常害怕小朋友，有时玩得正高兴，看见有小朋友向她靠近，哪怕人家只是路过，她都吓得哇哇大哭。我该怎样帮她建立安全感呢?

记得女儿 1 岁多的时候, 有几次她和小朋友一起玩耍, 我故意放手锻炼她, 结果她被小朋友抢了东西, 还被小朋友打了。

快 2 岁时, 她在亲子园被小朋友打过两次, 有一次我就在她身边。当时, 女儿和一个小姐姐在海洋球池里玩得好好的, 那个小姐姐伸手轻轻摸她的脸, 我还笑着看着, 同时抚慰有点紧张的女儿。就在这时, 那个小姐姐突然把她的大拇指抠进女儿嘴角, 然后用力向一边撕扯, 我及时阻拦, 但女儿嘴巴边还是留下了红红的一大块。

从此以后, 女儿再也不愿意接近小朋友了。我知道女儿是害怕小朋友打她, 她太没有安全感了。

☺ 大李老师来帮忙

从案例中可以看出, 这个孩子在 2 岁之前就被家长放在同伴中锻炼。妈妈做出这样的选择是没错的, 如果孩子从更小的时候起就开始接触其他小孩子, 就不会被突然的攻击吓得一直害怕。其实, 孩子在这么小的年纪偶尔被其他孩子攻击一两次, 如果周围的环境让她比较放松, 家长在安抚孩子时内心也比较平静, 那么孩子就不会被伤害到再也不敢接触其他小孩子的程度, 能伤害到孩子的大多时候是家长的态度。

另外, 在孩子年龄小的时候, 家长需要确保其接触的群体中没有有攻击性行为的孩子, 然后才可以放手让孩子锻炼。

比如，要把孩子跟认识的孩子放在一起，不要轻易地把孩子跟完全不了解的孩子放在一起。如果在孩子玩耍的环境中有不了解的孩子，家长就要离孩子近一点，以免孩子受到不必要的伤害。

如果孩子已经受到伤害了，家长能做的就是组织一个安全的小集体，继续让自己的孩子与其他孩子待在一起，消除自己孩子对其他孩子的恐惧。如果家长发现孩子对其他孩子感到恐惧，从此就减少孩子与其他孩子在一起的时间和机会，那么，孩子就会永远害怕群体。孩子的这种害怕的感觉可能会是他将来在群体中被欺负的主要原因，这也会造成孩子的社会性功能无法良好发展。

父母可以通过以下几种方式来缓解孩子对小朋友的恐惧：

第一，要考察一下附近的哪些孩子没有攻击性行为，邀请他们到自己家里玩。

第二，要告诉孩子，爸爸和妈妈永远会在他的身边保护他。当有其他孩子接近自己的孩子时，家长要放松而平静地做好准备。一旦那个孩子做出可能的挑衅行为，就不动声色地将那个孩子引开。

第三，不要告诉孩子"没关系，要勇敢"，这等于暗示孩子周围是危险的。只有让孩子慢慢地发现在群体中没有危险，孩子才能建立起在群体中的安全感。能否被群体接纳，对孩子的一生都是至关重要的。如果在群体中没有安全感，孩子就会找借口游离于群体之外，并想办法建立起一套不需要群体的模式。比如，有的孩子一个人玩得也很好，从来不需要朋友，这是一种退缩式的自我保护机制。

27. 孩子老是做噩梦，是否跟安全感有关？

☺ 我的宝宝怎么了

今天早晨快 6 点钟的时候，儿子突然大哭起来，喊着："掉到井洞里了，快拿出来……"因为他又哭又喊，我始终没听明白是他掉到井里了，还是他的玩具掉到井里了。他一个劲儿地哭，怎么哄都不行。后来，他不让我说话，用手来抓我的嘴，只让我站着抱他，我想转移他的注意力也不行。他至少哭了 40 分钟，最后让我躺在床上搂着他，才慢慢地又睡着了。虽然应该起床上学了，但我还是让他多睡了一个小时。我去叫他的时候，他居然在笑，短短一个小时又做梦了。我把他叫起来，给他喝了牛奶，看他的情绪还不错，我问他到底做了什么梦。儿子说："我掉到井里了，你不来抱我。"

儿子说起这个梦的时候，明显很伤心、生气。我说："不会的，你掉到井里，妈妈一定会来救你的。妈妈不会不管你，因为你是妈妈的宝贝啊。"儿子说："你没有抱我，我不是你的宝贝。"我又问："那你掉到井里了，妈妈在干什么？"儿子说："你跟一些阿姨在外面的院子里吃饭，你吃饭，不来抱我。"我跟儿子解释，那是梦，不是真的，而且妈妈一定会救他的。

2 岁前，孩子经常做梦、大哭，但他已经大半年没有这样大哭过了，一般很快就好了。现在，他有几次梦是跟我有关的，最怕我不理他，为什么会这样呢？

☺　大李老师来帮忙

孩子不容易从梦中解脱出来是正常的。人类是很复杂的动物，有些事情我们还无法搞清楚。孩子从 2 岁起就有这样的梦境，母亲需要反思一下，自己在怀孩子的时候是否有过恐惧感，孩子的生活环境中是否常常出现令孩子害怕的事情，如妈妈突然生气、爸爸妈妈吵架等。到底是什么原因使孩子长期有被遗弃的感觉呢？这个梦反映了孩子的不安全感，家长需要关注。

有时候，孩子会将现实生活中被忽视、被压抑的情感在梦中以夸张的方式表现出来。例如，一家三口一起出去散步，爸爸妈妈吵了两句嘴，爸爸有点儿生气，就独自走了另外一条路；妈妈也沉浸在气愤的情绪中，全然没有关注到孩子的担心和害怕。如果孩子与妈妈沟通时，妈妈不敏感，孩子就会用一连串的问题来表达自己的担心和害怕，如反复地问妈妈"爸爸去哪儿了""爸爸为什么走那一条路"，在妈妈回答了之后，孩子仍然会重复问同样的问题。这说明孩子不是要探索问题的答案，而是在表达自己的情绪。妈妈由于沉浸在自己的情绪中，对孩子的情绪失去了敏感度，认为自己已经回答过孩子了，便不再回答。

如果在孩子问过十几遍乃至二十几遍之后，妈妈仍然不回答，甚至朝孩子发脾气，孩子就只好不再表达。这种情景在孩子的梦中就可能表现为自己掉在井里，妈妈却不去救他。这其实是孩子的无助感被夸张地表现了出来，因为孩子掉在井里是无论如何都无法自己爬出来的，必须找家长来帮助他，而在他看来，妈妈是不会来救他的。这并不是说平时妈妈对他的照顾不够，而是他对那种照顾已经习以为常，因此不再注意，而他那一次无助的感受被注意到了，就变成了梦境。如果类似的梦境经常出现，就说明问题比较严重，家长一定要找到原因并改变自己。

为孩子提供稳定的环境，自己保持情绪稳定，了解孩子的需求，使孩子能够通过自己的努力达到目的，这样就能在最大程度上建立起孩子的安全感。所以，父母跟孩子在一起时要把心放在孩子身上：在孩子有需求时，父母应该马上了解；在孩子需要帮助时，父母要能够正确地提供帮助。

3—4 岁孩子的安全感问题

我们知道，孩子需要安全启航。在刚出生时，孩子从一个水的世界来到了空气中，环境的突然改变使得孩子非常恐惧。此时，孩子们要通过睡眠等来逐渐熟悉这个世界。对此，家长们应该都是可以理解的。但如果孩子已经在这个世界上生活了 3 年，他的安全感是否还会突然遭到破坏呢？孩子的害怕、爱哭，以及在面对其他实力较强的孩子时表现出的退缩，会不会是丧失安全感的迹象呢？遇到这些情况，家长该如何帮助孩子呢？

28. 孩子老怕玩具被抢，是安全感不够吗？

☺ 我的宝宝怎么了

我的孩子体弱多病，个子比较小，没什么力量。最近，我带他去乐高班玩乐高积木，他很喜欢，每星期都要去一次。头两次，他不用我陪着，自己就进去玩了。接下来的两次，孩子非要我陪着他。在第 5 次去玩的时候，他搭的积木被一个大男孩抢了，他的情绪就非常激动。别人搭得不对的时候，他会突然说："你搭错了。"第 6 次，孩子开始是自己进去的，玩了一会儿，小朋友逐渐多了，有个大一点的孩子在抢着收拾玩具，他就很激动地要我陪他在里面玩，不然就要出来，就这样反反复复，一会儿要跟我走，一会儿又要进去玩……

一起带小朋友来玩的妈妈都说，这是孩子安全感差的表现。这是因为我和他爸爸给他的安全感不够吗？还是说，孩子觉得外面的威胁大，如果有妈妈陪着，他就不怕别人攻击他了？

一般在外面玩的时候，他不会抢别人的玩具，但很怕别人抢他的玩具。遇到这种情况，他通常会很激动地问："为什么别人要抢我的玩具啊？妈妈抢回来。"我会带着他去跟小朋友讲道理，一般那个小朋友最后会还给他，但有时，有些小朋友抢了就跑，他就会非常伤心。

我是否有必要让孩子继续去乐高班玩乐高积木呢？其实，他自己非常喜欢玩。乐高班的老师也说他上课是最认真的，整节课都很专心；下课后不肯走，还能再玩一个小时。

☺ 大李老师来帮忙

孩子在刚刚进入群体时，遇到突发问题不知道如何是好，表现出案例中的孩子的样子也是可以理解的。人的性格不同，不同的人遇到相同的情况做出不同的反应也是情理之中的。所以，孩子是在发展他与生俱来的能力，我们不要认为这是出了问题。

根据家长的描述，案例中的孩子体弱多病，个子也比较小。当孩子的身体处于这种状况时，就会自发地将自己与其他小朋友比较。这种比较可能是无意识的，因为感受到其他小朋友的个头和力量后，孩子会感到自己是弱小的。这是天下所有小动物的本能。

我们看到，案例中的孩子一次比一次聪明，每进去玩一次，孩子都会把从环境中接收的信息纳入自己的决策，于是，孩子每一次都在改变自己的策略，其实这个过程就是发展的过程。如果孩子能够得到家长的有力支持，他就一定能够发展出属于自己的群体智慧。

如果家长不了解这一点，就有可能会用如下方式来"帮助"孩子：

第一种方式是，家长会拼命鼓励孩子变得强大起来。如果没有用对鼓励的方法，鼓励就成了一种强迫，孩子会更加注意谁强谁弱的问题，当孩子与别人互动时，他不会完全投入自己的活动，而是去注意谁是强的、谁可能会欺负自己、自己可能受到什么样的伤害……孩子的这种状态在家长看起来就是胆小、没有安全感。这种纠结带来的疑惑是这个年龄的孩子无法理解的，孩子有可能变得容易害怕、畏畏缩缩。

第二种方式是，家长认为孩子是弱小的，于是不由自主地保护孩子，希望他强大之后再独自面对外界的环境。这种保护使孩子失去了解决冲突、克服困难的机会，也失去了认识自己力量的机会。在孩子的概念中，无论自己遇到什么困难和冲突，都要由别人去替他解决，他认为自己不行，于是就真的变得越来越弱。这样，家长也认为自己的看法被证实了，于是更加强了孩子的示弱需要。

实际上，3岁多的孩子如果没有成长在多子女家庭，之前又没有太多与其他孩子互动的经验，在乐高班有这种状态是很正常的。况且，在去了几次之后孩子就敢批评别人了，这说明孩子并不是没有力量的。但家长没有看到这一点，只看到了他面对冲突时的负面情绪。当孩子在解决环境中遇到的麻烦时，家长没有让孩子发现自己的能力从而对自己产生信心，却要孩子选择是离开还是留下，这等于问孩子"你认为自己是好汉还是孬种"。一个3岁的孩子无法从妈妈这样的话语中听出玄机，也无法判断什么样的选择对自己是有利的。这时，家长的做法只能给孩子带来更大的疑惑，使孩子更加焦虑。带着这样的情绪回到要征服的环境中，孩子的心境已经不同于之前了。在这种情况下，孩子有可能更加注意环境中的那些"潜在的危险"，从而感到恐惧。

家长对孩子的保护使孩子觉得自己是宝贝，其他人也要用一样的态度来对待自己。当孩子发现别人不会像父母那样对待自己时，他就会感到愤怒，觉得这不可容忍。对环境中危险因子的搜寻，使他受伤的概率比那些没有注意到危险的孩子高得多。我们可以把这叫作"被伤害敏感"。虽然这种敏感为孩子带来了发展机遇，但它也会使孩子受伤的概率增加。在同一个环境里，过分注意危险的孩子已经承受不了了，而那些没有注意到危险的孩子还浑然不觉。所以，儿童应该自然地醒来，而不应该被过早地唤醒。案例中的孩子才 3 岁，在刚开始进入群体时一定会感到紧张和害怕，做家长的要冷静地思考一下，怎样才能使自己的孩子变得有力量起来。这里说的有力量，不是指肢体力量，而是指心理力量。每一个成长中的人，都天生带有强大的渴望发展的心理力量。如果家长知道这一点，再去观察和发现孩子的这种力量，就会认为孩子是有力量的。这种看法像是一种与孩子的约定，能让孩子真的朝着有力量的方向去发展。如果能够意识到这一点，当孩子哭着从教室里跑出来时，家长也就知道怎样去面对这种情况了。

29. 是该保证孩子的安全感，还是该培养孩子的独立能力？

☺ 我的宝宝怎么了

我对孩子的关注不算多。关于孩子的成长，我的想法就是顺其自然，因此，我管得比较宽松，也不娇惯她。现在，孩子上幼儿园快一年了，各方面表现都不错，很少让我操心。可是，最近因为孩子的教育问题，我和她爸爸经常发生口角。他说我太娇惯孩子，造成孩子胆小。这可真的是冤枉我，我真的不娇惯她。孩子一直有些认生，我看了李跃儿、孙瑞雪的书，才知道有"安全感"这个概念。我觉得，孩子的这些问题应该是和没有建立好安全感有关。

比如，昨天晚上幼儿园组织晚会，孩子班上的节目是合唱。老师把孩子们集合到一起后，由于礼堂里比较暗，有些孩子开始哭闹，我的孩子看到别的孩子哭，也跟着哭了起来。我一看孩子哭得厉害，就忍不住要过去安抚。她爸不让我管，可看着孩子哭成那样，我实在不忍心，就过去了。孩子抱着我的脖子不放手，哭着要回家。我抱着她，怎么劝她她也不肯去表演节目了。她爸很生气，非说是我的问题，如果我不去的话，她哭一会儿也就好了。我也说不清自己做得对不对。我感觉孩子比较黏我，在陌生的环境中胆子比较小，这应该和缺乏安全感有关。在昨天那种情况下，我是该和孩子在一起，给她安全感，还是硬下心让她哭一会儿，哭完了上台表演？

自从有了安全感方面的知识后，在孩子哭闹的时候，我一般会哄她、抱她、安慰她，所以孩子最近也比较黏我。我不知道这样做到底正不正确，也很困惑。我从孩子3个月大的时候开始上班，一直是我妈在家照顾她。孩子9个月大的时候，我在家用蒸汽熨斗，把她吓哭了，她不找我了，我就趁机给她断奶了。孩子从三四个月到2岁，我妈每天都带她在楼下玩，我每个周末也都带她出去玩玩（一般是去超市购物），当时她也有点认生。到了2岁半的时候，她常常一整天都不下楼，也不愿意让我带她去小朋友家玩。我也不知道问题出在哪儿了。

去年9月，我把她送到幼儿园，想通过集体生活来锻炼她，结果她哭了两周才适应幼儿园生活。开始的时候，她上课不敢表达，班里一有听课的老师就哭，死活不肯待在教室里。为了锻炼她，我尝试每晚带她去别的小朋友家玩，并且每天让她在家里表演一个节目。经过一段时间的训练后，她在别人家玩的时候比较放得开了，也敢在别人家表演节目了。后来我听老师说，她上课特别积极，既学得快，又敢表演，还经常组织小朋友做游戏。这让我很欣慰。

可是，孩子在幼儿园非常听话，在家里脾气却比较大，经常撒娇。如果我不在家，她自己也能玩得很好，也不用大人管；我一回来，她就这事那事，还哼哼唧唧的。比如，她想喝奶，但不直接说，非得哼哼着说"妈妈，我想喝奶嘛"。她爸爸最不喜欢小孩子哼唧，看她这样就训她："喝奶就是喝奶，干吗非要加上'嘛'？"一挨训，女儿就开始哭，嚷着"我找妈妈，我不和爸爸玩"……我就得耐着性子哄她。我感觉孩子有这些表现可能是因为缺乏安全感或爱，可老公非说我太惯着孩子。我也糊涂了。平时，孩子还是比较自立的，可我在家时，她凡事都要我帮她做。难道真的是我娇惯她？昨天，老公生气地说我："你买那么多书，都白看了！孩子都让你惯坏了！"我真的很困惑，不知道问题出在了哪里。我应该站在孩子这边，保证她的安全感，还是站在她爸爸这边，让孩子更独立？

还有一个问题，就是孩子的好胜心比较强，不知这对她将来的性格有没有影响？我下一步又该如何引导她？

孩子1岁多的时候，为了引导她多吃饭，我们想了个办法——比赛谁吃得快。这一招真的很管用。可最近我发现，孩子干什么都非要拿第一。如果别人先吃完了，她就不愿意，非要人家再盛上一碗才行。睡觉的时候，如果我先脱了衣服，躺下休息，她就闹腾，非得要我起来重新穿上衣服，让她得第一名才可以。我不知道这样下去，孩子会不会太注重名利，我该如何引导呢？

☺ 大李老师来帮忙

看到案例中的妈妈这么迷茫，我也有点着急。我们来一点一点厘清案例中存在的问题，相信这能够帮助到很多家长。在养育孩子的过程中，我们经常会遇到一些情况，比如什么是开放式的养育，家长是不是太溺爱孩子，孩子总黏着妈妈，等等。家人之间会产生冲突，孩子的表现也不尽如人意。对这些事，该如何分析和判断，又该怎样找到答案呢？

案例中的妈妈说自己不怎么管孩子，我们可以将其理解为妈妈不干涉孩子。但是，孩子是姥姥带大的，我们不了解姥姥是否干涉孩子。很多家长是想顺其自然地养育孩子的，但怎样算是顺其自然呢？我们要注意以下两点：

第一，在人类自然的发展过程中，成年人就是要帮助刚出生的孩子逐步适应人类生活。所以，要想孩子健康成长，就要让他们有机会学习良好的人类生活范本。如果我们为孩子提供的生活范本质量不高，孩子学习了这些，他们在面对今后的生活时就会不顺利。

　　第二，孩子的发展要遵循人类的自然发展规律。世间万物都有自己的发展规律，人类也有属于自己的发展规律。我们必须按照这个规律来养育孩子，这样才不会破坏孩子应该发展出的属于人类的特质。

　　3 岁大的孩子还处在吸收性心智的发展时期，会无意识地模仿别人的行为。这是因为孩子的本能决定了他们要通过模仿和学习环境里的事物和人，了解人的生活和物质世界。

　　孩子选择模仿什么人，选择环境中的哪些物品，在什么时间做什么事，都完全是他们自己决定的。实际上，他们也不明白自己为什么会做出这个决定。有研究者发现，孩子做选择是有规律的，而且他们无论做什么都是为了使自己获得发展。人们还发现，孩子会本能地抗拒与发展的节奏不相合的事物。案例中的孩子才 3 岁多一点，还不能控制自己的恐惧和不高兴的情绪。她无法为了家长和自己的荣誉去向陌生人展示自己的技艺，上台表演和聚会对她而言毫无意义，她自然会抗拒。

　　黑暗会让孩子觉得恐惧，哭闹的氛围会让孩子觉得痛苦。一个孩子感到了痛苦，就会用哭的方式去表达。一个爱孩子的人，会根据哭声了解孩子的心理状态和需求，做出帮助孩子的决定。这是人类的本能，我们也可以说它是一种自然法则。如果破坏了自然法则，就会产生不好的结果，这已经是被人们验证过了的事实。在案例中，孩子处于痛苦之中，母亲的反应是本能的，而父亲无视了这种本能。母亲的做法是对的，母亲不要因为自己关怀了孩子，孩子对自己产生依赖而感到焦虑。孩子从不黏着妈妈到黏着妈妈，也许正是因为母亲对她的关怀唤醒了她的依赖，这没有什么不好。让孩子依赖母亲的需求获得满足对孩子是有利的，让孩子黏够了，她自然就不黏了。

看了妈妈的描述，孩子有胆小、上幼儿园适应慢、有老师来听课就哭这些情况。根据我们多年来对孩子的观察，这些状况的出现，一般不是由妈妈突然想好好地爱孩子造成的，而是由孩子出生后跟同龄人接触太少造成的。在心智结构建立的早期，如果孩子很少在人群中练习，通常就会出现本案例中孩子的状况。通过练习跟同龄人相处，孩子会慢慢适应，不再恐惧，所以，家长可以大胆地让孩子和人群接触。

另外，为什么孩子跟别人在一起都没问题，跟妈妈在一起时就会撒娇呢？让我们再回顾一下妈妈的描述。妈妈说："她想喝奶，但不直接说，非得哼哼着说'妈妈，我想喝奶嘛'。她爸爸最不喜欢小孩子哼唧，看她这样就训她：'喝奶就是喝奶，干吗非要加上"嘛"？'一挨训，女儿就开始哭，嚷着'我找妈妈，我不和爸爸玩'……我就得耐着性子哄她。"通过这段文字，我们能够感觉到妈妈不喜欢孩子以这样的方式亲热自己，爸爸也不喜欢，但是我们想一想，难道孩子必须以别人喜欢的方式去表达自己的感情吗？

以前妈妈不关注自己的孩子，自从看了书才开始学习关注。这对孩子来说，就像长久处于饥饿中的人遇到了食物，她无法控制只吃七分饱就停止，吃相也不会太雅观。我们以前使他们挨了饿，现在就需要先让他们吃饱，在这个阶段不要挑剔他们的吃相。

如果这位妈妈在给孩子关注和爱的同时，又不接纳孩子的亲热，孩子可能会黏得更久。孩子哼唧大多是由于家长没有发自内心地接纳孩子，于是孩子不得不假装可怜。所以，家长要多加练习，发自内心地、无条件地接纳孩子，同时要带孩子去做有意义的事。在家长的引领下，孩子会把对爱的索取转变成对工作的热爱，这时家长就会感到欣喜。

30. 孩子一直不适应环境的变化，是缺乏安全感吗？

☺　我的宝宝怎么了

我女儿从小就是个敏感的小姑娘。她行事非常谨慎，做什么事情、玩什么玩具，都要首先确认是否足够安全，否则她宁可放弃也不会去冒险。我带她去公园或商场里的儿童乐园玩，她都会时不时地观察我是否在她身边，只要我离开她的视线，她就会很焦急地寻找。

女儿在读小班时换了一次幼儿园，她的分离焦虑足足持续了一个多月。在最初的日子里，她一定要紧紧地挨在老师身边，老师走到哪里，她就跟到哪里，似乎只有这样才能缓解她的焦虑。渐渐地，女儿和小朋友以及老师熟悉了起来，她能够高高兴兴去上学，开开心心地放学，我心里的一块石头总算落了地。

　　没想到，最近女儿又不想上幼儿园了。事情源于上周女儿感冒发烧。周一，女儿有点发烧，我就没让她上幼儿园。周二，女儿不发烧了，但感冒还没有好，我坚持让她去幼儿园上学。中午的时候，女儿因为胃口不好，饭吃得很慢、很少。她那一桌的小朋友都吃完了，女儿只吃了一点儿，老师就批评了她。女儿大概觉得非常委屈，就哭了，后来还是老师给她喂的饭。从这天开始，女儿就对上幼儿园有了抵触心理，不断地跟我说不想上幼儿园。

　　初时，我不以为意，觉得这是因为女儿身体不好。这周开始，女儿的身体完全恢复了，但她依然不想上幼儿园。我意识到有点问题了，就仔细地跟女儿沟通。女儿说，自己不想上幼儿园是因为吃不下午饭，我知道她的胃口已经完全恢复了，她这么说只是因为老师批评了她，心里留下了阴影。我从女儿的口中了解到，老师当时说了一句："今天阳阳要打屁股了哦！"我觉得那是老师跟她开玩笑，便劝解她："妈妈是不是也会批评你？老师这么说，是因为她把你当自己的孩子啊。而且，老师也会批评其他小朋友，其他小朋友也不会因为老师批评就不上幼儿园啊。"我非常担心，女儿如此经不起批评，如此敏感，自尊心这么强，未来该怎么面对生活中的风风雨雨呢？

　　这几天，困扰女儿的事情又增加了一件。女儿马上要上中班了。她从老师口中获知，中班要换老师了。她常常跟我说，不想换老师，不想上中班。女儿要面对的最紧迫的问题是，下周暑假班就要开始了。女儿知道暑假班里老师会轮流上班，而她已经熟悉的朱老师和罗老师不能每天陪她了，她很是焦虑。每天晚上睡觉前，她都要忧心忡忡地跟我讨论即将到来的暑假班和中班。我虽然每天都尽力安慰她、劝解她，但是心里也没底，不知道是应该不断地跟她讨论这些事情呢，还是应该尽量忽略这些在我看来根本不是问题的问题。不断地提起这些事情，是否会强化女儿不安和焦虑的情绪？我真的束手无策了。而且，女儿的情绪也严重地影响了我的心情。我该怎么办？

每次跟丈夫讨论起女儿的问题，丈夫都是一笔带过——现在她还小呀，等长大点就好了。可是，真的等孩子长大点就会好了吗？我觉得很是疑惑。

☺ 大李老师来帮忙

案例中的妈妈说，女儿从小就是个谨慎的小姑娘，到了陌生的地方或面对新的玩具时，都要等确认安全了再玩。依我看，这名小女孩是最有智慧的一类孩子。在处于不能确定是否安全的环境中时，保持确认安全的习惯，这是人类生存的智慧，我们应该为孩子点赞。

同时，每一种性格类型都有自身的利弊。孩子身处陌生环境中的谨慎，可以保证自己避开不必要的伤害；但在面对变化时，孩子也往往会感到紧张。这一利一弊就像是硬币的两面，我们无法把一面拿掉，只留下另一面。

在家长的描述中，我们只是看到孩子表达了忧虑，这种忧虑完全没有超出正常限度，所以家长不必担心这是孩子缺乏安全感的表现。

抛开对孩子的担心，我们就会发现，一个有安全感的人，在遇到困难的时候也会找人帮助，并且要搞清困难发生的原因。这就是为什么女儿会找妈妈帮助。一个善于质疑的人，为了找到答案，会不断地找人讨论，直到自己的疑惑被解答。因此，在这个案例中，我们看到女儿不断地找妈妈讨论自己要面对的问题。

一个人在一生中要遇到多少困难，我们谁都不知道。但孩子在4岁时遇到困难来找妈妈，妈妈一定得帮助孩子。帮助孩子不会给孩子带来什么不好的影响，只会使孩子有安全感。

案例中的孩子已经4岁了，如果孩子过分焦虑和担心，家长需要反思的是，孩子是否被忽视或过度照料了。过度照料容易使孩子失去安全感，不容易信任环境和别人，这是因为家长的过度照料会使孩子认为自己是金贵的，从而失去建构自我和认知自我效能的机会。当孩子面对新的环境时，她不知道自己能否征服环境，所以就会担心和害怕。这种情绪又可能使环境中的人对她有不好的评价，孩子意识到这种评价，就会变得更加不自信。

所以，真正给孩子很多爱的人，会懂得让孩子独立面对冲突和困难，只在该帮助孩子的时候给予适当的帮助。父母和优秀的老师都能提供这种帮助。如果不懂得为了孩子的发展去爱孩子，只会通过过度的照料，用传统意义上的爱去爱孩子，孩子就可能被这种爱伤害，并由于不自信而变得没有安全感。

我们发现，有一部分全职妈妈，容易把时间和精力全部用在细致地照顾孩子的生活上。所以，当孩子显得很懦弱时，家长要从帮助孩子成长的角度审视自己给孩子的关怀和爱，想一想，自己是不是努力克制住了对孩子的心疼，自己的爱能不能使孩子获得发展，家长要找到自己关爱孩子方式的缺陷，纠正自己的行为。

幼儿园是孩子必须面对的环境，如果这个环境是孩子不应该面对的，就要加以改变。案例中，孩子有病了吃不下饭，老师却将饭硬塞给孩子，孩子因为年龄小而无力反抗。我们来感受一下，在和平的年代里，还有什么比一个人没有胃口时，别人把饭硬塞进他嘴里更难受的事吗？在这样的情况下，孩子在幼儿园里、在老师面前没有安全感是正常的。这时，家长应该站在孩子的一边去保护孩子，而不是让孩子去适应这种伤害。人如果适应了过分的伤害，就会失去天性：他可能会变得麻木，不能感受自己，也不能感受别人；也可能会变得残暴，去伤害别人，也伤害自己。所以，孩子要适应的是在正常生存环境中面对的冲突，而不是人为造成的伤害。在这种情况下，家长有两种对策，一是和老师沟通，请老师做出调整，二是带孩子离开。

4—6岁孩子的安全感问题

孩子越长越大，经历也越来越丰富，对人和事情的理解也越来越深入，不过，他们依然会出现一些让家长担心的情况。在哪些情况下，孩子是缺乏安全感的呢？如果不是缺乏安全感，孩子到底是怎么了？

31. 孩子处处小心，是不是安全感不足？

☺ 我的宝宝怎么了

儿子做什么事情都很小心，比如说，和姥姥一起下楼时，他会告诉姥姥小心点，不要栽下去；大人拿刀切菜，他就说不要切到手；连我过个小桥他都要害怕，怕我掉到河里去。这样的例子还有很多。

孩子最初出现这种情况是在去年夏天。那天，我和孩子出门坐车时经过一条小下水道，结果车子卡在了里边，孩子很害怕。回来时，他就拒绝上车，也不要走那条路。当时我很耐心地安慰他，等他接受以后才从原路返回，他也没说什么。可是，现在我们只要一走那条路，孩子就特别紧张，不断地提醒我，不要掉到沟里去。

这是不是孩子安全感不足的一种表现？

☺ 大李老师来帮忙

孩子来到这个世界时是否带着天然的恐惧和谨慎我们不得而知，但孩子对什么东西感到害怕，可能就不是从胎里带出来的了。如果在孩子还没有出生时，妈妈每天都很紧张，孩子就可能会受到影响。如果在孩子出生后，带孩子的人比较担心和紧张，处处提醒孩子小心，还告诉孩子为什么要小心，孩子也会受到影响。姥姥可能会说："孩子慢点儿走，前面有个坡，小心滑倒""孩子离狗远点儿，小心它咬你""孩子不要摸猫，它身上有病毒"。如果一个成年人身后也有人整天这样提醒，那他有可能会变得非常逆反，见到什么都想动；也可能会觉得这个世界太可怕了，见到什么都害怕。

设想一下，一个孩子刚刚出生没多久，还对这个世界一无所知，就有人跟在他的后面，不断提醒他各种危险和造成危险的原因。孩子还没有形成自己的经验，无法判断这些危险的可怕程度。实际上，有些事物并不那么危险，可是孩子在幻想中把危险放大到了无以复加的地步。当环境中稍微出现一点儿异常时，孩子就会认为自己对危险的想法被证实了，然后产生强烈的恐惧。这种恐惧是"童子功"，克服起来极其困难，所以，父母可以细心保护孩子，但不要在保护的同时让孩子对外界环境产生恐惧。

4 岁的孩子如果将环境看得过于危险，就会感到紧张。这种紧张感会使孩子身心疲惫，没有力量再进行自我安全的建构。如果平时家长做得很到位，那么4岁的孩子应该已经能够判断日常生活中的危险与安全因素，不会将熟识的、安全的事物判断成有危险的。案例中孩子的情况，像是看护孩子的人过于小心造成的，因为儿童对家长的提示是会模仿的。一个4岁的孩子这样战战兢兢地面对他周围的环境，说明环境给他的压力太大了，这是孩子无法承受的，所以家长要尽快将孩子从这种紧张的状态中解救出来。

家长可以注意一下，孩子身边的亲人中谁是紧张感的来源，并尽快地让那个人放松下来。如果这个人是老人，无法改变紧张的状态，可以换一个心态轻松的人来看管孩子，让这个紧张的老人先离开孩子一段时间。如果父母中有一方是这样的，就要有意识地调整，有必要的话，甚至要寻求心理医生的帮助。

在孩子感到紧张和害怕时，大人不要有任何不满的表情，也不要急着跟孩子说"没关系，没什么可怕的""孩子别怕"之类的话，因为这样说等于否定孩子的感受，而那种感受还在孩子心中起作用。如果孩子发现，当他感到害怕时，父母也不起作用，孩子就会更加害怕和紧张。

像案例中孩子害怕的那条路，家长可以先不带他走，然后找一个孩子放松的时间，跟孩子一起讨论如何修理那条路，或者如何绕开那条路。家长还可以利用这个机会培养孩子的利他精神：我们可以不走那条路，可是还有别人要走，我们如何防止别人掉进沟里呢？这样，孩子通过自己的工作消除了恐惧的认识后，就会形成这样的习惯，以后有了恐惧，会自己想办法去消除，而我们也利用孩子的恐惧助力了孩子的成长，这就是人格建构的教育。

另外，父母平时可以多带孩子去大自然中游玩。时间长了，孩子自然就放松了，对未知世界也就不会再那么害怕了。

32. 孩子越来越任性，是不是缺乏安全感？

☺　我的宝宝怎么了

孩子现在 4 岁多了，可我感觉她好像比以前更缺乏安全感了。我自从开始学习育儿知识后，一般就不怎么骂她了，也告诉她无论她什么样妈妈都会爱她。有时候，她要我抱我就抱，要我喂饭我就喂饭，要我陪着我就陪着，我下班后基本上都在她身边。可是现在问题来了，每天出去玩，她都要我抱会儿，不管我是否抱得动，毕竟她有 30 多斤重了；每次出门，她都要我帮她穿鞋，否则就不穿；每天晚上，她都要让我帮她挤牙膏，否则就不刷牙；每天看电视，大家都必须看她喜欢看的，她不许别人换台，否则就发脾气；早上我拿了衣服叫她换，她总是等着我给她穿。有时候，别人叫了她几遍，她都不理，提高了嗓音叫她，她就说别人骂她了；我不能拍她，她会以为我在打她，如果别人真是打她，她就会很猛烈地攻击别人。

今天早上，她一起来就要看她喜欢的《变形金刚》，她爸爸要出去买馒头，问她想吃什么，叫了她好几遍，她都不吭声。我在一边实在忍不住，就问她为什么别人叫她她不吭声，她也不理我。吃早饭的时候，她坐在餐桌旁玩，心思不在吃饭上。她爸爸叫她好好吃，她也三心二意。最后她爸爸有点生气，点了一下她的额头，她马上反弹似的发脾气，冲着爸爸吼。她爸爸也有点生气了，对着她吼，她就发起火来，把手里的馒头使劲往凳子上砸。她爸爸气得把她拎到了客厅，她就哭了起来，来寻求我的帮助。我也火大了，不理她，并且跟她说，她这样做很不对，食物是拿来吃的不是拿来砸的，并叫她把凳子上的残渣擦干净。她一边哭，一边想来抱我。我推开她，去拿毛巾给她擦脸。我告诉她，以后如果不想吃东西，就不烧晚饭给她吃。她经常晚饭就吃小半碗，饭后吃一堆水果。我也知道这样说不对，但是当时我气疯了。送她到学校的时候，我才稍微搂了搂她，告诉她，妈妈是永远爱她的，只是不喜欢她无理取闹。

面对这种情况，我该怎么做呢？

☺ 大李老师来帮忙

从孩子的状态来看，妈妈学习后的行为变得跟以前不一样了，这有点像我们在前面讲过的一个案例。妈妈过去是没有满足孩子提出的爱的要求的，比如以前孩子让妈妈抱，妈妈不抱，或者是经常骂孩子，因为这位妈妈说"我自从开始学习育儿知识后，一般就不怎么骂她了"。

现在我们来向前推一下，试想妈妈还没有觉悟的时候。孩子才 1 岁多，正是探索环境和空间的时候，有一天，她在卫生间把爸爸妈妈的牙刷和刷牙缸全都扔进了马桶。妈妈其实也不怎么生气，甚至觉得很好笑，但为了教育孩子，还是朝孩子大喊："哎呀，这是怎么回事？是谁干的？是谁把爸爸妈妈的牙刷扔到马桶里了？"孩子刚刚发现，这些东西可以从一个地方移到另一个地方，变成另外一个样子，当孩子思考这些问题时，他们的大脑就开始工作，而这个工作过程是极其隐秘的，他们也是非常专注的。这时被人训斥，孩子根本搞不清出了什么问题，他们只看到妈妈变成了恶魔。没有什么比妈妈生气更让孩子害怕的了。

这样的事情发生得多了，孩子就会开始变乖。由于不知道自己做什么会让妈妈爱自己，做什么会让妈妈不爱自己，孩子只能放弃内在的发展需要，完全听妈妈的话。这样在我们看来，孩子就变成了乖孩子，而变乖的代价是孩子放弃按照生命原本的设计去发展自己。

孩子开始适应那个不会理解自己的妈妈，但妈妈由于学习开始转变。转变之初，妈妈的觉悟还不成熟，会有一段时间走极端，对孩子有求必应。孩子意外发现妈妈变成了没有原则的妈妈，就开始试探。孩子以前被压抑的那些需求都变成了欲望，被埋藏在很深的地方，妈妈无原则的爱又激活了那些欲望，孩子在享受来自妈妈的爱时，由于欲望的支配走上了另一个极端，直到爸爸妈妈都忍无可忍地爆炸，再回过头来使用以前那种糟糕的方式对待孩子。孩子对已经体验到的享受是不肯轻易放弃的，于是家庭中产生了战争。

我们该如何看待这件事呢？

首先，改变了的妈妈是孩子的救星。这时，孩子被压抑的东西还没有被彻底删除，而妈妈激活了它，这个东西就是孩子未来能够幸福生活的源泉。

其次，虽然孩子和妈妈都在走极端，但我们能够看到，她们已经开始朝着正确的方向走了。困难是可以解决的，只要方向对了，目标就会达到。

案例中的这位妈妈说现在不骂孩子了，不知她以前是不是经常用发脾气、打骂等攻击的方式来解决孩子的问题。案例中的孩子有这些行为，有可能是吸收了家长解决问题的方法。家长不喜欢孩子身上出现哪些不良行为，就不能在孩子面前表现出那些不良行为。案例中，爸爸叫孩子时孩子没有答应，爸爸就发了脾气，并用攻击行为来解决这个问题，相应地，孩子就会用砸馒头的方式来解决父亲对自己行为粗暴的问题。养育孩子的过程中，只给孩子爱和自由是不够的，还需要为孩子建构好的行为模式，帮助孩子发展出好的社会性技能，如解决问题的能力、控制情绪的能力。

从案例中可以看出，孩子的妈妈接受了新的教育理念后，改变了自己对待孩子的方式，开始了心理修复。这时，孩子的行为变得不可理喻，凡是以前被管束的地方，都朝着相反方向发展，这就是被压抑后的反弹。

　　父母在纠正自己行为的过程中不能矫枉过正，要在建构好原则的基础上，精细地计算在哪些方面能给孩子自由，在哪些方面不能。在本案例中，家长可以给孩子规定，别人叫她时她一定要回答，在妈妈工作时不可以打扰妈妈。

　　反过来，如果以前家长对待孩子的方式是不尊重的，那么突然变得尊重之后，孩子也会出现心理修复的现象。这时，父母就要耐心等待孩子重新建构对父母的认知。孩子在父母行为改变后要求父母抱她，父母应该答应，虽然孩子很沉，但选择一个轻松的姿势也不是不能做到。比如，在走路时孩子要父母抱，父母就可以停住，坐下来专门抱孩子，抱一会儿再继续走。孩子跟爸爸发生了冲突，非常伤心，需要妈妈的支持和安慰，这时即使有天大的事情，也应该满足孩子的心理需求，而不是将孩子推开。在这种情况下，推的行为会让孩子伤心和失望。更严重的是，孩子会更加怀疑母亲的改变不是真实的。这种疑惑会使孩子更加努力地去试探，做出更加不可理喻的行为。

　　其实从案例中我们可以看出，母亲虽然不再打骂孩子了，但也没从灵魂深处去关怀孩子，所以在自己生气时，才会随意地做出许多伤害孩子的事情。从案例中我们能够感受到孩子的疑惑和痛苦，所以父母还需要继续学习给孩子真爱和有原则的自由，让孩子有章可循，避免让孩子误以为自由是无边的。案例中的父母将边界装在自己的心里，没有展示给孩子，在孩子触犯了边界时，父母就一起暴跳如雷，露出一副与往常截然不同的面孔。这样肯定会把孩子搞糊涂。这个孩子的行为反映出她对父母没有明确的认知，并且因此而没有安全感，所以是可以理解的。

另外，如果夫妻中的一方开始改变，另一方却没有改变，双方就需要坐下来沟通养育方式。另一方如果被说服了，那么即使有意见也要按照商定的方式去做，这样才能保证在孩子生活的环境中，家长的语言和行为是统一的，家长对同一个问题的处理方式也是统一的。这样孩子才能将力量用在发展自我而不是与父母对抗上。

不管家里有多少人，大家都要统一执行给孩子建构的规则，否则孩子就会钻空子，经常试着去破坏规则，而不去进行对自己有益的发展。破坏规则的尝试也会给孩子带来许多负面情绪，并造成孩子与家长的冲突，这对孩子的危害是很大的。

家长要接纳孩子的修复行为，帮助孩子完成修复过程。为了使孩子在修复过程中不把注意力全部投射到对人的探索上，家长应该引导他进行有意义的工作（玩耍），使孩子将注意力投射到对物品的探索上，这样孩子就不会被没有调整好的家长伤害。

33. 怎样帮孩子重新建立安全感？

☺　我的宝宝怎么了

我的干女儿快 5 岁了，是个聪明而敏感的小姑娘。每次我带我的女儿和她一起玩，开始都玩得很好，但最后她总会因为自己的妈妈或者阿姨被我的女儿分享了而感到不开心。我一直觉得她缺乏安全感，前两周发生的事情更证实了我的这一担心。

"五一"的时候，她的脚不小心被她爸爸的自行车夹伤了。伤势并不十分严重，但她竟然一直拒绝走路，要求妈妈或阿姨抱着，直到昨天才肯下地。我想，她一定是认为这样才能被大家重视，而且还可能认为这样子才能惩罚爸爸。其实，她的妈妈一直都对她特别温柔，爸爸虽然有点急躁，但也很喜欢她。她小时候都是和保姆一个房间睡觉的，不知这会不会对她有影响？用什么样的方法才能帮她重新建立安全感呢？

☺　大李老师来帮忙

这位朋友的疑惑是，干女儿的妈妈对孩子很温柔，爸爸也很爱孩子，为什么孩子还会妒忌自己的妈妈对别的小朋友好，还会利用受伤来索取更多的爱和关注，难道有这样爸妈的孩子还会缺乏安全感吗？

弄清这个问题对我们该如何去爱孩子非常重要，下面我们就一起来看一下。

其实，孩子在来到这个世界之前，一直生活在水的世界中，不用肺去呼吸，也不用嘴巴去吃饭，身边的东西都很简单。10个月之后，他突然降临到四周充满各种东西的世界。他从一开始只能看清妈妈的脸到能看到越来越多的东西，进而了解这些东西之间的关系，了解它们与人之间的关系。这个学习的模式存在于生命的本能之中，而学习的过程是需要成年人帮助的。在孩子进入这个世界的过程中，我们往往爱得太多、太强，又不知道如何收敛。在给孩子介绍这个世界时，我们需要让孩子探索很多事物，可是孩子通常只会注意到父母和父母的爱。其他东西都是可视可触的，因此会有边界，而爱和关注是一种感觉。当孩子一直独享父母给予的这种感觉，而这种感觉在孩子心中占有非常大的空间时，父母对别的孩子的哪怕一点点爱，都可以被无限放大。这会唤醒孩子的争抢欲望和不安全感。

关于案例中提出的第一个问题，孩子对家长的依恋模式是正常的，但已经 5 岁的孩子还处于这种状态，的确是缺乏安全感的表现。但是，这种情况并不严重，属于正常范畴。造成孩子缺乏安全感的不是关注太少，而是关注太多、太单一，她需要家长的帮助。

首先，如果孩子成长的环境过于单一，她就会无法接纳复杂的环境。如果孩子在大多数时间只跟家里固定的几个人在一起，很少到公众场合与其他小朋友玩耍，或家长带孩子时过于谨慎，生怕孩子伤着了、被别人欺负了，孩子就会感受到这种紧绷的氛围，以为周围的环境是不安全的，只有身边的家人才是安全的。其实，正是家人带来了这种不安全感。这就像一个人惊慌地指着前方说，那边有一个可怕的妖怪，说完掉头就跑，感到害怕的人大多会跟着他一起跑。儿童更是这样，由于不能够判断危险是什么，不知怎样才能避开危险，他们唯一的选择就是紧紧抓住那个让他们感到其他地方都不安全的人。

其次，大量的案例表明，由老人或保姆带大的孩子更容易出现这个问题。老人和保姆是在为别人带孩子，他们非常担心由于自己没有尽到责任，孩子受到伤害，自己无法向孩子的父母交代。所以，他们宁肯限制孩子的发展，也要保证自己没有麻烦。很多幼儿园也是出于这样的心态不敢给孩子发展的自由，这样大多会把孩子教育出问题。

关于案例中提出的第二个问题，其实这不是安全感的问题，因为大多数孩子在受伤后，会通过家长的表现判断自己伤势的轻重。如果家长的表现让孩子感觉自己伤势很严重，孩子就会出现过于爱惜自己的状态。同时，如果受伤后家长对孩子的关注程度超过平时，孩子也会非常留恋这种感觉，以致继续表现出受伤的状态，以获得更多的关爱。这时家长要反思一下，在孩子受伤前、受伤时和受伤后，自己对待孩子的心态是否一致。如果在孩子受伤前，家庭成员中有人对孩子特别亲昵，有人比较冷淡，孩子就会发现两个人对待自己的差别，进而追求冷淡一方的亲昵感。如果孩子发现，自己费尽心思也达不到目的，而自己受伤后，那个冷淡的人一下变得亲昵起来，无微不至地关心自己，等自己的伤渐渐痊愈后，那个人又回到平时的状态，孩子就会感到非常疑惑，并自然地想停留在受伤的状态中。

在这旦我要重申一点，在很多家庭中，夫妻都很爱孩子，但两个人的表达方式不同。妈妈能够把内心的感受全部通过自己的肢体和神情表达出来，而爸爸往往不善表达。虽然他认为自己也很爱孩子，但看上去不如妈妈爱。相比之下，孩子就会很希望得到爸爸热烈的关怀。这样的孩子即便得到了妈妈细腻的关怀，也会显得有些忧伤。如果妈妈表达爱的方式过于浓烈，让其他人无法企及，就等于养刁了孩子的胃口，这样孩子也会对其他人感到不满，表现出失落的状态。

对孩子的爱应该体现在帮助孩子成长上，而不仅仅是去示爱。家庭成员的亲情和爱的表达方式完全不同于社会群体中爱和友情的表达方式。家庭成员向彼此表达亲情和爱时，有很多时候看上去不像是示爱，比如兄弟姐妹打架、给彼此取外号、告对方的状，这些都表明他们关系很好。父母虽然很少对孩子表现得情意绵绵，但孩子需要帮助的时候，他们是最能牺牲自己为孩子着想，并为孩子的利益斤斤计较的人。其实，对孩子粗养一点，孩子才不会缩手缩脚。

第四章

如何消除孩子的分离焦虑

孩子在刚出生的前 7 个月里，只要妈妈一离开视线，就会害怕和哭泣。这是分离焦虑的表现，与孩子的智慧发展有关。在这 7 个月里，对孩子来说，物体一旦离开视线，就等于这个物体完全消失，因此，他必须看到人和物都在眼前才能安心。

　　在这个时期，父母如果有规律地离开之后再回来，孩子就会习惯这一模式，所以，孩子是否丧失安全感与父母上班等有规律的分离没有必然联系，而是与父母离开的方式有关。在孩子更小的时候，与父母保持稳定的不分离的关系非常重要，但并不是说不与孩子分离就不会让孩子丧失安全感。从孩子更小的时候起就培养其独处的习惯是很重要的，比如，睡觉时是孩子独处的时间，醒来后就是跟妈妈相聚的时间。妈妈即便是全职在家，每周也应该有几次离开孩子，让孩子养成习惯，能在跟随他人时也一样愉悦。

　　如果孩子依恋的某个人从来都没有离开过，当这个人有一天不得不离开时，孩子就会非常焦虑和痛苦。为了让孩子不遭受这份痛苦，家长要为孩子培养起良好的分离和相聚的认知习惯。

我们还要相信，儿童有一种天性——只要条件允许，他们会一刻不停地朝着独立的方向迈进。所以，孩子在本性中并不是不能接受分离。如果孩子对分离感到过于痛苦，那可能是因为大人破坏了他们独处的习惯，没有给他们建立依恋他人的正确认知。

在孩子出生后的 6—8 周内，妈妈要跟孩子长时间地待在一起，满足他对安全感的需求，帮孩子安全起航。大概在 2 岁以后，孩子会逐渐具备独立能力，开始与其他人互动，分离焦虑会逐渐减轻，并在八九岁后慢慢消失。不过，在进入幼儿园以后，因为环境的改变，孩子的分离焦虑会有一段时间变得严重。

在这几个阶段中，如果家长没有给予孩子足够的关怀与支持，就会造成负面情绪的累积。恐惧会潜藏在孩子的心中，让孩子变得没有自信，或是没有勇气面对新的事物，没有力量面对分离。家长要了解孩子的成长规律，让他既能得到爱，又能适应这个世界，这样孩子才会快乐又健康，形成健全的人格。

这一章将教大家理解哪些情况意味着孩子出现了分离焦虑；面对孩子的分离焦虑，家长该如何帮助孩子；在关怀孩子的同时，家长如何调节自己的身心，以一颗有爱且有力量的心来帮助孩子面对分离。

0—1 岁孩子的分离焦虑

因分离感到伤心和焦虑是所有小动物的特征，但焦虑到什么程度属于在正常范围内，到什么程度就超出正常范围了呢？分离焦虑与安全感缺失有怎样的关系呢？

让我们先来看一看，孩子在 0—1 岁时出现的类似于分离焦虑的情况到底是怎么回事。

34. 孩子睡觉时也会有分离焦虑吗？

☺ 我的宝宝怎么了

孩子最近两周睡觉一点儿都不踏实，他不愿睡小床，一被放到小床上，隔不了多久就会醒来，于是，我们每天晚上都是三个人挤一张大床。晚上，他哼哼唧唧醒过来的情况会有 4 次以上，如果给他吃奶，他吃几口就又睡过去了，不给他吃，他通常就会大哭，最后还是得给他吃。为此，三个人都睡不好。

有一次，我试着把他放到小床上，10 分钟后他就醒来了，不哭不闹，就是睁大眼睛看着我。我让他躺下继续睡觉，他不理，继续睁大眼睛看着我。我连忙把他抱到大床上，和他一起躺着。他翻了几个身，打了个呵欠，便把脑袋钻进我怀里。我拍拍他的小屁股，他很快便睡着了，于是，他又霸占了大床。

都说八九个月的孩子会有分离焦虑，可是连晚上睡觉时也会有吗？这么大的孩子晚上都想和妈妈黏在一起吗？还是说是其他原因引起的？儿子最近在长牙，但是长牙就会这么黏人吗？我觉得这样黏下去，大家都会垮掉的。睡不安稳，对儿子的生长发育也有影响吧？

☺ 大李老师来帮忙

第一次做妈妈的人需要了解，在养大一个孩子的过程中，会出现各种意想不到的情况。坚持给孩子培养良好的习惯，比改正坏习惯更难，但从长久来看，这对孩子和家长都有利，很多美好的东西都必须经历艰苦的过程才能得到。

在本案例中，妈妈本来做得很好，让孩子睡在小床上，爸妈睡在大床上。但最近两周孩子容易醒，妈妈就把孩子抱到大床上与父母一起睡，于是孩子从出生开始建立的睡眠模式被破坏了，他需要适应一段时间，这可能就是造成孩子半夜数次哼哼唧唧的原因。无论如何，贴着妈妈睡觉对孩子来说都是舒服的，这会导致今后分离时的痛苦，但孩子不了解这些。现在，妈妈又想把孩子放回小床，这会让孩子更加痛苦。

看案例中的情况，似乎是孩子的睡眠出了问题，家长可以考虑以下两种情况：

第一种情况是，孩子晚上醒来也许不是因为分离痛苦，而是有其他问题。例如，家长可以想一想，孩子是否没有吃饱，如果没有吃饱，孩子也会睡不踏实。或者，孩子也有可能是白天睡得太多了。孩子的睡眠是有规律的，如果每天要睡 12 小时，白天睡了 4 个小时，晚上就只能睡 8 小时，如果孩子下午 4 点才睡，那么他在晚上 11 点之前可能都不会睡觉。这时，家长得想办法调整孩子的睡眠时间。

第二种情况是，孩子虽然是在小床上睡的，但有时这种规律会被打破。比如，孩子白天吃完了奶，不是在小床上睡，而是在大床上睡；或者，孩子近期某一次是躺在大床上跟大人一起睡着的，然后又被挪到小床上。这样孩子就会对自己是在大床上还是在小床上非常敏感，由于害怕睡着后被挪走，孩子也会睡不踏实。

在睡觉之前，家长应该先检查孩子是否吃奶吃饱了，如果没吃饱，家长可以揪揪孩子的耳朵，让他继续吃。在孩子白天醒着的时候，家长要尽量吸引孩子工作，让孩子在中午睡觉，而不要在傍晚时睡觉。如果孩子傍晚时困了，家长可以使劲逗他，一直到他困极了再让他睡，这样孩子就能一觉睡很长时间。

孩子如果已经有了在大床上睡的愿望，父母可以暂时轮班，一个人和孩子睡，另外一个人到其他房间去睡，以免大家都睡不好，产生负面情绪，也要避免孩子养成必须夹在两个大人中间睡觉的习惯。如果家长想让孩子自己在小床上睡，那就要在孩子哭闹之后哄睡，然后把孩子放回小床上，绝不要放在大床上，如果不小心又把孩子放在大床上了，那就下决心放弃小床。家长给孩子养成什么习惯，孩子就认什么习惯。对孩子来说，习惯与习惯之间没有高低之分，有高低之分的是家长。比如，家长会认为孩子跟爸爸妈妈睡在一起，比自己睡在小床上舒服。实际上，如果孩子从来没有睡在父母之间的经历，习惯了小床，就不会感受到区别。所以，在孩子哭闹的时候，家长不要用改变孩子习惯的方式来安慰他们。

需要注意的是，孩子盯着妈妈看，这也许不是睡觉问题，而是孩子对妈妈感兴趣。这个年龄的孩子在注视家长时，并没有太多的意义，盯着什么东西看是为了满足自己的需要。只要孩子不哭，就让他去进行早期的视觉感受，家长不必担心。在案例中，孩子在观察妈妈，而妈妈竟然强行让孩子去睡觉。在妈妈做事时，孩子睁开眼睛看，只能说明他不困。这么大的孩子，饿了一定要吃，困了一定会睡。所以，妈妈要好好想一下孩子晚上睡不踏实的原因，找到了原因，才能帮助孩子将睡眠调整好。

35. 孩子出现分离焦虑，是家长休假时整天陪着导致的吗？

☺ 我的宝宝怎么了

女儿现在快 10 个月了，我也刚刚放完暑假，回单位上班。这几天我不在的时候，阿姨说女儿玩一会儿就哭。我在家的时候，她总怕我离开。平时她都是自己在地上爬来爬去，可现在总想让我抱。我抱着她的时候，她有时也哼哼唧唧的。前一段时间，我离开她的次数多了一些，总共有两三天。她现在在长牙，会不会也是因此才比较烦躁？阿姨说这是我放假时整天陪着她的原因，但我一直都是这样的啊。我刚上班的时候，她才 6 个多月，和阿姨在家也玩得挺好的，怎么过了一个暑假就这样了？如果这是分离焦虑引起的，我要怎么解决才好呢？

☺ **大李老师来帮忙**

孩子在妈妈的肚子里生活了 10 个月，出生以后的世界跟以前生活的世界差别太大了。随着他们内心认定谁是妈妈，谁是最爱自己的人，跟谁在一起时自己最安全、最快乐，他们会变得害怕离开那个人。这个用来熟悉家人的时间大约在孩子出生后的 8—9 个月。

案例中的孩子正处于这个时期，不巧的是，这时妈妈正好放假了，本来孩子已经认可的和妈妈的分离模式被打破。妈妈由以前每天早上出去、晚上回来，变成整天都不出去了。而且，为了弥补以前没有很好地陪孩子的遗憾，妈妈可能会长时间地跟孩子在一起。更加不巧的是，在这个时候，妈妈又突然消失了好几天。这几天对成年人来说很短，对孩子来说却是无限长的，因为孩子没有时间概念，她每一分钟都在思念妈妈，度过了三四天就变成煎熬了三四天，就像我们没事去散步时，一个小时很快就过去了，但如果我们的亲人突然住院了，去往医院路上的一个小时慢得会让人发疯。

在这种情况下，大多数人都会焦虑的。由一个事件引起的焦虑是暂时的，只要刺激不太大，事件过去了，焦虑慢慢也会过去；但如果这种焦虑是由长期反复的分离造成的，那它就会成为孩子长期记忆中的一部分。孩子有可能对不该焦虑的事也焦虑，成天害怕自己依恋的人会离开，这样就有了分离焦虑。对妈妈的离开感到焦虑是生物的本能，因为只有这样才能保证自己存活。由此看来，案例中孩子的情况非常正常。

再强调一下，一般来说，孩子在 6 个月大之前，还不能很好地表达对依恋对象的需要；在 6—8 个月期间，这种意识会苏醒过来。孩子心智的发展会使他能够明确地辨别陌生人和亲人，他对亲人的依恋也就变得强烈起来。在这个时候，将孩子旧有的由阿姨照顾的分离模式变为每天和母亲在一起，这种感觉肯定和被阿姨照顾时不一样，再加上孩子有天然的对母亲的情感需求，在母亲假期结束时，孩子肯定会感到痛苦和焦虑，害怕母亲又要离开，恢复到以前的状态。因此，孩子表现出焦虑的状态是正常的。母亲坚持按照放假前的模式去做，孩子会逐渐重新适应以前的模式。在孩子哭时，家长不要用过于同情和怜悯的目光看着孩子。

如果妈妈必须上班，那就要坚定地离开孩子，在离别时不要过多地跟孩子纠缠。在孩子缠着妈妈不放时，妈妈不要急于将孩子推开，而是要先让心情平静下来，好好抱一抱孩子，然后给保姆使个眼色，把孩子抱给她，接着转身离开。保姆也应该抱着孩子立刻转身回到房间，引导孩子去工作，分散孩子的注意力。一段时间后，孩子的情况就会好转。即便他还会哭，这也只是一种习惯性的表现，不会对孩子的心理造成伤害。

36. 孩子为什么总离不开爸爸？

☺ 我的宝宝怎么了

以前儿子总是和我一起睡，吃完奶就睡着了，晚上从来不找爸爸。近一个星期，孩子开始找爸爸，爸爸不陪着就不干，连奶都不吃了。

爸爸这周出差两天，孩子睡觉前就满屋子哭着要找爸爸，不肯睡觉，屋里找不到爸爸，还指着门要出去找。

儿子两个月大时得了严重的黄疸，我和他爸爸想陪床却没有床位，只好让孩子一个人在医院住了一晚。第二天下午一有床位，我就去陪床了。

儿子认生也比别的孩子早，他大概从100多天起就开始认生。由于整个冬天保姆都没有带孩子出去玩，他的认生期比较长。孩子7个月大后，由姥姥接手照顾，情况就好多了。现在，孩子能接受他喜欢的人抱，并且会主动对人笑，和人打招呼。

孩子现在白天由姥姥照顾，晚上由我陪着一起睡。我不上班的时候都陪着孩子。爸爸工作比较忙，但只要有空，也会陪孩子洗澡和玩耍。全家人都和孩子玩得很好。

孩子的爷爷奶奶住在石家庄，平时不经常来。"五一"假期的时候，我们带孩子去过一次。孩子当时严重认生，连爸爸都不让抱，一定要妈妈抱，并且说什么都不肯让我坐下，要我站着抱。最后我只能一手抱孩子，一手吃饭。第二天他好了一点，但仍然不要爷爷奶奶抱，只是肯让我坐下来抱着他了。

为什么孩子的焦虑这么严重？孩子的这种行为可以被定义为分离焦虑吗？为什么他的分离焦虑期这么早？我家孩子是不是太敏感了？

☺ **大李老师来帮忙**

这个案例不太常见。一般 1 岁左右的孩子，只要妈妈在就不会要别人，案例中的孩子突然开始严重依恋爸爸，而且依恋到连奶都不吃的程度，还是比较特别的。据妈妈描述，孩子两个月大时由于生病独自在医院住过一个晚上，这应该不是造成他现在突然依恋爸爸的原因。这么大的孩子虽然已经能通过观察成年人的眼睛获得快乐，但还不能通过视觉记忆认出爸爸和妈妈，也不会因为家人把他独自留在医院而感到痛苦和焦虑。

但把孩子留在医院的这一夜，孩子的家人是怎样度过的呢？再见到孩子时，抱孩子的人带着怎样的感情？在这之后，家人有没有由于这件事感到内疚？这都是很重要的因素。

我们假设妈妈一直为这件事难过自责，觉得对不起孩子，那她跟孩子在一起就会很不放松，在陪孩子玩时也很难使孩子快乐。当孩子偶然有一次跟爸爸在一起感到很舒服、很好玩时，就会念念不忘。

1岁左右的孩子在妈妈身边时还这样依恋爸爸，是比较少见的。因为案例中没有关于孩子和爸爸平常互动的细致描述，所以我们无法更具体地进行分析。总之，孩子只要这样找爸爸，就一定反映了他内心的需求。爸爸无法一直陪在身边，这是许多孩子来到这个世界上必须要面对的一件事。只是当出现这种情况时，家长要接纳孩子的情绪，不要自己也跟着焦虑。

至于孩子去奶奶家后产生的严重焦虑的问题，可能是由于环境和生活方式的改变造成的，这是儿童的秩序感被破坏所造成的恐惧。如果是平常经常去旅游的孩子可能会好一些。孩子回到有众多亲戚的老家时，亲戚们往往会对孩子过分热情，6岁之前的孩子遇到这种情况，都难免会有不舒适感，处在秩序敏感期的孩子更是这样，所以，案例中孩子的表现是很正常的。家长只要安抚孩子，就能减少孩子的焦虑。

当爸爸不在时，孩子哭着找爸爸，这也是秩序敏感期的表现。在孩子的秩序系统里，爸爸和妈妈每天都在固定的时间跟他在一起。如果爸爸跟孩子互动的方式比妈妈的方式更能让孩子愉悦，孩子就会更加喜欢爸爸。

我们发现，与能照料孩子生活的人相比，孩子更加喜欢能给他带来精神满足的人，比如能够理解他的、能够与他和谐地一起玩耍的人。因此，孩子喜欢谁、愿意跟谁在一起，都反映的是孩子内心的需要，这不是问题。

1—2 岁孩子的分离焦虑

到了 1 岁，孩子对分离所表现出的焦虑似乎会减轻一些，但也有不同的情况，有些孩子之前一直没有出现分离焦虑，1 岁之后反而开始表现出分离焦虑的迹象。这让家长们非常苦恼，因为孩子一旦出现焦虑情绪，就会表现得极其痛苦，看上去很可怜，他们哭得那样伤心，小小的身体似乎充满了悲伤，这往往让家长不忍心离开。

当孩子表现出分离焦虑时，他必定不肯离开他的依恋人，而依恋必然是双向的，否则不可能引起孩子的强烈依恋。正因为有依恋，才会有分离焦虑。这与安全感缺失不太一样。缺乏安全感有各种各样的表现形式，而分离焦虑只针对分离，因此，孩子和家长都能感觉到痛苦，家长对孩子的焦虑更能感同身受。但是，所有的分离焦虑都是问题吗？我们一起来看一下。

37. 孩子的分离焦虑有所减轻，应该如何巩固状态？

☺ 我的宝宝怎么了

孩子现在 1 岁零 3 个月，这段时间分离焦虑好一些了。

早上我离开家的时候，他姥爷已经可以把他从我手中接过去抱着了，虽然孩子还是会有些不高兴。我一直坚持准时回家，孩子每天会出来接我。白天在家的时候，孩子经常会想妈妈想到哭。我也一直不敢在白天的时候给家里打电话，因为有一次，我出差时往家里打电话，孩子听见后大哭。请问打电话回家能减少孩子对妈妈的思念吗？另外，当我不在时，家人经常带孩子到外面玩，这时他就会好很多，没有那么想妈妈。晚上，如果爸爸没有同妈妈一起回家，孩子会一直叫爸爸，我就不断给他解释，爸爸有事要晚点回来。我还有哪些做法是可以改进的吗？

☺　大李老师来帮忙

　　看案例中描述的情况，孩子的表现基本是正常的，只是分离焦虑持续的时间稍微长了一点。这么大的孩子，正处于探索自己的肢体和周围环境的时期，如果内心没有恐慌和焦虑，他们会一刻不停地探索。案例中的孩子在跟着其他看护人的时候，情绪依然不稳定，会思念妈妈，这说明孩子不能全身心地投入探索。家长可以考虑是否有以下几种情况：

　　第一，在孩子更小的时候，家长没有向孩子介绍如何探索事物，使得孩子把注意力全部集中在家长身上，这样，家长的所有行动都会引起孩子的注意，而这些变化又是孩子所无法理解和把握的。因此，家长的每一个变化都会引起孩子的焦虑，这就相当于孩子在练习焦虑。

第二，看到孩子因分离而号哭时，家长会感到特别难过，很怕孩子哭，于是想尽办法使孩子不哭，导致孩子更加注意分离，在每次离别时哭得更厉害，这叫作唤醒。

第三，孩子天生感情丰富，就像有些孩子在智力方面是天才一样，有些孩子在情感方面是天才。

孩子焦虑有各种原因，一般来说，家庭中紧张、沉闷、过于谨慎的氛围会使孩子感到焦虑。一旦感到焦虑，孩子就不会全身心地投入工作和探索，而是会把注意力放在对周围环境的过分要求上，如过于遵守某种秩序，望眼欲穿地盼望离开的人出现，等等。所以，当孩子出现案例中的这种情况时，家长要审视带孩子的人是否过于谨慎和紧张；家庭氛围是否不够放松和积极；在离别时，家长对哭泣的孩子是否过于怜悯和同情。这些都会强化孩子的分离焦虑。

案例中的妈妈做得很好，每天准时上下班，这样孩子就会形成习惯性认知，即便他在妈妈离开时仍然会哭，他的内心也不会过于痛苦。另外，如果妈妈每天都上班，那就没有必要在白天打电话回家，否则会把孩子的注意力全部吸引到"妈妈离开了"这件事上。孩子每天的接送仪式是一种过强的秩序敏感的表现，对这一点家长不必太在意。孩子每天迎接妈妈并不代表他对妈妈过于思念，这只是一种模式而已。家长如果把这种模式当作思念焦渴的表现，就会表现出急迫的状态。这种急迫的状态会刺激孩子更加注意分离和重聚的过程，无法把注意力投射到周围的事物上。

　　孩子身边的家长要努力调整自己，尽量不要根据自己的经验和从书中看来的所谓思念的痛苦来理解孩子的思念。1 岁多的孩子也许正处于获得客体永久性（认识到自己看不见的物体也是存在的）的阶段，即妈妈和爸爸不在眼前，孩子也知道他们在某处。对这个年龄的孩子来说，爸爸妈妈的形象已经留存在大脑中，只是孩子还不能理解，自己大脑中出现的形象和真实的爸爸妈妈的差别，为什么爸爸妈妈存在，自己却找不到。当孩子的脑海中浮现出爸爸妈妈的形象时，他就会叫爸爸妈妈。这时，如果家长把孩子的呼唤理解为焦虑，家长就会感到焦虑，会在焦虑的驱使下做一些事，比如不断打电话，回到家后更多地和孩子亲热等，这些都会造成孩子不习惯家长不在身边的生活。

　　孩子要成长，就必然要适应世界、适应生活。成年人要用平和阳光的心态来面对孩子在分离时的哭闹，用游戏分散孩子的注意力。家长最好给孩子在家里准备一片工作区，母亲离开后，家里的老人应当引领孩子快乐地做游戏。渐渐地，孩子就不会承受等待的熬煎了。

　　如果父母每天都一起下班回家，偶尔有一天父母没有一起回来，孩子询问是非常正常的，家长不必太在意这些细节，这是秩序敏感期的正常情况。在孩子要哭时，家长应马上引导他开始游戏。对案例中的孩子来说，在情景游戏中倾听孩子，让孩子经常笑一笑，对缓解孩子紧张的心情是有利的。家长要努力驱除环境中忧伤的气息，使孩子周围充满快乐，这样孩子自然不会那么忧伤。

父母出差时给孩子打电话，即便孩子哭了也没有什么不好，不要太害怕孩子哭。对孩子来说，如果哭能够带来他所需要的利益，他就会过多地通过哭来获利，所以家长过于在意孩子有没有哭，就是在为孩子增加哭的效益。如果家长能够正确看待孩子哭这件事，哭就不是问题。

38. 如何正确对待处在分离焦虑中的孩子？

☺ 我的宝宝怎么了

孩子现在 1 岁零 7 个月，她的分离焦虑来得有点早，从她 6 个月起，我家就开始上演"每日一哭"。不知为何，妈妈去上班这件事，对于从来不爱哭闹的女儿来说，简直令人悲恸欲绝。这一年多来，我们试过的办法总共有：偷偷离开，正面告别让她接受事实，多次告诉她妈妈要上班赚钱给她买这买那……

直到孩子 1 岁零 5 个月时，奶奶才找到一个办法：带着孩子站在门口拍手唱"欢送欢送，欢送妈妈去上班"，但新鲜劲一过就又不行了。孩子看到妈妈上班，哭的时候仍然远远多过不哭的时候，虽然她哭的时间很短，往往妈妈走到 5 楼（我们家住 6 楼）就听不到哭声了。我们问过身边每个有孩子的妈妈，像女儿这样对妈妈上班反应这么强烈的只是少数。

我家孩子不是没有安全感、道理讲不通的孩子，她为什么会这样呢？可能是她对白天的看护者不够信赖吧？有什么好办法能让孩子开始愉快的一天呢？

☺　大李老师来帮忙

很多小动物，包括人的幼崽，会在离开妈妈时感到无比恐惧。一般来说，孩子从 8 个月左右开始，由于智力的发育，能逐渐发现第一依恋人的离开会使自己感到痛苦，于是开始哭泣。人类一直到成年都不喜欢与母亲分离。案例中的妈妈说，自己的孩子在 6 个月时就会因妈妈的离开感到痛苦，由此看来，案例中的孩子非常聪慧，家长应该为此感到高兴才是。妈妈描述的情况完全正常，只是妈妈不理解孩子为什么会因为离开妈妈而那样痛苦。

儿童有时会把某种模式整合到自己的生活中。妈妈上班时，孩子可能一直跟着奶奶，从来都不哭，某一天她遇到了特殊情况，比如跟妈妈正在亲昵时，妈妈要马上去上班，孩子正在兴头上，不愿妈妈离去，因此而哭泣。如果这时大人显得比较紧张，这种紧张的氛围就会让孩子感觉到这一天跟平常不一样，这就使孩子更容易哭泣。到了第二天妈妈要上班时，身边的家长就在想：孩子会不会像昨天那样哭？家长以为自己这样想孩子，孩子不知道，其实孩子能够敏感地觉察到凝重的氛围，她会发现这种氛围跟昨天自己哭时的氛围很接近，于是就真的哭了起来。她一哭，妈妈和奶奶都要去哄她，说话的声调和行为与她不哭时完全不同，这种异样的表现使孩子发现了哭的功能，于是她会不断地哭。时间久了，哭就成了一种仪式，在妈妈离开时，孩子非哭不可。

由此看来，孩子哭并不见得是由于妈妈离开后感到不快乐。真正不快乐的孩子不会一再地表达不快乐，而是会显得麻木、呆滞，他们很难有丰富的情感表达。所以，如果孩子每天早晨必须得哭，家长就得反思一下孩子哭时自己的心理状态和行为，调整自己，不要让孩子哭的行为得到强化。如果孩子哭已经成为一种模式，那就平静地对待它，要明白这不是哭，而是一种仪式。另外，等不焦虑了，家长要再想办法改变让孩子欢送的模式。妈妈每天都会上班，不必搞那么隆重的欢送仪式来刺激孩子，让她注意妈妈离开这件事，说一句"我走了"之后离开即可。

如果孩子继续在每天早晨哭，那么无论她怎样哭，妈妈都不要说太多，不要说"妈妈上班很早就回来，你跟奶奶好好在家玩，妈妈去挣钱给你买这个买那个"之类的话。这些话会使孩子觉得离别是一件异常的事，应该隆重一点。没有什么比与母亲分别时的痛苦更能表达一个孩子对母亲的依恋了，所以孩子用了人类最隆重的形式送别母亲。母亲平和而正常的状态能让孩子知道，妈妈在早晨离开是一件很平常的事。所以，孩子哭，家长首先不要胡思乱想，只要家长心态平和了，孩子就是哭两声也没有关系。

这位妈妈问的是如何能够让孩子快乐每一天。从妈妈的描述中可以看到，虽然孩子每天在妈妈离开时哭得很厉害，但她并没有一整天都不快乐，因为妈妈也听到，自己才下到

5 楼，孩子就不哭了。

　　妈妈可以协助奶奶，在家里多给孩子准备一些工作材料，引领孩子去工作。这样，孩子充分受到工作的吸引，又有可依恋的安全对象（奶奶），应该就没有什么问题。在工作中得到满足的孩子会较少关注自己和别人的情绪，这样她就不会由于不理解家长的情绪而受到伤害。等孩子能理解这种情绪时，她也就到了能够探索精神世界的年龄，这一般是在 3 岁半之后。所以，2 岁之前的孩子对探索物质越有兴趣，身心发展就越健康。

39. 为什么孩子没有表现出分离焦虑？

☺　我的宝宝怎么了

　　孩子 22 个月大的时候，我们就把他送进托儿所了，现在已经过了一个星期，孩子的表现和我们预期的不太一样。第一天去幼儿园，孩子就跑到教室里自己找东西玩，几乎忽略了父母的存在。我们待了一会儿要走了，跟他说了再见，他也没什么反应，说过"再见"之后就继续玩去了。我们躲在暗处看了一会儿，孩子一直没哭，就是吃手很厉害。

　　以后的几天都是我去送，我送他进班后会在幼儿园里陪他一会儿。我要走的时候他也不哭，很正常地和我说再见，然后自己去玩。我放学去接他的时候，他倒是挺激动地跑过来了。

　　和我一起去上亲子课程时，他对老师睬也不睬，也不肯参加亲子游戏。那个亲子课程的老师说，他 22 个月大了还坐不定，是因为习惯不好，必要的时候可以采用强制手段使他坐下，时间长了他就能坐定了。

对于老师的这个说法我比较怀疑，但看见他这么独立和无所谓的样子我也比较担心，怕对他太宽松了，以后就拿他没办法了。我现在已经有点拿他没办法了。

他好像很有安全感的样子，就算我们和他在一起，他也通常会推开我们，自己到处乱跑着去玩。就算我们拿什么东西吸引他，只要不是他喜欢的球和车子，他也都不在乎。

对一个 22 个月的孩子来说，该设立怎样的规矩比较合适呢？

☺ 大李老师来帮忙

1 岁零 10 个月的孩子，已经有了一定的假想能力和客体永久性的概念，也就是说，当妈妈不在身边的时候，他能够设想妈妈可能在什么地方，家人正在干什么，家里的情景是什么样的。但是，2—3 岁的孩子还不明白妈妈把他送到幼儿园后一定会来接他，意志力也不够强大，所以这个年龄段是分离焦虑最严重的时期。他们总是会拿身边的家长与自己想象的母亲比较，因而更加思念母亲，不愿接纳身边的家长，不容易与身边的人建立起安全的依恋关系。他们会拿眼前的情景跟自己假想的家里的情景进行比较，急于回到心中那个美好的家里，并因此排斥眼前的新环境，所以，这个时期的孩子在和父母分离时大多显得更加焦虑一些。

案例中的孩子已经 1 岁零 10 个月了，却没有分离焦虑，这的确有点特殊，出现这种情况可能有几种原因。

第一种原因是，孩子对可玩的内容比对依恋对象更感兴趣，所以在刚入幼儿园时不焦虑，等对环境习惯了以后，他就可能会不愿意来幼儿园，开始哭闹，这等于反过来又经历了一个入园时期。

第二种原因是，孩子的智商比较高，他能够理解父母送自己来幼儿园并不是抛弃了自己，他们是一定会来接自己的；而且他能立刻发现新环境是安全的，所以没有强烈的焦虑。但是一般来说，这种情况很少。

第三种原因是，孩子的依恋模式是回避型依恋，孩子放弃了寻求母亲的庇护，放弃了在家人那里寻找安慰。孩子看上去也许很有安全感，但如果他在母亲重新出现时依然视而不见，家长就要注意并反思了，这是一种不好的现象，这种情况通常与母亲经常陷入痛苦或家长经常发生激烈冲突有关。

看案例中的描述，孩子的依恋模式似乎不属于回避型依恋，因为在母亲重新出现时，孩子会急切地扑向母亲，这说明孩子是需要依恋对象的，也能分清谁是安全依恋对象，只是孩子的分离焦虑比较轻微，他表达焦虑的方式是不断地吃手，而不是哭泣。家长不必担心，也许孩子是探索型的，假想能力还没有发展起来，焦虑还不是很严重，还不会去表达焦虑，再加上平常跟小朋友互动的机会多一些，所以他只有焦虑象征行为,如猛吃手指头,而不需要用哭闹来表达焦虑。如果是这样,家长顺其自然即可。

　　个别孩子的分离焦虑不那么强,能很平顺地度过入园期。遇到这样的孩子是父母的福气,不必为此给孩子建立规则,也不必专门训练孩子坐在一个地方不动,因为孩子就是在运动中发展的。

2—3 岁孩子的分离焦虑

有人说，2 岁是孩子分离焦虑最严重的时候，由于孩子的大脑中已经形成了母亲的固定形象，而孩子又无法很好地理解母亲不在自己身边时的状况，母亲的形象会一直萦绕在孩子心中，因此，这个年龄的孩子一般比较不好安抚。

在分离焦虑这个问题上，与 1 岁的孩子相比，2 岁的孩子力量更大、更有智慧，对家长看得更紧，哭起来更厉害，但无论如何，当孩子因非习惯化的分离而感到痛苦时，养育人都不必担心。分离焦虑与缺乏安全感不同：缺乏安全感会使得孩子时时处处担心害怕，这会影响孩子的发展；分离焦虑是孩子由于安全条件被剥夺，有了对抗或者伤心的情绪，即便焦虑，那也是孩子的正常反应。

40. 妈妈一去上班孩子就大哭，怎么办？

☺ 我的宝宝怎么了

儿子 2 岁了，因为爷爷奶奶有急事回老家，所以最近都要去姥姥姥爷家，我们早上送他去，晚上接回来。

儿子从小就和姥姥很亲。小时候去了姥姥姥爷家，都不要妈妈的，让人很欣慰。虽然儿子从 8 个月开始就是爷爷奶奶带着，但他每周都去姥姥姥爷家，因此我感觉去姥姥姥爷家对他来说也不是什么困难的事情。最近情况却不是很好，他每天早上都哭，听姥爷说，要哄好一阵子，有时候他会哭半个小时。

今天早上说要去姥姥姥爷家的时候，孩子也没什么特殊表现，他一路上一言不发地抱着我的脖子。正好姥姥下楼接我们，姥姥要抱他，孩子拒绝，就要妈妈抱，后来还是被姥姥抱过去了。我本想不上楼了，但看着孩子一声一声地大叫妈妈，感觉不应该就这样走掉，又送上去了。

姥姥把儿子抱进家门，嘟囔了一句"咋每天过来都哭"。我不知道说什么好，心里好难过！儿子谁也不要了，就要我抱。我抱着他，一直和他说，妈妈要上班，回来时给你买好吃的。儿子拒绝，连最喜欢的蘑菇力也不要了，就要我抱，不让我走。

平时姥姥给他冰糖他都会吃的，这次他也不吃。我找到两块果汁糖给他，儿子吃了糖还是要妈妈。姥爷看不下去了，抱他去阳台看大鱼，向我招招手让我走。我和儿子说了一句"妈妈上班了，晚上回来给你买好吃的"，然后出了门。

我在门口站了好久，听着孩子大哭着要妈妈，姥爷一直哄他。我心里真是难过，感觉儿子不应该这样的。晚上回去他也很不高兴，不知道是不是有什么不愉快的事情。为什么他的分离焦虑如此严重？

☺　大李老师来帮忙

看案例中描述的情况，孩子突然不愿意再去姥姥姥爷家，不像是单纯的分离焦虑，因为孩子一直是跟着老人长大，所以跟老人在一起时，孩子应该感到很安全、很舒服，即便遇到陌生的老人，也应该很容易产生亲近感。2 岁的孩子经过两年的生活积累，已经有了一定的智慧，有时，大人仅凭猜测是无法完全了解他们的。

孩子出现突发状况一般会使家长非常紧张，这是可以理解的，但其实家长完全可以放心，因为孩子哭并且不愿离开妈妈是发展中的正常现象。家长自己先不要痛苦，以免加深孩子的焦虑。没有一个妈妈在孩子撕心裂肺地哭泣时会感到很舒服，妈妈非常受不了孩子哭也是很正常的，但妈妈的担心的确会加深孩子的焦虑。

前面我们说过，2 岁的孩子分离焦虑是最严重的。因此，我要提醒上班族妈妈：如果自己不能够全职在家带孩子，那么最好的方式就是让孩子依恋其他养育人。在孩子哭的时候，不要反复腻在孩子身边不肯离开。案例中的妈妈到了姥姥家楼下，姥姥来接，妈妈直接离开即可。

孩子哭成那样，可能有两个原因：第一，母亲表现出的忧伤情绪影响了孩子；第二，在姥姥家发生过令孩子害怕的事情。这两个因素都是家长能够轻易解决的，所以不需要过于担心。

妈妈要了解一下孩子每天在姥姥姥爷家的生活状态。他是不是极其无聊？是不是姥姥姥爷干涉过多，让孩子不舒服？姥姥姥爷是否为了让孩子多学一点东西，使用了不当的教育方法？姥姥和姥爷是否有冲突，他们是否有情绪问题？

父母一起送孩子时，要表现得大大咧咧一些，在路上把东西收拾好，高高兴兴地和孩子聊天，讲一些孩子爱听的故事，控制自己担心孩子哭的心情。如果孩子哭了，那家长就好好抱一抱他。事先要跟姥姥姥爷联系好，到了之后，父母要把孩子立刻交给老人，说再见之后立刻离去，不要回头，临上车时，可以再笑着说一次再见。千万不要把孩子哭与那些悲惨的电影镜头或者文学场景联系起来，那样，自己会更受不了孩子离别时的哭泣。

如果孩子在离别时抓住了家长的头发或衣领，家长应该微笑着抓住孩子的手，但不要把孩子的手硬扯下来，要笑着让孩子松开手，让他跟姥姥姥爷在家玩，并如此反复地告诉孩子，请他松开手。如果孩子的手还是死死地抓着，那家长可以不动声色地将大拇指戳进孩子攥着的拳眼中，拨开孩子的大拇指，拉出自己的衣领或头发，然后放松地微笑着离开。注意，在与孩子离别时，千万不要让孩子抓住自己身体的某一部分。而且，姥姥接孩子时不能硬拉，而母亲把孩子硬递过去是可以的。因为姥姥硬拉，孩子会觉得姥姥是把他抢走了，从而对姥姥产生不信任感；而妈妈递过去，孩子不会产生这种感觉。这是由于孩子对母亲先天的依恋和母亲要上班的事实，使孩子接受了母亲把他递给姥姥的行为。

41. 如何把与孩子分离带来的伤害降到最低?

☺　我的宝宝怎么了

女儿健康活泼，独立意识比较强，总体来说成长得很好。她有过很黏人的时期，但是情况慢慢地好了起来，现在她什么都愿意自己来，出门玩自己走，在家里自己吃饭、穿衣、穿鞋。

我们去了国外，女儿还没有上过国外的幼儿园，她一直在纯中文的环境里成长，所以她的中文说得很不错，但不会外语。她不愿意与外国人沟通，听不懂就想马上离开，如果遇到能说中文的陌生人，她还是愿意接触的。

我们去看过几次幼儿园，结果都非常糟糕。尽管有我全程陪伴，但她听到不懂的语言时还是非常抵触。周围的人说话越多，她就越恐惧、烦躁，然后要求马上离开。

女儿一直是纯母乳喂养，直到14个月大。她自从出生，就一直受到姥姥姥爷的照顾。晚上她一般和我一起睡，她和我很亲，和姥姥姥爷也很亲。

她14个月大时，跟着姥姥姥爷回北京生活了4个月。后来，她和姥姥姥爷又到了国外，我们一起生活，直到现在。

女儿回北京期间，我每月都请假几天回国陪她，平时也用电话、视频等方式让她感觉到妈妈的存在。姥姥姥爷是教育工作者，很有耐心，女儿和他们在一起，每天看起来也很快乐。女儿到国外后，我做了各种努力，让她慢慢对妈妈建立起了安全感，但分离肯定已经对她造成了伤害。

过两天，姥姥姥爷必须带着她回国一段时间。眼看她就要和去年一样和我分离，我想尽办法与她沟通，但仍然失败了。这让我非常痛心。我昨天和她谈的时候，她一听就开始哭，说想妈妈怎么办。我满眼泪水，说："妈妈向你保证，忙几天工作就去看你。"

女儿一直没有离开过老人，但是妈妈离她一直忽远忽近，这对她的伤害必定很大。虽然我每月能回国四五天陪她，但是她在 2 岁时和在 1 岁时对妈妈的需求终归不同。请问，我怎么做才能减少对女儿的伤害？

☺ 大李老师来帮忙

从案例中可以看出，这位妈妈是非常爱孩子的，她心里也非常焦急。一个母亲能否从心理上关怀孩子，决定了孩子将来能否很好地发展移情能力、社会性能力并建立安全感。能够从心理方面关怀孩子的父母，通常能够平复孩子在成长过程中所受到的暂时性伤害，解决成长的烦恼。

案例中的孩子从出生到 14 个月大，一直没有离开过母亲。在这段时间里，孩子一般会跟母亲建立起很好的安全依恋关系，情感的纽带也应该非常牢固。对孩子来说，在幼年期有多个依恋对象比只有一个依恋对象要有利得多。所谓的安全依恋对象，就是儿童已经完全接纳和信任的人。无论是在怎样的陌生环境中，只要这个人在，儿童就会在这个人周围的一定范围内进行探索，这种探索包括对陌生人、新鲜事物和新鲜环境的探索。

在案例中，我们能够看出孩子的姥姥姥爷已经成为孩子的第二依恋对象，所以当孩子跟他们在一起时，她尽管思念母亲，也不会受到太大的心理伤害。所以，案例中的妈妈也不必过分焦虑，有以前的情感纽带作为基础，一段时间之后与孩子团聚，孩子经历一个依恋修复期后就会恢复正常，不会受到永久性的伤害。

关于语言的问题，婴儿在出生前就已经熟悉了母亲的声音和语言，出生之后，他会对母亲所说的语言非常敏感。如果孩子 2 岁之前都处于母语的环境中，对语言又比较在意，那么他到外语环境中就会感到紧张。如果将来必须在外语环境中生活，那么早进入外语环境对孩子更加有利。刚开始，孩子会感到害怕和焦虑，但过了焦虑期就不会再有问题了，他会很快受到外语环境的影响，到那时，说母语反而会成为问题。但是在前期，家长不要太心软，只要孩子对那里的环境不再陌生，就可以坚持让孩子到幼儿园去。几个月后，孩子就不会太排斥了。

家长可以试试在家里给孩子创造一个双语环境：在孩子回国时，经常用外语和孩子交流；在孩子玩耍时，给她放一些外语的歌谣；家里人还可以一边用玩偶表演，一边把熟悉的故事用外语讲给孩子听，培养孩子对外语的兴趣。这样，等孩子再到国外时，她就能用放松的心态来面对那些说外语的孩子，慢慢就会听懂外语。

在孩子排斥的时候，家长不要太在意孩子的负面情绪，要平和、坚定地对待孩子上幼儿园的事，这样孩子就会感觉好一点。在母亲因为孩子焦虑而不愉快甚至焦虑时，孩子不会理解母亲焦虑是因为心疼自己，她只会感受到焦虑本身，这样会加重孩子对新环境的排斥。千万不要以为在这种情况下，家长只要面带微笑，孩子就能放松，孩子能够敏感地察觉到家长内心的状态。所以，最重要的是家长的态度。人在成长中是要经历烦恼的，作为家长，一定要把成长所必须面对的困难与真正的伤害区分开来，这样才能使孩子获得成长。

在必须跟孩子分开时，家长先不要酝酿离别的情绪，不要设想分离会让孩子多么痛苦，要想孩子跟姥姥姥爷在一起也会生活得非常好。每周通电话和视频可以帮助母亲和孩子加强情感的联结，要坚持做下去。只要姥姥姥爷很会带孩子，一段时间的分离对 2 岁的孩子来说就不会有太大的伤害。最关键的是，母亲不要用怜悯的态度来对待孩子，不要不停地给孩子许愿，说妈妈要尽快去看望你，因为孩子无法用家长的方式来计算时间，她对"快"的理解就是妈妈会马上来到自己身边，这会使孩子更加急切地等待和盼望。妈妈最好下了飞机再给孩子打电话，说妈妈到了。这样，孩子会更相信妈妈说来就来了，这有助于培养孩子对妈妈的信任和安全依恋。

在孩子想妈妈的时候，姥姥姥爷可以安抚，同时一定要多设计游戏和工作来分散孩子的注意力。妈妈可以把自己常用的物品留给孩子，作为自己的替代物，让孩子在想妈妈时抱着它。姥姥姥爷要用开放的心态来看待孩子对妈妈的思念，千万不要以为孩子这样就是可怜的，不要对孩子露出过于同情的目光，姥姥姥爷甚至可以欢快地说"我也想妈妈"。这样，孩子就会将想妈妈带来的负面情绪转化成正面情绪，避免因焦虑产生消化等身体方面的问题。

42. 孩子有分离焦虑，一定要家长抱着睡，怎么办?

☺　我的宝宝怎么了

女儿本来一直和我关系很好，吃了 22 个月的母乳，几乎一天也没离开过爸爸妈妈，平时一直缠着妈妈。她睡觉习惯还不错，晚上会换上睡袍，我给她讲讲故事，唱唱歌，按摩一下，我俩都感觉很温馨。平时在家，她最亲近的是我，然后依次是爸爸、奶奶、爷爷。

女儿前几天发烧，退烧后的一个夜里，她突然半夜叫起来：穿衣服，爸爸抱。结果，爸爸从半夜 3 点一直抱她抱到早上 9 点。从那次开始，女儿就不再让我哄着睡觉。最让人恼火的一次是，爸爸好不容易把她哄睡着了，她上床一脱衣服又醒了，又穿上衣服，就这样，穿衣服—哄睡—放床上睡熟—脱衣服—醒来，反复循环。我想去抱女儿，她根本不让我抱。后来僵持了好久，我一生气就关上了门，把她一个人关在卧室里面。孩子使劲闹腾，光着脚跑下床撞门，后来还是坚持要爸爸抱着睡觉。其间，我成功地把她哄睡过两次，可是她马上就恢复原样了，好像眼里根本就没有妈妈一样。我感觉很失落。

假期结束，我要去上班了。现在她好像可以和妈妈说再见，但不肯跟爸爸说。今天早上她还抓着爸爸的包，不让他走，最后以大哭收场。

假期时，女儿有一天中午玩得很疯，不肯睡觉。我硬脱掉她的衣服，她就大哭，不让妈妈抱着睡，最后还是爸爸抱着睡着的。是不是这一次埋下了令她焦虑的种子？平时，爷爷奶奶管不了她，她中午经常要玩到困了才睡觉。

我感觉女儿不再是以前那个只要妈妈的小精灵了。我是不是伤害到了女儿，让她有了心理阴影？我该怎么做？如何缓解她的这种焦虑？

☺ 大李老师来帮忙

必须承认，我们对这个世界上的很多现象都无法做出正确的解释。就我的经验来看，孩子似乎在那天晚上做了一个梦，并出现了类似于梦游的情况。如果家长事先懂得的话，那么在孩子哭闹着要穿衣服、要爸爸抱时，可以不照孩子的话去做，而是尽可能地给孩子带来安宁和舒适的感觉，直到孩子平静下来不再哭闹。

孩子在梦呓的情况下提出要求，家长在慌乱中满足孩子，在这个过程中孩子渐渐醒了，发现自己在爸爸的怀中是舒服而安宁的，而妈妈身上散发着慌乱的气息，这样，孩子就会把惊恐的感觉跟妈妈联系在一起，把舒适的感觉跟爸爸联系在一起。一次恐惧会造成夜夜恐惧，解决恐惧的方式被固定为"穿衣服，爸爸抱"。于是，爸爸妈妈也变得很紧张，在晚上孩子快要醒来时就开始想：今晚不会再那样闹吧？这样的氛围会暗示孩子，孩子就会在那个时间开始闹，让父母"心想事成"。

　　孩子为什么会这样？也许我们不能很准确地解释，但家长可以试试以下方法。

　　孩子睡觉的模式是可以改变的，家长完全可以在孩子身体好时让她形成好的睡眠模式。

　　在爸爸妈妈休假期间，要事先跟孩子说好："从今天晚上起，妈妈带着你睡觉，你要脱了衣服，天亮之后再穿衣服。"然后要果断地脱掉孩子的衣服，把她放在床上睡觉。在脱衣服的时候，不要跟孩子硬抢，而是要平静果断地要求孩子脱了衣服上床。如果孩子暂时不愿意脱，可以先不脱，先解决孩子半夜起来要爸爸抱的问题。

　　如果孩子半夜起来非要爸爸抱，妈妈可以告诉孩子，现在由妈妈陪她睡觉，明天早晨爸爸会来向她问早安。如果孩子大哭大叫，妈妈就坐在那里平静地看着她，等她不再发脾气了，可以经她同意把她抱在怀里。注意，一定要坐在床上把她搂在怀里。等孩子平静下来，妈妈再跟她说每天晚上都是妈妈陪，如果妈妈不在或有事，才能让爸爸陪，或者爸爸妈妈也可以轮流陪她睡觉。要按照家里能做到的来让孩子选择。等孩子完全安静后，妈妈可以向孩子建议"我们现在要继续睡觉了"，然后把孩子放在床上，继续睡觉。如果孩子还是不让放，就说明倾听得还不够，要再耐心等待，然后再提议："我们现在开始睡觉。"只要在孩子大发脾气时，妈妈能够平静地等待，孩子通常就会平静下来。

如果孩子在床上大哭大闹，妈妈决不能放弃，要坚持达到目标：第一，孩子不到早晨起床不能穿衣服；第二，爸爸不能过来；第三，妈妈不能把孩子一个人关在屋子里自己离开；第四，妈妈不能犹豫不决；第五，妈妈不能发脾气；第六，孩子前一天白天不能在下午2点之后睡觉，否则晚上的睡眠时间跟家长不同步，就会闹腾。

孩子在成长过程中出现的情况都不是固定的，我们无法确定在什么情况下孩子会出现什么问题，所以无法准确评估。但无论如何，当出现对孩子的情绪和发展不利的状况时，家长要想办法帮助孩子解决，不能让孩子的不良习惯保持下去。只有解决了这些问题，孩子才能很好地发展。

3—4 岁孩子的分离焦虑

　　显然，分离焦虑不会在孩子 3 岁时就消失，但到了 3 岁后，孩子已经积累了很多生活经验，能够明白妈妈离开后还会回来，所以，即便在离开亲人时感到伤心和焦虑，孩子焦虑的程度也不会像 2 岁前那么重。因此，家长就更可以放松一些。一般来说，随着孩子长大，家长也积累了很多有关孩子特殊状态的经验，所以，到了孩子 3 岁后，无论是孩子还是家长，都会比之前成熟很多。下面我们来看一看，在孩子 3—4 岁时，家长对于分离焦虑还有哪些疑惑。

43. 对于孩子的分离焦虑，家长需要做什么？

☺　我的宝宝怎么了

　　女儿最近刚上幼儿园。这所幼儿园算是我所在的城市里能选到的比较好的幼儿园了，离家比较远，女儿每天由爸爸接送。

　　女儿是个敏感细腻的孩子。入园之前，我们曾带她到园里参观过。我们一起至少来过幼儿园六七次，对园内外的环境都有所了解了。她说她喜欢这个幼儿园。

　　之后女儿试了几天园，家长可以陪同，但老师的意见是，家长能不牵手就不牵手。其他的孩子跟老师互动，女儿却始终牵着我的手。小朋友们一起活动，她不断地找妈妈，注意力都在妈妈身上。她看上去不喜欢加入小朋友们的活动，总是委屈想哭的样子。后来她说有些饿了，老师给了她一份食品，她吃了一口后说"太甜了"，然后就借着这个大哭起来。

　　通过试园，她给老师留下了较深的印象。老师对我说，这些孩子中，就是担心她会难适应一些。当然，我对女儿是了解的，否则我还真会介意老师的说法呢。

　　接下来是正式入园。在最初的一周，我们只送她半天，每天早上爸爸送她去。因为我无法做到跟孩子在幼儿园门前愉快地分离，所以选择在女儿离开家前先去上班。结果这一周竟然很顺利，老师都说出乎意料，说她只哭了几声就好了。但老师也说，小朋友们活动时，尤其是在户外，她只是观察，几乎不参与。

　　中午，我和她爸爸一起来幼儿园接她，下午她在姥姥姥爷家度过，看上去还挺愉快的，口中还不时地哼唱着自己编的歌。之后的几个半天，我中午也不去接她了，只让她爸爸一个人去，想让她尽早适应这种秩序。

　　从第二周开始，我们就送全天了。其间，女儿发烧了，但我们还是坚持送全天，怕前功尽弃。还是爸爸一人送，我每天提前去幼儿园与爸爸会合，一起接她。每天见到妈妈，女儿都立刻喊着"妈妈抱"，在回来的路上要"坐妈妈腿"。

　　第二周有几天早上，女儿是在家里吃的早饭。为了让她早日恢复健康，我特意做了适合她的早餐。之后我们一家三口一起上车，我中途下车上班，跟女儿告别，也算比较顺利。

　　第三周，大概是因为经过了两个休息日，女儿总说"明天我不去幼儿园了"。如果问她为什么，她就说"我想妈妈"，然后就委屈地哭起来。我耐心地听她哭。这几天，我没像上周那样去幼儿园接她。我想还是让她爸爸一个人接她，因为我天天请假坐近一小时的公交车接她毕竟不是长久之计。不知道我去接她会不会更打扰她呢？

　　一天早上，她不到 5 点就醒了，说"我不上幼儿园"，然后就哭了，还说"妈妈，你和爸爸中午就来接我""我明天不上幼儿园，后天再上幼儿园"。我说："其实你在幼儿园还是挺好的，就是想妈妈，对吗？""是……"说着，她撇嘴哭了。我说："你想妈妈的时候，就摸摸胸口。"女儿说："我不想摸了。"上周她是这么做的，还主动告诉我，说摸了 10 次。上周想妈妈不愿意去幼儿园的时候，她还说："妈妈你上两个班，一个是单位的班，一个是我心里的班。"我说："好。"临出门前，她说："我还要再哭一会儿，哭够了再去。"爸爸抱着她下楼，我听到她让我跟她一起上车，要"坐妈妈腿"，还听到她在走廊里吵着要回家再待一会儿。后来女儿终于上车了，在中途又给我打电话，呜咽着说了一些话。

　　过后，爸爸说一直在幼儿园外面陪了她 40 分钟，直到老师出来看见他们，爸爸才把她送到老师手里。

其实女儿什么都明白，知道要每天上幼儿园，只是暂时无法控制想妈妈的念头，这使得她无法投入地跟小朋友玩。而且，她的哭也不是那种放声大哭，而是很小声的抽泣。她还说不想在那里午睡。

我不知道现在除了倾听，还有什么更实际的办法能帮到她。如果只送半天，会不会导致将来再送全天时出现反复？我下班不去接她是否对她会更好？早上送她时我要不要出面？

☺ 大李老师来帮忙

人有各种不同的类型，有的人情感非常丰富，对于伤心和分离特别容易动容。案例中的孩子和爸爸妈妈分别时非常难过，看上去不像是分离焦虑，而只是依依不舍。

关于孩子在幼儿园里不跟其他孩子一起玩耍，案例中的孩子分离后的状态其实是非常正常的。如果孩子在入园之前生活在非常单纯的环境里，缺少跟其他小朋友一起玩耍的机会，入园后突然到了一个陌生的环境，她就会在感到恐惧之余一心想着怎样不被母亲丢在这里。这种焦虑是人类童年时期最大的焦虑，在这种时候，孩子怎么还能去跟小朋友玩耍，去学习以前从来没做过的事情呢？人在心理失衡时是不能够学习和娱乐的。这一点我们换位思考一下，就能够理解孩子了，就不至于逼着孩子在刚入园的焦虑期去参与小朋友的活动，直接去和陌生人打招呼了。

　　案例中孩子的表现，是一个具有自我保护本能的孩子在即将离开保护人时所应该出现的状态，这说明她的本能没有被破坏。我们应该欣赏她为了保证自己的安全而想尽办法的意志力。看到案例中描述的情况，我倒是感觉父母离不开孩子的心情更强烈一些。父母太关注孩子的负面情绪，孩子稍微撇一下嘴还没哭出来时，家长就已经在想办法了。这会让孩子发现表达负面情绪非常有力量，而且在这方面获得良好的自我效能认知，于是，孩子会变着法儿地使用这种能力。所以家长先得反思自己，在跟孩子分开时，自己是怎样设想孩子的情况的。如果家长认为她一定受不了，一定会哭，那么即使孩子本来不想哭，也会哭了。

　　在孩子酝酿负面情绪时，家长可以用快乐的方式来冲淡孩子的忧伤。比如，孩子撇嘴要哭时，家长可以说："啊，我的衣服纽扣什么时候掉了？是不是掉到床底下了？"然后就满地去找。家长还可以快乐地大叫："看，外边的树上有两只鸟，那一只是这一只的妈妈！"这时，家长再看一下孩子是不是还在酝酿负面情绪。一般在这时，孩子的嘴角已经不撇了。所以，家长要营造出快乐的、阳光的氛围，即便孩子说不想去幼儿园也没什么，可能在一年之内她都会这样叨叨，这并不等于上了幼儿园会给她带来伤害。只要幼儿园的环境不会伤害孩子，家长就要坚定果断地把孩子送去。

　　在与孩子离别时，家长离开得越坚定对孩子越好，最不可取的就是陪着孩子在幼儿园门外熬着。在徘徊的这段时间里，孩子会不断地在想象中排斥幼儿园，因父亲或者母亲将要离开感到焦虑。这等于在强化离别的痛苦，对孩子是最不利的。

分别的仪式越简单越好，孩子的生活中本来没有这个模式，这是家长为孩子设计的。在本案例中，本来一个人接孩子就可以了，家长却认为孩子在上幼儿园的初期两个人接显得更隆重一些，结果不能坚持去两个人时，这种模式的改变就给孩子增加了痛苦。再比如，孩子上幼儿园不能永远上半天，如果不久之后就必须要上全天，那么一开始就应该让孩子树立正确的时间概念。否则，家长来接孩子的时间改变，会给孩子造成新的痛苦。实际上，家长所做的事情从某种意义上来说是在安慰自己，而不是安慰孩子。对孩子来说，她要在成长中去接纳外界要求的模式并去适应它。对人这种动物来说，生活模式的改变经常会带来痛苦，即便是向好的方向改变也是如此，儿童更是这样。

4—5 岁孩子的分离焦虑

有家长朋友疑惑：孩子 4 岁后，分离焦虑怎么反而更严重了？实际情况可能真是这样，因为孩子 4 岁后会出现一种状态，我们称其为"煽情期"。此前，孩子一旦痛苦和伤心就会哭，而父母一看到孩子哭就会选择让步，因此，孩子就会反复利用哭来获得利益。在 4 岁之前，这些行为都是反射性的，而不是出于有意识的探索。实际上，6 岁之前是孩子建构人格的基础阶段，孩子几乎会去探索涉及人格构建的所有方面，例如如何交朋友、如何表达感情等，这是人类能够智慧地进行情感交流的开始。从此，孩子的情商会逐渐发展，而情商就是人类智慧地使用情绪和情感的能力。

所以，4 岁之后，孩子就会开始练习智慧地使用情绪和情感，这种状态如果出现在与亲人分离时，就容易被误解为分离焦虑。

44. 孩子大了，分离焦虑怎么反而严重了？

☺ 我的宝宝怎么了

女儿 4 岁多了。她爸爸上周一出差，走得很急。虽然我事先知道他会出差，但也是接到电话时才知道他马上就要走的。平常都是爸爸去接女儿，那天换我去接。刚见到我时，她还很高兴。后来她问爸爸去哪儿了，我说出差了，女儿就一下子哭起来了。我只好安抚她说："爸爸过两天就回来了，明天妈妈带你去秋游，我们现在去买蛋糕吃。"女儿说："我要爸爸现在就回来。"我说："爸爸今天回不来啊，过两天就回来了，我们现在跟爸爸打电话好不好？"

于是，孩子边哭边打电话要爸爸回来，晚上回家又哭了好几次，要爸爸。第二天秋游，孩子兴致也不高，中间说了好几次想爸爸，只是没哭出来。晚上回来她又哭了，直到第三天爸爸回来才好。从那之后，孩子一直情绪不稳，我们都不能提"出差"两个字，有时甚至我们没提，孩子就跟我说"我不要爸爸出差"。周末过了两天，周一早起她就不愿上学，要跟着爸爸，后来又要跟妈妈。今天早上醒来，她没看到妈妈在床上，就马上带着哭腔喊妈妈，听到我的声音才作罢。

老师反映她在学校还好，没有不高兴的样子，就是有一次中午吃饭时哭了。她跟我说，吃饭的时候想到爸爸了。

孩子从 8 个月到 2 岁零 4 个月一直跟着奶奶，我们把她接到身边后她就上了幼儿园，安全感不太好，也比较敏感。爸爸去年上半年长期在外地出差，之后才在家。

这是分离焦虑吗？我一直觉得孩子现在大了不会有问题了，把她送到奶奶家或姥姥家住着都没问题，怎么爸爸出一次差就会变成这样？这问题要怎么解决？她爸爸不可能不出差啊！

☺ **大李老师来帮忙**

经过进一步的了解我们得知，案例中的孩子在 8 个月时就被送到了奶奶身边。那时，她才刚刚能够表达自己离开安全依恋人（孩子认为最亲的人）的痛苦，才确定了谁是自己最可以依靠的人，才刚刚发展自己对这个世界的认知。在这个时候，她被带离了这个生命中最早建立起来的安全岛。这个安全岛是孩子用灵魂建立起来的，现在却要经过一段时间的修整。孩子要离开第一依恋人，把其他人（比如奶奶或者姥姥）确定为第一依恋人，这个修整过程是痛苦的。经过这个漫长的过程，到 2 岁时，孩子已经确认身边的某个人是最亲的人，自己可以依靠这个人生存下去，于是开始发展自己。结果，她又一次被带离了第二次确认的安全依恋人，不得不经历痛苦的过程离开第二个安全岛，第三次建立安全岛。这时孩子依靠本能建立安全岛的时期已过，要经历很长时间才可以再次确认自己十分安全。

现在孩子已经 4 岁了，她正好到了能够利用自己的情感和智慧来表达需求的年龄，所以小时候的经历成了情感表达练习的主题。于是我们在案例中看到，爸爸出差唤醒了孩子对于离别的担忧，孩子这是在自我治疗。

案例中的描述显示，孩子在进行情感修复。如果孩子从出生起跟父母的关系就非常亲密，并且一直持续到 4 岁，那她对这种亲密感便会习以为常；如果孩子没有一直和父母在一起，是熟悉了一段时间后才逐渐跟父母的情感浓厚起来，那情况就会不同。4 岁的孩子正好开始练习表达情感，会有煽情的倾向。之前孩子表达情感是一种自然流露，到了 4 岁，孩子会进入一个情感探索时期，如果意识到了对父母的情感，她就会变得很容易动感情。这是儿童练习表达情感、与别人沟通的一种表现。

案例中的情况其实不能算作过分依恋，它只是一种表达情感的方式。4 岁的孩子不会哭到身体垮掉，所以父母只要跟孩子共情就可以了。孩子想念爸爸，很爱爸爸，这种情感是妈妈能理解的。妈妈可以对孩子讲述自己的经验，比如，"当爸爸和你不在时，妈妈也非常想念你们，如果想念得太厉害了也会哭"。孩子觉得妈妈成了她的知己，就不会再感到孤独，会转而跟妈妈建立友好的关系。孩子思念亲人，并且用泪水和低落的心情去表达这种思念，这是很正常的，家长需要认识到这一点并与他们共情。

关于分离，家长应该注意下面几个问题：

第一，不要把孩子对父母的感情"不深"当作问题，这只是表明他们还没有学会表达。

第二，在孩子说想爸爸时，母亲要看着孩子，告诉他"我也很想念爸爸"，然后跟孩子一起去为爸爸做点什么，教孩子用富有创意的方式去思念亲人。

第三，不要否定孩子的情感并嘲笑孩子，要向孩子展示开放的心态，引领孩子摆脱忧伤。不要用语言告诉他们"不要伤心，不要哭"，那会使孩子觉得自己更可怜，从而哭得更厉害。

45. 如何应对与孩子的第一次分离？

☺ 我的宝宝怎么了

儿子上个月随爷爷奶奶回老家了。原来我只打算让他在那里过暑假，但一来二去他竟在那里上幼儿园大班了，这意味着接下来的整整一年我们都只能通过电话联系。

这是我与儿子第一次分离。然而，我每次兴奋地打电话过去，儿子都不领情，经常不接电话，不是说没空，就是刚说一两句便说没话说了，挂了电话。

但是，原来在家里时，儿子是最依恋我的，他也是我从小带大的。虽说家里有老人，但老人身体不好，下班后带儿子一直是我的事。可为什么一离开，他和我竟然变得无话可说，而且一点儿也不想我和他爸爸呢？他这才离开一个月，我真不敢想一年后会怎么样，我是否应该把儿子接回来呢？

☺ 大李老师来帮忙

如果我们能够回顾一下自己小时候在爸爸妈妈离开后有怎样的感觉，就比较能够理解案例中的孩子了。孩子小时候一直在妈妈身边，跟妈妈那么亲，那种亲是无法表达的，是一种深入灵魂的爱的气息。作为一个孩子，离开了这种气息就会无限悲伤。孩子想要抗拒这种悲伤，于是拼命抗拒造成悲伤的分离；如果实在无法抗拒，本能就会使他们远离痛苦。如果这种痛苦是由妈妈带来的，那他当然会远离妈妈。妈妈打来电话，孩子不能感受到妈妈传递的爱的气息，只能听到说话的声音，而这种声音会让孩子心里更加难受。孩子不能思考和分析这种难受的感觉，所以只能选择离开。这就是孩子在离开父母时间久了之后，不愿意跟父母通电话的原因。

实际上，父母给孩子打电话，孩子一般都会显得无话可说。孩子是感觉动物，要感受到家长的气息、表情和动作，才能够理解父母的语言。如果不是经常练习，没有几个孩子能够对着听筒滔滔不绝，这正像没有经过训练的人无法对着摄像机镜头情意绵绵一样。所以，孩子不愿意接电话，并不是忘记了爸爸妈妈，而是不喜欢以这种形式与亲人交流。

有一种情况我们在前面已经说过了，为了使大家能够更加理解孩子，我们再重申一遍。

孩子会下意识地逃离让自己不愉快的情境。孩子离开了父母，靠自己的力量无法再回到父母的身边，和父母通电话跟他内心与父母在一起的愿望差得很远，让他很难受，他就会拒绝接电话。他回到父母身边后，还是会需要父母的，所以案例中的妈妈不必担心，孩子是永远不会忘记父母的。

在平时，如果父母是要打电话安慰孩子，而不是让孩子安慰自己，那就要从拿起听筒的那刻起，谈论孩子喜欢的话题，不要逼迫孩子回答自己的问题。

如果父母一拿起听筒就对孩子说，今天在公园里自己看见一只大猴子生了一只小猴子，猴妈妈把小猴子扔在背上，爬上了一棵树，这样，孩子肯定不会扔下听筒走开。如果父母拿起电话就是一连串问题，比如幼儿园好不好，小朋友是不是欺负你了，奶奶做的饭好吃不好吃，等等，那孩子就需要努力去回忆，这会使孩子感到非常有压力，他又不会像家长那样随便说点什么去应付对方，于是就会感觉不舒服，很有可能因此逃开。因此，在跟孩子打电话时，父母应尽量通过声音和描述给孩子带来快乐，而不是只想着让孩子安慰自己。

其实，在 12 岁之前，孩子最好不要离开父母。如果老人养育的方法非常好，出现问题的可能性就比较小；如果老人过于溺爱孩子，或者不能对孩子进行心理疏导，那么孩子出问题的可能性就比较大。在老人那里待得越久，孩子对父母不认可的可能性就越大。家长需要根据具体情况来决定是否将孩子接回来。

第五章

如何帮助孩子克服恐惧

恐惧是人类与生俱来的情绪之一，从孩子出生起，这种情绪便与他如影随形。大多数孩子会怕黑、怕陌生人，甚至怕水、怕动物。孩子害怕的东西千奇百怪，让孩子恐惧的事物层出不穷，家长为此颇为头疼。

　　作为父母，了解孩子的这种感受非常重要，因为它可以指导父母如何正确地对待孩子，使孩子身心健康地成长发育。

　　那么，孩子会出于哪些原因表现出害怕、恐惧呢？在孩子的想象力飞速发展的时期，家长应该如何辨别孩子的恐惧是真是假，又该如何帮助孩子远离和克服恐惧呢？

　　这一章，我们将从细节入手，分析孩子的内心世界，揭开孩子成长过程中各阶段的秘密，帮助家长引导孩子摆脱害怕和恐惧的心理。

0—2 岁孩子的恐惧

恐惧这种情绪会让人非常不舒服。我们的确无法想象一个孩子会对什么产生恐惧的情绪。但是，我们首先要知道，1岁以内的孩子如果安全感建构得很好，是不会有太多恐惧情绪的，因为他们还不知道这个世界上有什么东西能够对人的生命构成威胁。

但是，如果孩子在出生之前就形成了恐惧的心智，那么当他来到这个世界后，他就会在周围的环境中寻找各种能让他感到恐惧的东西。下面，我们来看看孩子都会因为什么恐惧。

46. 孩子为什么会莫名地感到恐惧？

☺ 我的宝宝怎么了

我的孩子明天正好满 10 个月，他会产生一些我难以理解的莫名的恐惧情绪。有一次，他对一个小朋友手里拿的脸会发光、能出声的洋娃娃特别恐惧，只要那个洋娃娃离他一近，他就哇哇哭叫着直往我怀里躲。今天，他在我朋友家里看鱼缸里的鱼，也表现出了这样的恐惧。

这是什么原因造成的呢？为什么他会对自己从来没有见过的东西这么恐惧？我的孩子总体来说比较胆小，别的小朋友抢了他的玩具，他就会哭着找我保护，伸手要我抱，似乎要逃跑似的。

☺ 大李老师来帮忙

孩子表现出来这种恐惧的原因比较复杂。大致来说，孩子在 2 岁之前，因为对身边的事物不够了解，所以遇到可怕事物时的表现会让家长难以理解。不过，像案例中那样，大多数 10 个月的孩子不害怕那个发光的娃娃，只有一个孩子害怕，我们也不能就认为那个孩子是有问题的。在这个世界上，每个人的感受都是不同的，在一群人里总会有几个人跟大多数人的感受不一样，这并不能说明那些不一样的人是有问题的。

10 个月大的孩子会先依恋一个人的面孔和形态。我们都知道，人和事物是多种多样的，可是儿童无法灵活处理这样的信息，因此，他会将人的形态刻板地认成他熟悉的面孔的样子。例如，他看到的爸爸和妈妈，脸是柔软的，皮肤是有弹性的，是有表情的，如果这张面孔突然不再有爸爸妈妈那种令人愉悦的神情，他就会觉得非常恐惧。再设想一下，对于一个婴儿来说，他看到了跟人一样的面孔，但这张面孔没有表情，硬邦邦的，里面还发着光，这的确很可怕。我们也可以把孩子的表现称为秩序敏感期现象。孩子害怕鱼和别的东西，也大致是这种情况，这种恐惧对家长来说是没有理由的，但对儿童来说是有理由的。10个月大的孩子还无法理解语言，我们只能保护孩子，使他不再经历他所恐惧的事情，但也没有必要花很大心思去研究孩子害怕的原因。

有些孩子对物体外形的认识更刻板一些，所以不接纳与刻板的认识不相符的形式，而且会因此感到害怕。当孩子害怕的时候，家长将他带离即可，不要去积极主动地"消除"孩子的恐惧心理，比如，一边喊叫一边去打那个可怕的东西，或立刻将孩子的眼睛捂住，把孩子紧紧地抱在怀里快步跑开。这些做法都会加深孩子的恐惧，并使恐惧的感觉长久地留在孩子心里。

孩子在每个年龄段都会害怕某个类型的事物，这是认知发展过程中出现的必然情况，家长一定要放松，耐心等待孩子度过这一时期。

47. 当孩子感到害怕时，家长该如何引导？

☺　我的宝宝怎么了

女儿1岁零6个月了，随着年龄慢慢变大，她对其他事物（如小动物）有了更多兴趣。前些天，我和她爸爸带她去野生动物园玩。进门后，女儿很高兴，看见马、长颈鹿甚至老虎等动物，兴奋得大叫。

后来我们去了猴山，猴子习惯了被人喂食，见我们一来，就三五成群地围了过来。我有些害怕，但看到这些伸出爪子要食物的猴子觉得挺可怜的，所以还是忍住害怕，叫丈夫拿出面包给猴子吃。在丈夫给猴子喂面包时，我担心他被猴子抓到，心里很紧张，不停地提醒他要小心。这时，我居然忘了被我抱在怀里的女儿也会感到害怕，没能及时安慰她。

直到我们走下猴山，我才发现趴在丈夫肩上的女儿委屈得想要哭，却又强忍住不让自己哭。我对女儿说："你是不是担心了，担心爸爸被猴子抓到？"女儿带着哭腔"嗯"了一声。我马上安慰她说："不用担心，猴子饿了，爸爸喂面包给它吃呢！猴子被关着，它伤害不了我们，猴子是我们的好朋友，爸爸可厉害了，会保护你的……"女儿一边听我说，一边"嗯嗯"地表示赞同，还是没哭（后来我想，当时应该让她哭一场才对）。我们就这样继续往前走，但女儿似乎对参观动物不再感兴趣。直到后来丈夫抱累了，要放她下来，她才借机大哭了出来。

回到家后，爷爷奶奶问女儿去动物园看到了什么动物，女儿马上说"猴"（看来真是印象深刻啊），随后就皱着眉头想哭。我又安慰了她一番。我拿出猴子的图片，给她指猴子的爪子、尾巴等，还鼓励她摸了摸猴子的图片，这好像起到了些效果。最近几天，她没再提起猴子了。然而今天晚上，我在给女儿准备睡觉前要喝的水、牛奶，她奶奶抱着女儿在客厅看电视（好像是看一些成人广告，我很反对她奶奶不分时间、不分内容地让女儿看电视，可是她奶奶认为这没什么大不了的），我忽然听女儿在反复说"打死""打死""鹦鹉打死"，她奶奶也在一旁说"那个人真坏，把鹦鹉打死了"。我听到这里有些着急了，就对她奶奶说："孩子现在还小，对这些概念还不清楚，她会感到害怕的，我们尽量不要当着孩子的面说这些。"

随后我就带着孩子进房间睡觉了。女儿一边喝着牛奶，一边对我说"妈妈打死""妈妈鹦鹉……"我安慰她说："宝宝也看见过鹦鹉吧？鹦鹉可聪明了，它有漂亮的羽毛，还能学人说话呢，明天妈妈带你去看鹦鹉好吗？"女儿说"好"，又继续吃奶，然后我给她唱儿歌，哄她睡觉，不一会儿，她又说"妈妈打死"……我重复着以上的话安慰她。后来，她本来要睡了，结果突然又爬起来，警觉地看着四周。说真的，这时我真有些担心！我是不是太过紧张了？我刚把她环抱在怀里，她就看着我担忧地说"猴""爸爸喂面包"……我想，她是又想起动物园的事了，我赶紧用轻松的、温柔的语调对她说："猴子肚子饿了，爸爸喂面包给它吃，它会感到很高兴的，它还会对你说'谢谢'呢！"这时，女儿才露出一点笑容，我赶紧把话题岔开，说了些轻松的事。过了好一会儿，女儿才沉沉地睡去。

我很想让女儿从小就建立起较强的安全感。我是比较没有安全感的人，小时候晚上不听话时，大人们就会吓唬我说灯光是一种很吓人的虫。我直到2岁左右回到妈妈的身边后，才明白灯光没什么可怕的，所以，我现在尽量不让女儿对一些生活场景感到害怕。但在实际的操作过程中，我有些不知该如何处理，或者说不知道自己的方法对不对，我想请教专家，还有哪里是需要改进和注意的吗？谢谢！

☺ 大李老师来帮忙

　　这是一个正面的例子。在无意间把自己的恐惧情绪传染给了孩子时，这位妈妈处理得非常好。因为孩子还小，妈妈还不习惯在遇到问题时为了孩子控制自己，所以当在猴山遇到猴子，自己感到害怕时，妈妈竟将孩子忘了。但之后，这位妈妈马上用非常平静的心态给孩子解释了猴子的状态以及爸爸在做什么，这使得孩子对妈妈刚才的行为有了一定的理解，虽然孩子还怕猴子，但事实毕竟真的像妈妈说的那样，猴子没有伤害到他们。之后，孩子想哭并忍住了没有哭，都是人的自然情绪状态，不必太拘泥于细节。孩子哭了也好，不哭也好，都没有什么太大的不同。这么大的孩子，如果真的害怕到要哭的地步，是绝对忍不住的，没哭只是因为她还没有恐惧到需要大哭的程度。所以，家长不必按照家长的状态来理解孩子，因为那样反而会担心和愧疚，这样的心理会影响孩子。有时候，孩子的负面情绪久久不能平复，并不是由当时的事件造成的，而是由事件之后，周围人营造的紧张氛围造成的。孩子是很敏感的，虽然家长说了很多的话，但如果家长的内心感受和说出来的话是不一致的，那么孩子只会感知到家长的内心，家长的语言起不了多大作用。所以，当孩子被惊吓后，家长一定要安静下来，感受自己内心的状态，真正地放松心情，而不是一边自己紧张，一边对孩子说那些宽慰的话。那样只会把孩子搞糊涂，搞不清家长的话和她感知到的家长的内心哪一个是真的。

至于鹦鹉的事情，这是孩子对猴子与人的关系的认识被唤醒后的一种移情现象。孩子用"打死鹦鹉"这一表达来反射当时没有表现出的对猴子的拒绝，这也是孩子在发展过程中的一种自然现象，家长不必急于制止。实际上，孩子不会打死任何东西，说这样的话，只是孩子在表达自己的感受，家长听到的也只是语言的内容。如果家长觉得这样的话不好听，不给予反应，也就是不强化，孩子慢慢也就不说了。

1 岁多的孩子正处在练习掌握语言的阶段，而孩子学习语言是受环境影响的。在一段时期内，孩子会探索有力量的语言和脏话，只要家长平静对待，孩子慢慢就不说了。不必为孩子说的一两句不符合社会道德的话而感到紧张，也不必非要马上制止。

家长一定要分清孩子所表达的内容中，哪些是孩子的心理需求，是孩子在解决自己的问题，而哪些是孩子在练习语言。如果是前者，家长应该去满足，而不是不让孩子说；如果是后者，家长注意孩子的语言环境即可。

48. 如何让孩子不害怕医院和医生？

☺　我的宝宝怎么了

儿子现在 1 岁零 8 个月，平时胆子比较大，爱活动，用姥姥的话说就是"还不知道什么是怕"。儿子生病比较少，除了正常的体检和打预防针，一般是不去医院的，按理说他对医院应该没有恐惧感，但儿子就是不能去医院，不能看见白大褂，不然就哭。

儿子在1周岁之前打针基本没哭过，唯一一次哭是9个月体检取血时扎手指，医生拿着试管在他手指尖一次次地挤刮了十几下，他实在是痛，就哭了，但是离开医院就好了。

在1周岁去打预防针时，他突然哭起来。那天，我们是先带他去打针再去体检的，结果进了体检室，他看见里面的阿姨也是穿白大褂，就"哇"地又哭了，挣扎着不肯靠近。那回体检也没好好做。

我家楼下有个药店，平时儿子喜欢去那里玩，那里的叔叔阿姨也喜欢逗他。后来有一次，他咳嗽咳了几天，姥姥说让药店的医生听听肺有没有杂音。医生一把听诊器拿出来，儿子"哇"地就哭了。之后很长一段时间，他都不往那里去，回家经过那里都躲得远远的。

去年10月1日，因为儿子睡觉有些打鼾，我想带他去医院检查是否有腺体肥大，结果医生还没碰到他，他就开始大哭，医生都郁闷地说："我还没碰到你，你就哭成这样子了呀……"从医院出来，我们去一家饭店吃饭，结果儿子看见厨师的白大褂，拉着我们就往外走。

儿子对医院的印象特别深，有几次去别的地方，经过医院，走在医院围墙外，看到医院的楼，儿子就喊："不去，不去……"

　　请问，有没有什么办法能让孩子不那么害怕医院和医生？

☺　**大李老师来帮忙**

　　孩子突然感受到疼痛，就会形成跟疼痛有关的标志性恐惧记忆。很多孩子会害怕医院、害怕打针，但人生病了就必须去医院，该打针时就必须打针。无论孩子多么害怕，家长都不要在孩子已经很害怕的时候抱有紧张情绪，这样孩子就会好一点。像案例中这个孩子的这种恐惧状态，是没有办法在短时间内消除的，家长能做的只有让孩子发现穿白大褂的人对他没有伤害。更好的方式是增强孩子的体质，让孩子少生病，少去几次医院。

　　在孩子因感到恐惧而大哭时，家长不要紧紧地把孩子抱在怀中，那样会加强孩子的恐惧感，除非孩子真的遇到了灾难性事件，需要家长那样安抚。

　　如果让孩子感到害怕的事情是他以后还要反复经历的，那么在孩子第一次经历这件事时，家长可以放松心态，平静地、微笑着看着孩子。不要很快地离开现场，等孩子平静下来后，家长可以让孩子再看一看刚才那个医生，用幽默的方式描述医生给其他小朋友治疗的场景，并引导孩子对医生的医疗器械产生兴趣，回家也可以和孩子一起玩打针的游戏。家长还可以自己扮作病人，让孩子扮作医生，当孩子给自己打针时，就做出非常滑稽的样子逗孩子笑。切忌在孩子害怕时用快速而急切地对孩子说"不怕不怕"，应该用温和的语言向孩子解释医生的工作和医生对别人的帮助。

家长可以给孩子找一些有关医院和治疗的儿童读物，国外有很多这方面的很好的读物，其中有些是专门用来消除孩子对医院的恐惧的。例如，有一本书是给这个年龄段的孩子看的，书上几乎没有字，第一页画着一座房子，门口有一排椅子，每把椅子上坐着不同的小动物，有脊背上贴着创可贴的青蛙，有脚上缠着绷带的小熊，有断了鼻子的匹诺曹。第二页画的是青蛙没精打采地向门里爬去。第三页画的是青蛙开开心心地从门里跳出来，脊背上的创可贴没有了。之后，每一个小动物都是垂头丧气地进去，开开心心地出来，它们的病都治好了。这样的儿童读物可以为孩子提供正向引导，改善孩子下次看病时的情绪。

49. 孩子害怕去别人家，怎么办？

☺ 我的宝宝怎么了

儿子有点胆小，平时在外面时虽然不是特别活泼，但对陌生人也没有多么害怕，不过，他就是不能到别人家去，一去就会吓得哇哇大哭。每次他都说什么也不去，要是我们硬哄着他去，让他玩一会儿玩具，吃点好吃的，他很快也能放松下来，玩得挺开心的。我不知道该怎么让他大胆一点，去别人家的时候能放松点。难道孩子是安全感不足？

☺　**大李老师来帮忙**

孩子不愿意到别人家去，有可能是处在秩序敏感期。在这个敏感期里，孩子对某些环境形成了固定的印象。就家庭环境来说，从出生开始，他就生活在现在的家庭环境中，家庭环境跟户外的大自然是不一样的，家里的物品全是由人制造的，有固定的造型，每一件物品都放在固定的位置上，在每个房间中，不同形状和不同色彩的物品组合在一起，形成了不变的环境，而家庭成员在这一环境一般是非常和谐的，人和物品共同组成了关于家的完整概念。孩子出生后，为了获得稳定感和安全感，会将内心对秩序的要求映射在环境中的人与物上，他会将环境中的一切吸收，并形成自己对秩序的刻板印象。孩子就像生活在熟悉的水塘里的鱼一样，他完全熟悉这一片的环境，闭着眼睛都知道房间里什么地方有什么；什么地方是可以去的，什么地方是不可以去的；自己做出什么样的表情，家里人会有什么样的反应……这一切都被孩子掌握了，于是孩子会感到安全和踏实，并且刻板地认为自己生活的环境就应该是这样的。这种刻板是由于经验过少造成的，孩子对环境的特性没有明确的认知，也无法适应环境的改变，所以就更加依恋自己所熟悉的环境。当环境突然改变时，孩子就会表现出不舒服的样子，并且强烈反抗，拒绝接受新的环境，这看上去和害怕是一样的。

有些父母认为这是孩子胆小的表现，于是会不断地在孩子面前议论，说这个孩子怎么这么胆小。孩子分不清这样的评价与自己的实际情况是相符还是不相符，而且会认为家长是希望自己胆小，从而将家长口中的显得自己胆小的事情和"胆小"这个词配对，并在环境中不断地寻找可以与"胆小"这个词配对的事物，然后让自己表现出胆小的状态。这种状态使家长更加确定自己说的是对的，结果这个孩子就真成了胆小的人。很多胆小的孩子都是这样被家长无意中引导出来的。所以，家长在生孩子之前就要了解儿童各发展阶段的特征，尤其是大自然为0—6岁孩子所设定的发展模式。这样，孩子出生后，父母才能知道怎样养育孩子，不至于把孩子的自然发展现象当成问题，强行加以调整和制止，最后制约了孩子的发展，给孩子造成心理问题。

1岁多的孩子要尽量在熟悉的环境里玩耍，父母不要随意带孩子到别人家串门，做事情时要尽量把孩子带在身边，到超市购物、散步都最好带着孩子，这样孩子对环境的刻板印象就不至于只局限在家里。帮助孩子通过比较来更好地认知环境，对孩子进一步的发展有好处。

在孩子的秩序敏感期里，家长要尽量满足孩子的合理愿望，做孩子要求做的事情。这不会惯坏孩子，因为这不是在破坏原则和生活习惯来纵容孩子，孩子是出于对环境秩序的需要才表现出对抗，而不是想要故意破坏原则或与家长较劲，他们还没有这个意识。这时，家长满足孩子的发展需求就是顺应大自然，背离孩子的发展需求就是违逆大自然。任何时候，人类只要违背了自然规律，就会因此而麻烦缠身。

　　在这个年龄段，孩子因环境的改变感到不舒服从而哭闹时，家长一定要仔细想想，以前孩子适应的模式是什么样的。要尽量按孩子以前所适应的模式去做，这样孩子的痛苦就会消失。

2—3 岁孩子的恐惧

孩子个子很小，所以在他们看来，这个世界的任何东西都大得不得了。一个小矮人到了一个巨人的世界，肯定会比较谨慎，因为只有这样才能保证自己的安全。所以，孩子对某一事物感到害怕一定有其理由。下面我们一起来探讨一下，在孩子害怕时，家长该如何应对。

50. 孩子害怕"熟悉的陌生人"，怎么办?

☺ 我的宝宝怎么了

儿子 2 岁，在家里很活泼、很好动，唠唠叨叨很能说，虽然有些话说不太清楚。可是，一到我们小区的花园，他就好像变得特别"木"。其实在那里玩的十来个小朋友都是我们几乎每天都会见到的，那些孩子和他的年龄也差不多，可是他很少会跟他们一起玩，他只喜欢我们楼上的比他大 1 岁的哥哥。那个孩子性格很活泼，儿子和他在一起也会玩得很疯，可是只要再来一个小朋友，儿子就会显得很紧张，很放不开，有时玩一会儿就要出去。小区里的很多爷爷奶奶都很喜欢我儿子，经常跟他说话（不过总是假装跟他抢东西），儿子几乎一概不理，搞得他们有时候会说"这孩子不喜欢吭声"。

可是，一旦离开小区的花园，儿子就又会活泼起来，跟很多陌生的小孩、大人都能很自然地相处，即使有时候不是很爱说话，但是我能感觉到，他不像在小区花园里那么紧张了。我很奇怪儿子为什么会这样，只害怕"熟悉的陌生人"，请大家帮忙分析，我该如何做呢？

☺　大李老师来帮忙

案例中的孩子虽然每天都会去小区花园，但并没有跟其他小朋友近距离接触的经验，所以感到紧张和不知所措也是正常的。凡是不熟悉的东西，孩子都有可能害怕，这很正常，只是在这种时候，成年人不能跟孩子一起害怕。

由于与人群的接触经验太少，孩子对他人的理解跟家长不同，他们不是通过视觉来判断对方是否可接纳，而是通过全身的每一个细胞来感受。有时，大人看到孩子可爱，自己就会做出比孩子还要小的样子，似乎这样就能引起孩子的注意。其实，大人做出这种样子，与孩子经验中所见到的家长差别很大，会把孩子吓着。这张脸和这具身体会成为符号，以后，孩子一见这个人就会害怕。

很多老人因为年轻时生的孩子多，生活又过于忙碌，一辈子都没有机会以放松的心态和小孩子在一起，所以见了小孩子非常爱怜。但他们没有机会接触正确的养育观念，所以一般见了孩子喜欢装出批评、指责的样子来逗孩子玩，比如，他们可能会对孩子说"你的爸爸（或妈妈、爷爷、奶奶等）不要你了"，或者抢孩子的东西，或者故意不给孩子要的东西。

因为住在一个小区的人互相熟悉，人们又想表示对家长的友好，所以这种事情可能会更多一些，而这些事带来的恐惧会使孩子将小区环境也一起划入恐惧的范围。这就有可能造成案例中孩子的情况。母亲有责任保护自己的孩子，要把孩子和那些对孩子造成伤害的人隔开，否则孩子如何抵挡这么多有不健康育儿态度的人？

案例中的孩子没有出问题，他只是在成长中缺少跟各种人近距离接触的经验，又因为人们的热情和错误行为显得很胆怯，家长要坚持带孩子多跟人群接触，再和小区的老人们好好地沟通一下。

案例中的这位妈妈可以跟十来个妈妈组成一个读书会，几个妈妈一起学习提升自己，一起给孩子建构好的规则，使孩子们不会过分地互相攻击，这就等于为自己的孩子创造了良好的成长环境。

家长可以从接纳两个小客人做起，在一段时间内只邀请两个小朋友来家里玩，慢慢再邀请第三个。有一点要注意，人需要跟一个群体在一起的时间并不是很多，即便你每天跟一万个人待在同一个广场上，你内心需要的可能实际只有一两个人。人一辈子最好的朋友可能也就一两个，千万别把孩子当小狼，要求孩子不分彼此地跟一大群人在一起。

51. 孩子害怕和其他小孩玩，怎么办？

☺　我的宝宝怎么了

　　我的孩子非常胆小。他不愿和小朋友一起玩，说是害怕。前天，他去上亲子班，一进去就哭，哭了半个小时。他9月份就要上幼儿园了，这可怎么办啊？

　　孩子的爸爸就胆小，不善与人交往。请问，家长应该如何教育孩子？

☺　大李老师来帮忙

　　孩子无论对什么事物感兴趣，之前都要经历一个培养兴趣的过程，比如，孩子喜欢跟其他小朋友玩，就要经历一个与小朋友来往并了解别人的过程。如果家长希望自己的孩子愿意跟其他小朋友玩，那就应该从孩子几个月开始让他经常待在孩子群里，和其他孩子一起玩。这里所说的一起玩，并不是说一定要让孩子与其他孩子交往或玩同一个游戏，而是说在孩子玩耍的环境中要有其他孩子存在，这样，孩子在日后看到其他孩子时就不至于感到陌生和害怕。

　　以前每家都有好几个孩子，孩子之间的年龄差也就几岁而已，小孩子一出生，身边就有其他的小孩，孩子会自然而然地认知其他孩子的行为和样子。如果孩子出生后身边只有家长，没有其他的孩子，而家长又很少带孩子与其他的孩子待在一起，等到孩子两三岁时，家长又觉得他该和别人的孩子一起玩了而突然把他放到人群里，孩子就会因为没有习得与别的孩子一起玩耍的经验而恐惧。在孩子的经验里，人就是家长的样子，他见到别的孩子会觉得，他们虽然看上去也是人，却比他所认识的家长小了很多，他们会因此感到恐惧。人类天然的自我保护机制使得人对自己不熟悉的东西感到恐惧，并拒绝接纳。儿童的这个天然特征更明显，因为他们没有力量和智慧保护自己，只有远离危险才能使自己安全。

孩子眼中的危险大多跟我们家长眼中的危险不一样，比如，他们不一定认为刀子是危险的，却会认为某个物体投下来的影子是危险的；他们不认为深水是危险的，却认为老逗他们或挠他们痒痒的大人是危险的。孩子是在用经验和童年特有的生命需求来判断什么是危险的、什么是安全的，所以他们的判断在家长看来价值性不高。比如说，他们认为长得怪怪的东西就是可怕的，而家长绝不会仅凭样子来做出这样的判断。对这一点，家长必须在尊重孩子的基础上间接地帮助他们，慢慢地引导他们学会做判断，这也是一个帮助孩子成长的过程。

家长可以通过以下方式来让孩子不再怕其他孩子：

首先，不要当着孩子的面说他胆小。要观察孩子，对他任何一点点的勇敢尝试都表示赞赏，赞赏时不要说简单的"你真棒"这句话，而是要具体地指出孩子已经做到的事情，比如"我刚才都看到你跟那个小朋友站在一起了""我看到你跟那个小朋友说话了"，然后做出惊喜的表情并拥抱孩子，使孩子感受到你对他的赞赏。家长也可以说："你这样做妈妈（爸爸）很高兴。"

其次，先不要把孩子草率地置于一个群体之中，更不要在这种时候一下子离开孩子身边，要在孩子有了能和其他孩子交往的自我认知后，再一步步撤离。处于依恋期的孩子必须在可以看到依恋对象的范围内才能够感到安全，所以孩子上亲子班时，家长最好不要离开，家长离开了，这个班就不叫"亲子班"了。

最后，家长可以先请一个小朋友到自己家里玩，等到孩子能跟这个孩子自然地玩耍了，再请第二个孩子来，然后可以组织几个熟悉的妈妈，每天一起到某个场地，大人们一起聊天，孩子们在一起玩，这样孩子慢慢就不会怕其他孩子了。

如果爸爸是一个胆小的人，那么他就没有胆量娶到妈妈，所以爸爸一定也不是一个胆小的人。我们可以暂时搁置自己对伴侣的负面看法，去看他勇敢的地方，当我们学会这样看待伴侣时，我们也就学会了这样看待孩子。这样一来，当孩子有一点点勇敢的行为和表现时，我们就会非常欣赏；即使孩子有一点点不勇敢的行为和表现，我们也会非常平和，因为我们知道，孩子此时的表现并不代表他的全部。妈妈的目光像太阳，照到哪里哪里亮。

3—4 岁孩子的恐惧

随着长大，孩子的生活内容变得复杂起来，孩子面对的问题难度也变大了，但他们对自己的能力还不太了解，对他人也没有太深的了解。他们遇到的一些困难在大人看来根本不是问题，但在他们看来难如登天。大人的一些命令给孩子带来的压力是孩子难以承受的，但大人觉得孩子可以承受，孩子不知道如何才能让家长不要下达这样的命令，他们以为家长的命令就是天条，根本不能更改，于是就会痛苦，痛苦又会演变成害怕，而家长可能认为孩子害怕的事情根本不值得害怕，所以觉得孩子简直不可理喻。比如，孩子被学校的老师批评，被要求做到某件事，而孩子在做这件事时感觉很不舒服，但老师可能并不是非要孩子做那件事，有时也就是随便一说，但孩子很认真，这时孩子就会拼命去达到老师的要求，从此就害怕上学了。有时，家长也会因为自己情绪不好而对孩子进行攻击，导致孩子害怕家长。下面，我们来看看 3—4 岁这个年龄段的孩子会对哪些事物产生恐惧。

52. 孩子害怕去幼儿园，怎么办?

☺　我的宝宝怎么了

　　孩子上幼儿园一年半了，原来上托班，现在上小班。上托班时，孩子一直都很高兴，从来没有说过不想去幼儿园。但最近孩子总是不想去上学，想在家里待着。我对她说："不行，爸妈要上班，要挣钱，不然周末就不能带你去公园玩，不能买好吃的、好玩的了。而且，上幼儿园是你的责任。"她听了我的话就去上学了，到了幼儿园也是高高兴兴的。可是今天她一反常态，在去幼儿园的路上一直哭。我问她原因，她说不知道，只是一直哭。我问她是和小朋友打架了，还是老师批评她了，她也不说话，只说自己不想去幼儿园，想出去玩……

　　到了幼儿园，她哭得更厉害了。我认为她是在逃避上幼儿园，就把她抱进了幼儿园。快到楼门口时，她急得在我的怀抱里使劲挣扎，激动地说："我不去幼儿园，我害怕幼儿园!"这话听得我真心疼，眼泪在眼里打转。我只好作罢，在教室外边和她玩。过了一会儿，老师出来了，问她怎么了，哭得那么厉害，她一听就更委屈了。后来，我要上班了，只好把孩子交给老师，让老师和她聊聊。

　　现在，我毫无头绪，希望有经验的人能够指点一下。

☺　大李老师来帮忙

如果孩子已经上幼儿园很长时间了，突然出现不愿意去幼儿园的情况，而且表现得这么激烈，一般来说，可能真的有一些问题了，但这不一定是因为幼儿园对孩子有什么伤害，或者老师怎样伤害了孩子。就像家长经历过很多事一样，孩子在成长中一样会遇到各种各样难以解决的问题，比如，班里来了一个有攻击性行为的小朋友，经常会盯着你的孩子攻击，这样的话，孩子就会不愿意来幼儿园，一想到幼儿园就感到恐惧。再比如，最近有一个老师情绪不好，对某些顽皮的孩子态度比较粗暴，受到粗暴对待的孩子也许感觉不过如此，但在旁边观察的孩子对痛苦和恐惧的想象可能非常强烈。这样，孩子也会一想起幼儿园就感到恐惧，他或许还会把幼儿园与家里做比较，从而更加恐惧。又比如，孩子在幼儿园里非常想进入某个孩子群体，却老被拒绝；中午睡不着觉却被逼迫着躺在床上；吃饭时老师盛饭太多了却要求孩子硬吃下去，有的孩子最后一口咽不下去了也不敢向老师申请放弃，宁愿将饭含在嘴里。再比如，孩子想上厕所，但因为没有到老师规定的上厕所时间，或跟老师报告时声音小，老师听不见，自己又不敢擅自去，而憋得非常痛苦。解决这些困难在家长看来易如反掌，但对 5 岁之前的孩子来说这些就是天大的困难。所以，家长一定要细心地找到孩子不去幼儿园的根本原因，帮孩子解决问题，而不能把孩子扔到那里继续痛苦地独自面对，也许孩子不是真的有恐惧情绪，而是有了自己无法解决的困难。

为了让孩子乐意上学，我有以下两点建议：

首先，家长要跟班里的老师多沟通，听老师细致地介绍孩子在班里的情况，和老师一起分析孩子不愿意来幼儿园的原因，找出问题，和园方联合帮助孩子。

其次，家长可以申请陪园，观察一下班里孩子的状态，看一看是否有攻击性行为严重的孩子，是否有某个小群体非常显眼，其他孩子都想加入；同时要观察自己的孩子，想一想在这个环境中孩子感兴趣的是什么，不感兴趣的是什么，拒绝做的是什么。由于有家长在，孩子虽然没有平常状态那么好，但也会表现出自己对哪些事情感到为难，这些也许就是平常让孩子犯愁的事。找到原因，问题就好解决了。

要多方打听一下幼儿园的教育理念是什么样的，老师是不是很爱孩子、很懂孩子，是否能够体贴孩子的特殊状况，会不会把孩子的一些特殊状况当成故意捣乱，因此批评或体罚孩子。这些事情在我们成年人看来都是小事，似乎忍忍就过去了，但对孩子来说或许就是地狱。在孩子的事情上一定要谨慎，因为痛苦的感受会留在他们心里，永远无法消除。

53. 孩子害怕在幼儿园上厕所，怎么办？

☺　我的宝宝怎么了

女儿从 9 月份开始上幼儿园，刚去的那两天，连着尿了两次裤子，之后就再也没尿过裤子了。直到上个星期，发生了一件事：奶奶去接女儿放学，女儿一见到奶奶就说自己今天很不开心，因为上厕所的时候老师弄疼她了。之后，老师给我打了电话，说女儿在幼儿园上完厕所，老师给提裤子时，她突然哭得很厉害，问她怎么回事，她也说不清楚。我分析，可能是老师提裤子的时候太用力了，她不舒服，所以才哭。我就跟女儿说："下次你跟老师讲'老师轻一点'，老师就知道了，不会弄疼你了。"女儿点了点头。我以为这件事就这么过去了，谁知道，女儿接连三天都在幼儿园尿了裤子。今天早上，我又跟老师讲，让她自己脱裤子、自己穿裤子，老师说现在是她自己穿的呀。上课前，我又自己带她在幼儿园上了次厕所，她自己脱裤子，然后去坐马桶，尿完之后自己下来提裤子、洗手，完成得都很好。我想应该没事了吧，可中午去接她，发现她又尿裤子了。我和老师沟通，老师说，她每次都是还没进厕所（他们是排队去）就开始哭，然后站在那里就尿了。

其实这样的事情不是第一次发生了。女儿似乎对疼痛的印象特别深刻。前些天，我抱她去洗手间洗手，抱的时候弄疼了她，之后一连好几天，我刚要抱她洗手，她就大哭着拒绝。直到今天，已经差不多有一个月了，洗手的事仍然是奶奶爷爷的专利。给她梳头也是，我弄疼过她一次，后来我每次给她梳头她都哭。在家的时候，我们可以换个人带她来避免她哭，可在幼儿园怎么办啊？带班的有两个老师，谁带她都不行。另外，女儿说的是普通话，老师都是讲粤语，所以她和老师在沟通上也有一定的障碍。

　　我该怎么帮她？

☺　**大李老师来帮忙**

　　这个孩子对疼痛表现出不同寻常的敏感，出现这种情况，家长需要带孩子到神经科去看一下，检查有没有器质性方面的问题。我曾经看到过国外的一个案例，一个 2 岁的孩子没有疼痛感，对具有危险的东西没有反应，从而丧失了保护自己的能力，需要家长时刻守护在身边。案例中的孩子看上去恰好相反，像是对疼痛反应过度，如老师给她提裤子，即便用力一点，按理说也不至于让她疼得大哭。洗手也是，如果没有被挤压或被利器刮伤，仅仅是感受到妈妈的手指抹了肥皂和水揉搓，不至于疼痛得大哭。所以，案例中的家长要先检查是不是器质性方面的原因造成孩子过于敏感。如果孩子的神经系统没有问题，那她对疼痛过于敏感就可能是心理方面的原因。

　　孩子从出生起到上幼儿园前，都是家长在照顾他的生活，如果孩子出现了案例中描述的对疼痛如此敏感的情况，家长应该早就发现了，像换尿片、穿衣服、洗澡、喂饭、把孩子往婴儿车里放，这些行为都可能造成案例中所描述的疼痛感。如果孩子以前没有类似表现，上幼儿园后才表现出对疼痛的敏感，那这就不会是神经方面的问题，而可能是心理方面的问题。这需要去看儿童心理医生，由心理医生仔细分析后帮助孩子消除恐惧。案例中的情况描述得还不太清楚，如妈妈抱孩子洗手时弄疼了孩子，是在孩子去幼儿园之后还是之前，孩子有没有摔倒或被碰到，有没有疼到无法忍受，家里人是不是对孩子的疼痛反应过度等，所以我们无法给出准确的判断。但无论如何，孩子是需要帮助的，家长应该寻求儿童心理专家的帮助。

根据案例中这位妈妈提供的线索，孩子对疼痛敏感和尿裤子的问题像是由入园困难造成的。在孩子还没有像信任家长那样信任老师时，她一旦尿了裤子，就会感到极其苦闷。如果老师对孩子的态度不但无法抚慰孩子，还让孩子感到耻辱和愧疚，那孩子就会陷入更大的困境，感到更加苦闷，因而出现小便障碍，她搞不清自己什么时候需要小便，一到小便的时候就会紧张，无法控制自己。

在幼儿园里，老师不应该让孩子们在小便的时候排队，因为孩子还无法很好地控制自己的括约肌，也就是说，孩子的括约肌发育还不成熟，他们无法像家长那样控制排泄，所以无法排队等着轮到自己再排泄，等不到时只能排在裤子里。如果老师说"你怎么又尿裤子了？请等到上卫生间时再尿"，孩子就会觉得自己犯了天大的错误，觉得窝囊和低人一等，于是下次更不敢向老师要求提前去厕所，因此会再一次尿裤子。这样一来，孩子会认为自己永远无法达到老师的要求。这个自我效能认知会给孩子带来自卑感，孩子会认为自己不如别人。另外，孩子还听不懂周围人说的话，这就像一个成年人在异国他乡，周围都是不友好的陌生人，而自己身无分文一样，他只会觉得自己陷入了困境，感到无比孤独。这种心理状态会投射到其他事情上，使孩子利用其他事来发泄自己的痛苦和不愉快。比如案例中的孩子，妈妈给她洗手时可能只是重了一点，孩子就夸大了对疼痛的感觉，发泄心中的郁闷。孩子有这样的表现，说明这个幼儿园可能并不适合这个孩子，妈妈可以暂时不送孩子去幼儿园，在小区里多找几个孩子和自己的孩子一起玩，慢慢地再给孩子找一个老师说普通话的、更理解孩子的幼儿园。

如果家长没有办法改变幼儿园，那就只能先保护自己的孩子。孩子太弱小了，无法保护自己，等到孩子适应了恶劣环境，他的心理问题就已经形成了。

实际上，人类永远不能接受自己的天然心理遭到破坏，那些看上去已经适应了环境的孩子只是放弃了抗争，被迫生活在这样的环境里。因为孩子无法比较，所以不知道自己应该得到什么待遇，以为人就应该这样活着。等离开了这个环境后，他们作为人能够拥有的最可贵的幸福感已经不复存在了。

这样的孩子看上去也能完成别人让他们做的事，有机会自由活动，也会表现得非常快乐和兴奋，于是家长就以为他们是快乐的，但那种快乐不是人类本质的幸福感，孩子将来不会创造幸福，也不会感受幸福，甚至可能会缺少呵护灵魂并与其沟通的能力，不能从自己的生活中品味美好，也无法让自己的心灵获得滋润。

这样的人会感觉工作、学习都像做苦役一样，很累、很不愉快，所以他们将来无论多么有钱、多么有地位，都无法感到幸福。当他们需要幸福时，他们会以为挣更多的钱、获得更大的名声才能够幸福，可是到头来，他们还是不幸福。由于他们没有感受的能力，他们花了钱去旅游和消费，内心也仍然不能得到真正的滋润，结果，消费也不能给他们带来幸福感。这样的人在生活中就像一部机器，他们只是按照已经设定好的轨迹运转而已。长此以往，人就会变为利用智力生活的动物，与狮子、老虎利用体力生活是一样的。这是教育中缺少了灵魂的部分所造成的。案例中的孩子也许由于灵魂的痛苦产生了心理问题，她需要成人的解救，而家长应该是最先解救孩子的那个人。

54. 孩子为什么害怕老师家访？

☺　我的宝宝怎么了

昨天下午，我接到了老师的电话，老师说要来家访，这让我紧张了好一会儿……

回家后，我告诉女儿："等下老师来我们家玩哈！"女儿表现得有点不愿意。

老师来后，女儿竟然显得有点害怕。班主任要抱一下女儿，女儿不愿意，也不愿意面对老师，非要我抱着，而且指着门口说要出去，声音小小的，一副很不高兴的样子。后来，我说睡觉去吧，女儿也答应了，让她和老师说再见时，女儿很小声地说了声"拜拜"（平时她说"拜拜"声音很大），然后就趴在我的肩上，很不情愿似的……她的目光一直避免和老师接触。

女儿上幼儿园两个多月了，表现还蛮好的，她只哭了一天，除了不舒服，她每天都高高兴兴地去幼儿园。在我看来，她在外面是一个乖巧、胆小的小孩。

女儿的三位老师都是做了妈妈的人（这点让我放心）。班主任看起来有点严厉，但早上送女儿去幼儿园时，我看到班主任在其他小朋友哭时，也会很耐心地抱着安慰。还有位老师，她带小朋友出去玩时，发现女儿比较招蚊子，就帮女儿涂驱蚊水，我感觉她很细心。还有个保育员，我估计女儿中午睡觉前喝的牛奶都是她冲的，可能喝牛奶会漏洒，女儿每天都是换了衣服回来的。我觉得三位老师都还不错！

我的问题是，女儿在家为何会害怕幼儿园的老师呢？

☺ 大李老师来帮忙

案例中的孩子可能不是害怕，而是害羞。孩子在成长过程中会有一个害羞的时期，这一时期的孩子会开始能够分清谁是亲人、谁是外人。年龄小的孩子对环境秩序的敏感还停留在刻板状态，他们会认为家里的物品和人就只能在家里，幼儿园的人和物品就只能在幼儿园里，如果幼儿园的老师突然到家里来，孩子就会不知所措，因而显得像是害怕一样，孩子表现出的其实是秩序感被打破后产生的紧张和不舒服。另外，孩子有这样的反应也有可能是因为老师在幼儿园时表现得比较严厉和职业化。老师在孩子哭的时候抱了孩子，并不能说明她在抱孩子时身体里散发的气息是关怀孩子的，也不能说明她和孩子在一起时是能让孩子放松、和蔼亲切的。

孩子判断家长是否爱自己时，并不是以家长为自己做了什么事为标准，而是以他们的心灵对家长的感受为标准。妈妈在案例中所举的例子不能说明孩子对老师的感受，我们也无法确定孩子在老师家访时表现出来的状态是出于哪一种心理。但无论如何，孩子喜欢去幼儿园，就说明这个幼儿园不会让孩子痛苦。所以，孩子偶尔出现案例中的状态，家长不必过于在意，因为老师也不会天天来家访。

孩子显露的情绪都是真实的，在不理解孩子的状态时，我们能做的就是去感受孩子的感受，保护孩子。像案例中的情况，家长不必逼着孩子向老师问好，或去热情地欢迎老师，更不要把孩子从自己怀里交到老师怀里，因为孩子不理解老师为什么突然到家里来，也不理解家访的意思，如果把孩子交给老师，孩子可能会以为老师要把她从家里抱走，从而感到恐惧。

这时，家长应该用孩子能听懂的语言告诉孩子：老师只是来看看，看看你在家里是怎么玩的。然后，家长要让其他家庭成员把孩子带离这一环境，自己接待老师。

55. 孩子不爱表现，害怕被人嘲笑，怎么办？

☺　我的宝宝怎么了

也许在外人眼里，儿子是个很外向、挺积极的孩子：在小区里，他可以比较快地融入孩子群；他可以在我的鼓励下主动和陌生的小朋友打招呼，说"我们一起玩吧"；他很少和其他孩子发生纠纷，遇到问题基本可以通过语言来协调；他也爱说话、表达能力很强。

但实际上，儿子是个不爱表现、畏惧"出头"、担心被人嘲笑的孩子。幼儿园班上表演节目，他总是排在倒数第一或倒数第二的位置。这次表演"拔萝卜"他演"萝卜"就是因为他太抗拒当众表演，老师只能给他一个没台词的角色。开放日，大多数孩子积极同老师做活动，只有他和另外一个孩子决不主动举手回答问题，怎么鼓励也没用，但看到别人上台领奖，他又很羡慕。

我想带他出去看《白雪公主》的演出，我告诉他，我们坐的位置是互动区，会有演员走过来。然后，我顺口说："说不定他们会请你去台上，问问你喜欢不喜欢看！"没想到，这句话成了他的负担，第二天要出发了，他还忧心忡忡地说："妈妈，我真的不想去台上！"我一再保证不会让他上台后，他才勉强和我去了。

曾经有一次，在一个小饭馆里，他因为没坐好，从椅子上摔了下来，引来了众人的笑声。为此，他发了一下午的脾气。我和他交流过，他说："因为他们笑我！"

为了鼓励他，我在幼儿园和其他几个家长上台表演"拔萝卜"，看大家笑得开心，我问他："你看见他们笑妈妈了吗？"他点头。我说："他们不是嘲笑妈妈，是觉得妈妈演得好啊！"但他仍然觉得那是嘲笑。

我真的很担心，这样继续下去，以后他上学怎么办？他害怕当众回答问题，误解一切"笑声"，抗拒一切表现的机会。我该怎么办呢？

☺ 大李老师来帮忙

家长需要注意一点，无论孩子做出什么可爱或可笑的事，都不要跟着别人一起哄堂大笑。孩子无法理解成年人笑中的丰富含义，很容易被伤害。案例中的孩子也许天生就比较敏感，容易受到伤害，所以遇到孩子感觉为难的事情，家长不必反复劝说或动员孩子去做。毕竟，不是每个人都善于表演或喜欢表演的，有一两个孩子不愿意表演也很正常。只要老师和家长不要把这个问题看得很重，不要企图正面地、快速地解决这个问题，慢慢地让孩子发现当众表现是一件愉快的事情，并为此感到自豪，孩子就会变得能够当众表现了。

案例中，孩子的问题需要老师协助解决，老师可以制订一个系统性的计划，比如，在有集体活动时，给孩子机会，无论孩子做得怎样，都将他做到的事情讲出来并且拥抱他、亲他。又比如，大家都举手发言，这个孩子却不肯说，老师可以走到他的身边，让他站起来，揽着他的身体，让他把想说的话告诉老师，然后老师再大声地把他的话传达给全班。这时老师可以抱一下他，也可以亲吻他一下，说："我很高兴，你今天发言了。"老师还可以把这个消息打电话告诉孩子的妈妈，在孩子放学后，妈妈一见到孩子，就可以对他今天做的事表示惊叹，然后用一个夸张的动作来表示鼓励，比如拥抱他或把他抱起来转一圈等。这样，孩子就可能慢慢地开始转变。

妈妈带孩子到任何场合时，都可以跟孩子一起评价别的孩子或小动物的可爱行为，如果觉得对方很可爱、很有趣，就和孩子一起笑；笑完以后告诉孩子，我们可以用笑来表达对他人的喜爱，这是不会伤害到对方的。

反复对孩子说"不要紧，别人是觉得你可爱才笑的，别人不会嘲笑你"只会使孩子更注意别人的笑。家长要给孩子解释笑的含义，但不要关注孩子对笑的负面情绪，也不要在孩子面前过多地提及笑的问题。有了家长和老师的正确帮助，孩子的这个问题就会慢慢得到解决。

4—6 岁孩子的恐惧

4—6 岁的孩子似乎不再害怕影子、别人抢他的东西、跟小朋友在一起之类的事情了，我们会发现，他们害怕的东西逐渐涉及更高级的精神层面，并且由有形的事物转变成了无形的事物，如害怕自己不如别人好、害怕某件事自己不会做、害怕赢不了、害怕丢人等。其实，孩子害怕的事越是抽象，家长和老师在教育中面临的考验就越是严峻。下面我们一起来看看这个年龄段的孩子都会害怕什么，我们该如何对待。

56. 孩子害怕竞争又在乎竞争，怎么办？

☺ 我的宝宝怎么了

我家孩子上幼儿园中班。平时，她最不喜欢参加比赛：在家比吃饭，不要；上楼梯比赛谁走得快，不要；和小朋友做游戏，看谁的本领大，不要；比谁跑得快，不要；连和她玩石头剪刀布的游戏，她都经常不愿意。

后来，我发现她其实很在乎比赛。班里要举办拍皮球比赛，她可以在家唠叨一个晚上。她很害怕自己比别人差，结果当然和预料的一样，她在正式比赛时发挥很差。

孩子的这种心态，我有点担心，却不知该如何训练她，我想让她放开点儿，不要对比赛结果那么在意，心理承受能力强一点儿，这样以后在社会竞争中才会少受点挫折。

☺ **大李老师来帮忙**

每个不到 6 岁的孩子都有跟别人不同的发展节奏，即便是同样的父母所生，在同样的环境中一起生活的几个孩子，他们面对环境中的不同事物时也会做出不同的选择。即使他们选择了相同的事物，他们对待事物的方式也不会完全一样。这可能是大自然使人保持个性的关键一步，它让每个人拥有不同的基因，而基因又带来了不同的个性和爱好，每个人因不同的爱好又具备了不同的能力。儿童期的孩子都会展现出这样的天性，而家长应该从中发现每个孩子需要什么样的独特环境，应该获得什么样的个性帮助。所以，儿童期的教育是帮助教育，这样，孩子才能成长为具有不同性格和能力的成年人，人类社会也才会有各行各业。

孩子在 6 岁之前不适合参加比赛。此时，孩子正在发展属于个人的特质，还没有机会按照社会的需要去补齐自己的短板，也不可能在所有比赛项目中和其他孩子具备同样的能力。如果比赛要求展示跑的能力，那么这项比赛就适合善跑的孩子，如果老师让所有孩子都参加比赛，那么善于攀爬的孩子就会在比赛中失败，这样的失败会影响他对自己的看法、对世界的看法，也许他会因此认为自己什么都不行，甚至认为这个世界上所有的事情都很难。他完全没有意识到自己攀爬的能力比跑的能力强，家长告诉他们这个道理也没用，因为孩子自己通过体验证实的结果，永远比家长告诉他们的结果要来的印象深刻。

案例中的孩子就是被比赛伤害了。孩子还在发展之中，他们要秘密地、连自己都不知道地去完善自己所具有的能力。家长应该给孩子时间，不应该让孩子因为自己不具有跟别人相同的能力而感到自卑。当幼儿园举办比赛时，家长可以找借口不送孩子去。在家里，也不要给孩子设置任何比赛，而要让孩子发现自己的特长。

案例中的孩子不是因为重视比赛才会焦虑一整夜，而是因为害怕比赛才会焦虑。比赛已经唤醒了孩子对自我效能的不良认知，家长在这种情况下应该保护孩子，不要在孩子面前再提起比赛，而是要引领孩子投入她喜欢的工作，使孩子在不知不觉中发展自己。在孩子不需要时，夸奖也是多余的，因为夸奖同样能唤醒孩子对夸奖的过分需求，导致孩子害怕失败。

57. 如何向孩子解释死亡?

☺ 我的宝宝怎么了

星期六晚上睡觉的时候，5 岁的儿子问我:"人为什么会老? 我不想老。"我问他为什么不想老，他说老了就会死了，他不想死，说着说着还伤心地哭了起来，而我不知道该怎么回答他这个关于生老病死的问题。

以前我看到过有关这方面的书，但孩子当时还没有到这个敏感期，我就没有留意。现在孩子突然问起来，并且这么伤感，让我措手不及。我应该如何向孩子解释死亡呢？

☺　大李老师来帮忙

孩子从 4 岁开始，会逐渐由探索物体过渡到探索与物体有关的人类精神的内涵。比如，在 4 岁之前，他们发现物体有大有小，可以将它们按大小排序；到了 4 岁之后，他们会发现表现这样的排列顺序无须借助实物，只用"大""小"，"一""二""三""四"这些符号和语言就能表达之前必须借助实物表达的内涵。这些符号都是人类为了表达对物质的认知而创造出来的，是人类的精神产品。孩子会逐渐开始对这样的精神产品感兴趣，开始对这一领域的探索，这一阶段也就是所谓的"文化敏感期"。

在这一时期，孩子还会进行对人类关系的探索、对人类生命现象的探索，他们会探索结婚、朋友、敌人、活着、死亡等问题。实际上，这些内容对孩子的价值是相同的，比如，他们探索了友谊，就会感知烦恼和愉快、讨厌和爱；探索了死亡，就会感到恐惧和忧伤。所以，我们要尽量把有可能给孩子带来恐惧、忧伤的内容留到他们年龄大一些的时候再让他们探索。

如果不小心唤醒了孩子对这方面的好奇心，那么家长就要如实相告，像对待其他问题一样，科学地向孩子解释他想知道的事情。要认可孩子的忧伤，就像要认可孩子的快乐一样。千万不要在与孩子谈起死亡时，先去渲染忧伤的氛围，去讲述关于死亡的恐怖历程，在这一方面，孩子还是需要保护的。对人类来说，在活着的时候做好死亡的心理准备不是一件坏事，5 岁的孩子知道死亡也没什么不好，但如果孩子没有问起，家长也不必专门唤醒孩子。

从自然的角度讲，人的出生跟死亡是一样的，探索出生和探索死亡对孩子也是一样的。家长在谈这两个问题时，态度也应该一样。如果孩子感到忧伤了，那家长就可以对孩子说，所有人在亲人死亡时都会感到忧伤，但孩子离死亡还很远很远。

在孩子年龄小时，如 10 岁之前，家长不妨给孩子讲一点儿有关人类死后生命形式的民间传说，给孩子一点点慰藉。至于孩子成年以后会怎么看待童年时父母给他灌输的这部分知识，就不再重要了，因为怎样看待宇宙、怎样看待生命是成年人自我建构的内容，有兴趣的话，他会自己去考证的。

在孩子真的因死亡感到困扰时，给孩子讲童话故事和民间传说是一个很好的办法，比如，人类的生命是无限的，人死了以后，灵魂会在一个美好的地方休整准备，等待遇到自己很喜欢的爸爸妈妈，然后再来到这个世界。如果孩子还是很伤心，家长可以带孩子去做别的事情，慢慢让孩子把这件事忘记。家长不要不断地在这件事上劝说孩子，否则，孩子有可能把这件事当作拒绝独立的借口。

58. 如何驱除孩子对动画片中恐怖画面的恐惧？

☺ **我的宝宝怎么了**

女儿前一段时间看奥特曼的动画片，可能是被片中的恐怖镜头吓到了，她晚上做了个噩梦，担心妈妈被坏人抓去。从此以后，每次给我们讲起那次噩梦的情景，她都会担心得哭起来，她面带恐惧和无奈，还常对我们说："我害怕那个梦。"我们也试着告诉她不要害怕，爸爸妈妈就在你身边，永远爱你，坏人来了我们会保护你，世界上坏人很少，不用担心，不去想那个梦就没事了。可是，我们始终无法让她摆脱这个噩梦。她经常睡到半夜时突然醒来，双手挥舞，面带惊恐，语无伦次，我们得把她抱在怀里抚摸安慰好一会儿，她才能再次睡下。

请问，要用什么办法才能消除孩子的恐惧？

☺ **大李老师来帮忙**

孩子在成长的过程中，由于白天经历了不好的事情而晚上做噩梦，是正常现象。如果家长能够带孩子去找儿童心理专家，利用游戏的方式为孩子做一下短期治疗，孩子就可以尽快地摆脱恐惧。

还有一种办法是，在孩子快要做噩梦时（孩子在睡梦中表现出不安）轻轻抚摸孩子的后脑勺，再顺着其后背慢慢往下抚摸，哼唱一首节奏舒缓的歌。

　　白天，在孩子讲述她的噩梦时，家长可以说"啊呀，今天我们一起去炒个鸡蛋吧"，然后拉起孩子就走，总之，就是做一件孩子绝对会很感兴趣的事。

　　孩子做噩梦后，由于害怕，会自然地忘记噩梦。在孩子清醒时，噩梦似乎不再影响她了，但等她的意识放松下来后，噩梦中的情景会随时出现在孩子的大脑中，尤其是在孩子睡着以后，白天被压抑下来的恐惧会以各种形式再次在梦中出现。家长可以拿着玩偶或橡皮泥和孩子一起做游戏，模拟孩子梦中可能出现的情景，并想办法使孩子参与游戏。孩子表演的内容跟她的梦一定是有关系的，孩子会将梦中的情景在这种无意识的状态中说出来，家长可以掌控情节走向，将梦中不利的情景改成有利的情景。这样玩几次，孩子的恐惧心理就会减弱很多。所谓的"游戏治疗"指的就是类似的活动。

　　家长还可以在发现孩子做噩梦时把她抱在怀里，轻轻地抚摸她的头发和后背，等她再次睡着后，将她放在床上。不必在发现她做噩梦时将她唤醒。因为孩子清醒后，还是会觉得家长无法走进梦里去帮助她、保护她，所以依然会感到恐惧。但在孩子朦朦胧胧的时候，家长对孩子的安抚会被孩子编织到梦中，成为那种情景下的安慰和帮助，梦的内容有可能转变，向着美梦发展，这样，令孩子恐惧的噩梦就会慢慢减少。

59. 孩子害怕上学怎么办?

☺　我的宝宝怎么了

　　我同事有一个 6 岁多的继子，他今年开始上小学，从 10 月中旬以来就变得怪怪的，害怕上学。他早上起床就哭，说不想上学，大人带他进了教室，他就往外跑，跑到教室门口哭。父母好说歹说，他才勉强进去了。老师也鼓励他，还说进了教室给他小红花，但是才好转了几天，他就又开始哭。后来，他连原来喜欢去的少年宫珠心算班也害怕去了。

　　这孩子特别没有自信，总说自己这也不会那也不会，经常早上起来不断地检查作业，生怕被老师批评，明明是会认的字，他也总觉得去了学校就会不认识。还有一次，他爷爷送他去学校，他还是那样哭，进了教室也哭，他爷爷就走了。过了一会儿，这孩子居然跑出教室，跑出校门，过马路时差一点被汽车撞到。他爷爷只好领他回家。

　　到现在，他已经有好几次没去上学了，家里人和老师都不知道该怎么办。我们也常帮这位同事想办法。这个孩子可能需要更多的爱，但目前这种情况让这位同事都要崩溃了。

☺　大李老师来帮忙

　　看案例中的情况，孩子已经得了轻微的"学校恐惧症"，出现这种情况一般是由于孩子在学习中遇到的困难没能获得及时和恰当的帮助。比如有的孩子是一个天生的完美主义者，别人写了两遍的字，他要擦擦写写十几遍才能满意。如果老师布置的作业是 10 个字，每个字写 2 遍，共写 20 个字，那么这样的孩子就得把 10 个字每个写 10 遍，别人写 20 个字，他就得写 100 个字。对一个刚上学的孩子来说，老师布置的作业本来就是满负荷的了，而这样枯燥的工作他还要比别人多做好多倍。所以，他们总是完不成作业，而有些老师对完不成作业的孩子的态度又过于严厉，再加上班里同学受老师影响，也会欺负和嘲笑这样的孩子，因此，孩子就有可能出现学校恐惧症。

孩子一旦患上恐惧症，就需要心理专家进行专业的治疗，家人不能胡乱地逼迫或随便用自己想出的办法去对待孩子，否则孩子的症状会持续加重，最后身体也会变得不健康，即便是想上学也去不了了。

从孩子的状态来看，他可能是在写作业等问题上受到过巨大刺激，经过探索，肯定能够找出原因。其实解铃还须系铃人，如果老师能够每天跟孩子一起坐一小会儿，在孩子耳边夸张地表扬他已经做好的一点点事情，并允许孩子在一段时间内不写作业，慢慢孩子可能就会好转。

案例中的孩子才 6 岁，遇到这种情况，家长可以在征得老师的同意后到学校陪孩子几天，也可以给孩子换一个学校，但不能让他休学在家，否则孩子就很难再进入集体。家里人可以提前教孩子一两课学校的课程，这样，孩子在听老师讲课时，会发现自己已经都会了，老师让回答的问题，他也都会。经过一段时间，孩子的情况就会好转。

同时，家长要多带孩子进行体育活动，如爬山、跑步、攀爬等，可以请其他孩子到自己家里来，并时不时地带孩子到别人家串门。慢慢地，孩子在精神上就会越来越有力量，能够承受住老师的批评，勇敢面对学习中遇到的困难，那时再送孩子到学校去，就比较安全了。

如果以上方法效果不佳，家长还是要找儿童心理专家，在专家的指导下对孩子进行心理干预。

第六章

如何应对孩子撒谎

撒谎，是孩子成长过程中的一个常见问题，也是一种正常而普遍的心理现象。父母常常觉得，撒谎是孩子的恶习。其实，孩子"撒谎"很少是出于恶意，他们可能是因为记忆的失真或错误的想象，才说出了与事实不相符的话。孩子的记忆力不如家长，容易张冠李戴。所以，父母千万不要轻易地将谎言与孩子的品质联系在一起，认为撒谎的孩子就是坏孩子。

　　在这一章里，我们将为大家解读孩子撒谎背后的真实动机，帮助家长更好地理解孩子的内心需求，反思自己的情绪，从而正确应对孩子撒谎的问题。

0—2 岁的孩子撒谎

很多时候，孩子会比家长遇到更多的困难，由于孩子的身体机能不成熟，他们往往不能达到家长的要求，而家长有时出于好意开玩笑，孩子又不理解。孩子是如何理解这个世界的，我们家长也很难设身处地地去了解，于是，家长和孩子之间就会产生很多误会。

孩子一定要按照大自然的规律去成长，如果家长连这个规律都不认可，要求孩子必须按照自己的理想行事，孩子出于无奈，就会想办法保护自己，这时，他们就可能采取撒谎的方式。一般来说，除了在想要探索他人心智时，孩子会有意识地撒谎，孩子在其他时期撒谎可能都不是发展阶段的自然现象，他们撒谎常常是由环境造成的。本节中，我们将一起来看一看 0—2 岁的孩子会不会撒谎，他们又是出于什么原因而撒谎，在孩子撒谎时，家长该如何应对。

60. 孩子怎么学会撒谎了？

☺ 我的宝宝怎么了

最近一段时间，我正在训练儿子撒尿前和大人说。一开始，他能听明白，也能照做，但因为年龄太小，有时候就忘记了。姥姥为了加深儿子的记忆，就对着他尿湿的地方问他："你看这是谁拉的尿尿？是你的吗？"几次以后，每当大人问儿子这是谁尿的，儿子都不说是自己尿的，而是赖别人。孩子这么小就学会撒谎了，怎样才能纠正他？

☺ 大李老师来帮忙

给孩子进行如厕训练是一个比较重要的事情，传统方法一般是从孩子出生起就"把孩子"，孩子被"把"成功了，家长就会特别有成就感。其实，对孩子来说，大小便并不仅仅是把身体里的废物排出去那么简单，这是一个相当重要的"发展项目"。实施这个项目要按一定的步骤，如果大小便训练不当，时间过早或要求过严，就会给孩子的心理带来不良影响。

在儿童期，如果孩子在不该出现撒谎行为的时期撒谎，那就说明孩子的成长环境有了问题，孩子撒谎是为了保护自己。在这种情况下，家长就得反思自己的哪些行为逼得孩子要用撒谎的方式进行自我保护。在本案例中，孩子才1岁半，他的括约肌还没有发育到能够控制大小便的程度。这时，家长通过语言给孩子进行排便训练，处于顺从期的孩子只能顺从，他无法告诉家长，以他现在的状态达不到家长的要求。当孩子没达到家长的要求时，家长给孩子指出来，孩子会意识到自己的失败，会觉得自己不是好孩子，无法取悦家长，从而产生自卑心理。或者，孩子会违背自然的规律，把精力和心智全部用在控制排便上，以达到家长的要求，以致将来在心理方面出现感受障碍。

案例中的孩子其实并不是在撒谎，他的行为是无法违抗自身自然发展规律的表现。另外，如果孩子发现自己做错事后会受伤或遭遇不愉快的事，他就会用撒谎的方式来保护自己。18个月的孩子做出这样的行为，一方面是因为孩子智商比较高，一方面是因为孩子生活的环境不理想（精神上难以感到愉悦），家长要好好学习一下，不要在孩子根据发展规律无法达到家长要求的事情上反复逼迫孩子。

在大小便的问题上，家长不必拔苗助长，没有一个健康的人在成年后还不能控制大小便，所以不必过早地对孩子进行大小便训练。

当孩子表现出某种家长不理解的状态时，不要先给孩子扣一顶帽子，家长应该抱着科学的态度去查阅相关资料，起码要搞清楚是自己错了还是孩子错了，否则，自己的错误认知会给发展中的孩子带来伤害。

任何一个养育者都必须先了解被养育者，才能对被养育者实施养育。所以，父母要先学习养育孩子的基本常识，这样才能决定按照什么样的方式去改造孩子，否则就最好顺其自然，不要对孩子进行太多的干涉。

61. 孩子喜欢通过撒谎来解决问题，怎么办？

☺ 我的宝宝怎么了

儿子 21 个月大，最近都不喜欢按时睡觉，有时候我们也不强求他，让他多玩一会儿再睡。昨天晚上都关灯了，我正在给他讲故事，他说要拉臭臭，我们就又开灯爬起来，我给他拿盆拉臭臭。

今天倒好，晚上也是关了灯，小家伙又叫"拉臭臭"。我又开灯，爬起来，给他拿盆，结果，他又说不拉了。好吧，我跟他确认，他说确实不拉了，我们就又关灯接着讲故事。没一会儿，小家伙又说要"拉臭臭"，就这样反复了三次。我知道了，原来小家伙是为了可以开灯不睡觉，才这么折腾妈妈，谎称要"拉臭臭"，我该怎么对付这样的儿子啊？

☺ 大李老师来帮忙

有时候，孩子的睡眠规律跟家长不一样，也许白天家长忙碌的时候，孩子已经把晚上该睡的觉睡完了，在家长规定好的睡眠时间里，孩子却没有睡意。黑夜里，周围的人都呼呼大睡，不到 2 岁的孩子独自醒着，这肯定是一件痛苦难熬的事情。如果孩子用正常的方式呼唤家长的帮助经常无法达到目的的话，就肯定会被迫去想其他的办法。比如案例中的孩子，他发现说"拉臭臭"可以延迟睡觉，于是就会重复使用这种方法。这是孩子探索着解决问题的过程，其结果是成功的，所以孩子所做的事情不是撒谎，而是寻找解决问题的模式。

人们都说母亲是伟大的，但伟大的含义不局限于十月怀胎和母乳喂养，也不局限于辛辛苦苦为孩子积攒了多少财富，它还包含为了帮助孩子的成长和发展，在疲惫不堪时忍受着烦恼，依然满腔热情、精神饱满地陪孩子玩耍；在困顿不堪的时候，依然可以爬起来，陪孩子度过漫长的黑夜而不抱怨孩子——在孩子不可爱的时候，依然能够爱孩子，这才是真正的伟大。可以看出，案例中的家长在这种情况下依然非常爱孩子，并不因孩子这样反复折腾而烦躁，只是由于不理解而担心孩子养成了不好的习惯。

一般遇到这种情况，孩子反复几次要起床"拉臭臭"，家长就应该能够理解到孩子不是要"拉臭臭"，而是不想睡觉。在理解了孩子的需求后，父母可以轮流陪孩子，一个先睡，一个陪孩子玩，然后再替换。第二天，家长可以了解一下孩子白天睡觉的时间，列一个调整计划，慢慢调整孩子的睡眠。

62. 孩子这样撒谎，该不该严肃对待?

☺　我的宝宝怎么了

我家二宝从半年前开始，想吃东西很少直接表达出来，而是通过说"我不想吃西红柿""妈妈想吃西红柿吗"之类的话来暗示她自己想吃。最近，她越来越多地以他人的名义要东西。比如昨天晚上，她想吃瓜子，可是自己剥太麻烦，就跑来找我说："姐姐想吃瓜子，你给她剥。"姐姐正在看电视，我问姐姐："是你说想吃瓜子吗？"姐姐说："我没说过。"回头再看二宝，她居然毫无愧色。我给她们剥瓜子，二宝一个劲儿往自己嘴里塞。我问："你不是说姐姐要吃吗？"二宝这才想起来，捏了一粒瓜子给姐姐。

我有两个疑问：第一，她这种公然骗人达到自己目的的行为，究竟该不该管？虽然我曾反复告诉她想吃什么就自己说，但好像没有什么作用，如果不管，会不会导致她以后撒谎成性？第二，知道她撒谎，去找当事人揭发她的骗人行为，这种处理方式妥不妥当？她好像没什么反应呢。

☺ 大李老师来帮忙

案例中，如果孩子完全相信父母是爱自己的，那么她就不会用这样的方式去达到自己的目的。如果孩子认为自己身处爱的环境中，她就不会注意爱的问题，而是会把所有的精力和注意力都放到对世界的探索上。如果周围的环境使她感到恐惧和害怕，而她又不能确定她所依附的对象能不计代价地去关怀她，那么她就会去取悦对方，并且被迫想出其他的办法来达到自己的目的。

2 岁的孩子还无法想出让家长欣赏的办法，她所想出来的办法往往是让家长厌恶的。家长的厌恶无论怎样隐藏都会被孩子感觉到，这样，孩子就会变得更加畏缩和爱玩心计。所以，一旦发现孩子在基本生活方面都要用玩心计的方式来达到目的，家长就要反思自己，看看自己是不是在任何时候都心甘情愿地给予孩子她需要的帮助。如果家庭成员经常朝孩子发泄负面情绪或是以负面的形式向孩子表达爱（如呵斥、逗弄等），又或者家长之间经常发生冲突，如吵架、打架、冷战等，孩子就会把原因归结到自己身上，从而变得畏畏缩缩，生怕自己的行为惹怒了家长。孩子已经被带到这个世界上来了，如果家长为了孩子能解决好自己的问题，就等于上天派孩子给这个家庭带来了幸福和谐的生活；如果家长不愿意为了孩子解决自己的问题，那么将来家庭的苦难就会因孩子没有养育好而加重。所以，一个家庭有了孩子后，所有的家庭成员都要努力地为了孩子解决家长间的问题。

案例中的孩子不是在撒谎，她做出这样的行为有可能是因为环境中存在不利因素，从而不得不用这种方式来达到自己的目的。也许孩子觉得妈妈更爱姐姐，也许自己的要求常常被拒绝，也许大孩子经常欺负小孩子，所以，我希望家长能够从自己的内心、家人之间的关系等方面去寻找一下原因，大家一起调整，环境改变了，可能孩子就不撒谎了。家长不必把小孩子自己创造的解决问题的办法当成品德问题来处理。

家长可以从下面三个方面反思一下，如果这三个方面的问题都能得到解决，孩子就不会用案例中的方式来解决自己的问题了：

第一，自己和孩子在一起时，内心是否总是平和而幸福的？自己是否总是怀着喜悦的心情欣赏自己的孩子？如果不是，那么在什么情况下不是，家长要找出原因，解决自己的问题。

第二，家长要好好地感受一下自己，看看自己的内心深处是不是被阳光照耀着，有哪一个角落是阳光照不进去的？那个地方是不是让自己痛苦的地方？这种隐藏的痛苦是什么（比如对第二个孩子无论如何都没有对第一个孩子那么亲）？然后，家长要去解决这个问题。

第三，家庭成员的关系是不是非常和谐？如果不和谐，是什么原因造成的？无论解决这些家庭矛盾有多么困难，都一定要集合各方的力量来一起消除造成不和谐的因素。在这个世界上，一切问题都是可以解决的，解决之后，大家都会很好。

2—4 岁的孩子撒谎

孩子似乎在任何一个年龄段都会撒谎，这其实是孩子智慧的表现。所有人在面对别人的声讨和质问时都会感觉不舒服，而孩子天生就会使自己快活，他们绝不会让自己留在痛苦之中。然而，他们的智慧和经验有限，所以经常会用自己的方法跟家长斗智斗勇。其实在这样的过程中，孩子的智力也会发育。但如果发现孩子使用不好的方式去解决问题，我们就要反省自己在对待孩子的需求和发展方面的做法是否有问题，还要看看孩子是否成熟到足以理解被我们认定为撒谎的那些行为。接下来，我们看一看孩子在 2—4 岁这一年龄段出现的撒谎情景是怎样的，我们该如何应对。

63. 孩子如此"撒谎"，家长要揭穿吗？

☺ 我的宝宝怎么了

2 岁的女儿很喜欢看动画片《黑猫警长》，每天都要看。我规定她每天只能看一次，除了吃饭和睡觉的时候外，什么时候看都可以。

有时候，女儿要求看动画片，我知道她已经看过了，就会说："你今天看过了，不能再看，要看得等明天。"她会跟我磨一会儿，看我不松口，也就玩别的去了。

前天，我下班回到家，女儿又要求看动画片，我问她："你今天没有看吗？"她回答："今天还没有看。"

以前，我一般会找她姥姥确认一下，但当时姥姥在别的房间，我又想听女儿亲口告诉我，就问："是真的没看吧？"

女儿点点头："没看。"我说："那你就看吧。"她很高兴。后来，姥姥过来了，想告诉我女儿今天看过了。我连忙示意她不要说。

昨天，同样的场景继续上演。姥姥告诉我，女儿出去玩之前要看，回家后又要看。姥姥说："刚刚你出去玩之前看过了。"女儿却大声反驳道："那是给明天看的，今天还没有看！"姥姥哭笑不得。

我不知道女儿这样算不算撒谎，我这样做是不是反而巩固了她撒谎的习惯？但我又不愿意看到女儿在谎话被拆穿时的样子，她只是非常想看《黑猫警长》而已。如何告诉孩子说假话是不对的？有没有好的处理办法呢？

☺ **大李老师来帮忙**

上天赋予孩子的天性，就是为达到自己的目的而不遗余力，只有这样，孩子才能确保自己能够按照应有的发展轨迹去发展。如果在发展过程中，孩子被不良事物刺激，那他就会执着于不良的事物。这时，就需要进行正确的帮助，将孩子的兴趣引导到对孩子发展有利的事物上。

　　根据案例中描述的情况来看，孩子已经爱上了看动画片。孩子内在的强大力量使得她会不遗余力地追求自己喜欢的东西，就连成年人在迷恋电视剧时都很难控制自己不追看，更何况是孩子。所以，案例中的孩子并没有撒谎，而是对时间和妈妈问的问题不理解，2岁的孩子大脑还没有计算能力，无法辨别"刚才""昨天""明天""已经看过了""没有看过"之间的关系。

　　案例中的妈妈做得非常好，在不知道该如何处理这种情况时，她先选择了保护女儿，然后准备经过多方求证，知道正确的解决方法后再去面对孩子。这样的谨慎态度是非常可取的。

　　家长直接阻止会强化孩子对一项事物的需求。为了达到目的，孩子会不断地探索新的方法。在这个案例中，否认已经看过动画片是孩子最容易想到的办法，但这也不能算是撒谎。在这种情况下，家长没有直接把撒谎的罪名安在孩子头上是对的。但是，用"看过了"来制止孩子显然是不恰当的，最好的办法是给孩子培养别的兴趣，使孩子不再将注意力集中在看动画片上。如果孩子否认自己已经看过动画片了，还要再看一遍，家长就应该直接引导孩子去做别的事情。如果孩子反复纠缠，并反复否认，家长可以不多说话，平静地看着孩子哭闹，等孩子哭闹完后，安抚好孩子，然后建议孩子去做别的事情。最不可取的方法是告诉孩子"你刚才看过了，姥姥知道你看过了，不可以说谎"，这样，孩子为了达到目的，会不停地与家长抗争，继续抵赖，进而将所谓的"撒谎"固定成自己解决问题的方式。到那时，孩子就真的是在撒谎了。

案例中的家长要先跟姥姥定好规矩，比如每天孩子看动画片的时间要定在妈妈回来之后，看过了就在电视机旁边放个东西表明看过了。家长要坚守规则，不要随便破坏规则，如果规则被破坏了，就说明家长没有严格遵守，这时全家需要开个会，重新规定第二天孩子看动画片的时间。

如果家长指责孩子撒谎，孩子就会注意到撒谎这件事，继续探索撒谎的技巧；如果家长指责孩子抵赖，孩子就会更容易抵赖，从而养成抵赖的习惯。如果家长引导孩子发展新的兴趣，孩子就会忘记这一切，不再需要通过撒谎和抵赖达到自己的目的。

64. 孩子是故意撒谎，还是分不清想象和现实？

☺ 我的宝宝怎么了

小侄女一直是由姥姥带，我最近发现她有时候喜欢撒谎。有一次，她自己玩的时候不小心把脸摔破了，别人问她，她说是朵朵推她的，问她是在哪里摔的，问了很多次，她说的地点、内容都相同，说得和真事一样。

还有一次，她把东西弄坏了，就说是姥爷弄坏的，大人问了好几次她都这么说，而且把时间、地点和情形说得和真的一样。可当姥爷在身边时，她就不回答，这说明她也知道自己说的不是真的。为什么会这样呢？我和孩子的父母说，她不是撒谎，只是想象。可我也困惑，她当着姥爷的面不回答，说明她也知道这样是不好的啊！

☺　大李老师来帮忙

看案例中的情况，孩子知道自己说的不是真的，但孩子会按照自己的经验为想象中的事物填充细节，使它变得很真实。心理学家专门做了这方面的实验，发现儿童很容易受语言的暗示，把虚构的故事当成真实发生的，并利用想象，按照自己的心理需求，将这件事编得圆满。这是人类的基本能力，孩子会不加区分地使用这种能力，尤其是在童年早期，孩子还没有建构起相关道德判断力的时候。所以，孩子无法正确地运用自己的想象力是正常现象，我们不能将其称为撒谎。随着年龄的增长，孩子会根据人群的不同反应，逐渐了解将自己的哪些能力用在哪些方面是恰当的，将哪些能力用在哪些方面是不恰当的。当然，培养这种认识也需要家长的正确帮助。帮助得当，这种能力就会被保留下来并且得到良好的发展；帮助不当，能力就会消失，或者以一种更加隐秘的方式被用在不恰当的场合。

案例中家长的处理方法是可取的。孩子在 3 岁之前靠想象完善"故事情节"，家长可以不用在意。到了孩子 3 岁以后，家长就可以想办法使孩子无法达成撒谎的目的，进而帮助孩子不再撒谎。孩子 4 岁以后，家长就可以正面教育，但也不能直接指责孩子是在撒谎，或对孩子说"撒谎不是好孩子"，可以跟孩子一起去查证事情的真实情况，纠正撒谎带来的后果，或者平静地告诉孩子自己看到的情况是什么样子的，就像描述自己的发现一样，而不要将事实与孩子所说的话进行比较。在做这些事的时候，家长不要带有情绪，更不要鄙视孩子。如果生活环境不是很恶劣，孩子到了一定时候，自然就不撒谎了。

65. 孩子撒谎，家长应该如何引导？

☺　我的宝宝怎么了

我儿子快 4 岁了，他以前有没有撒谎我不清楚，但最近他被我逮着好几回。

一次是在前天。我去幼儿园等着接儿子，他胃口一直不是很好，我就随便问了问老师他吃饭怎样，老师说他喜欢吃的东西就没问题，不喜欢吃的就要喂，今天就给他喂饭了。一会儿，儿子放学了，我在车上问他："今天吃饭怎么样啊？"他气定神闲地说："今天我全都吃完了。"以前我问他同样的问题，他会直接告诉我："老师喂了一点点。"每次老师喂过他，我都会告诉他："明天我们自己全吃完，不要老师喂，好吗？"他每次都答应了。

还有一次是昨天早上起床，我发现他又尿床了。于是我说："看你，又尿床了。"我没有批评他，他当时也没说什么。

后来准备上学的时候，我告诉姥姥："宝宝昨晚尿床了，我没时间换床单，让我爸换一下。"孩子在旁边纠正说："不是尿，是洒的水。"我和姥姥都觉得好笑。

晚上，我把这件事情告诉他爸爸，结果他又在旁边补充了一句："洒水车洒的。"今天早上，儿子起床告诉我："有尿骚味，姥爷换床单没换到那头。"我问："你闻到尿味了？"他说是。以前，他尿床我从没批评过他，也没有不好的脸色。我想不通他为什么撒谎，是好玩吗？我该如何引导他不要撒谎呢？

☺　大李老师来帮忙

孩子快 4 岁了，开始明确地需要偶像，开始对自我有所想象，并且会以自己崇拜的某个英雄来自居。我们会发现，这个年龄段的孩子会描述自己成功完成某件事情的过程，其实这件事他们根本做不到，他们会把想象中的英雄的样子投射到自己身上。比如，在案例中的第一件事里，妈妈太重视孩子是否被老师喂饭了，尽管妈妈没有批评孩子，但孩子能够感觉到。孩子平时吃饭似乎是比较困难的，他也许有厌食倾向，在吃某些饭菜时，他实在是吃不下去，被别人逼着才能吃几口，而这一行为又不被母亲欣赏。在孩子的心目中，主动吃完饭的自己就成了理想的自我形象，当孩子无法在现实中实现这一理想时，他就会在想象中实现它。

于是，孩子在给家长描述时，将那个想象中的完美形象描述了出来，以博得母亲的欣赏。这时，母亲不能不解风情，扫孩子的兴，反而应该真诚地祝贺孩子，相信孩子描述的情形是孩子想要实现的，这样孩子自然会朝着这个方向努力。如果母亲不相信孩子，不顾孩子的这一精神需求，无情地摧毁孩子的这种努力满足精神需求的愿望，孩子就会觉得自己是一个窝囊的人、不被信任的人，从而放弃努力。

所以，案例中的孩子其实不是有意撒谎，而是在表达一种愿望，在家长的认可之下，孩子会偷偷地朝着目标提升自己，期望有一天真的实现愿望。父母一定要理解孩子，给孩子这种想象的自由，不要按孩子撒谎处理问题。案例中的第二件事与第一件事是一样的，母亲对孩子尿床的事非常在意，虽然没有直接批评，但使孩子非常窘迫。我们注意到，母亲说"看你，又尿床了"这句话时的态度和观点是很明显的。没有哪个孩子会故意尿床，孩子明确地感受到母亲的态度后，又无法控制自己。更糟糕的是，母亲竟然当着孩子的面对其他人说孩子尿床了。在这样非常窘迫的情况下，一个不到4岁的孩子会怎么办呢？他不知道如何阻止母亲，羞愧难当之下，撒谎是最好的办法。

4岁的孩子已经懂得尿床是一件难为情的事，再加上家长的态度，孩子更加抬不起头来。在这种情况下，这个孩子勇敢地支撑着自己的精神，不让自己垮下去。孩子想出的办法是试探着强行掩盖事实。这时，母亲应该坚决地站在孩子这一边，和孩子一起将自卑感打倒，然后真诚地帮助孩子解决尿床的问题，让孩子不再为尿床感到羞愧。在这一点上，不光是对孩子，在任何人为减轻自己的羞愧感而奋斗时，我们都应该帮助他保住面子和尊严，而不是揭他的伤疤，使他更加无地自容。作为人，我们对同类应该具有人文关怀精神，对自己的孩子更应如此。案例中的孩子孤军奋战，非常无助，而且他并不是故意尿床的，这让孩子显得更加可怜。

　　父母不要只看事件的表面，还要看到事件背后孩子的心理状态，而孩子的心理更需要得到精心的保护。如果孩子感觉到无助和羞愧，家长就要给孩子信心，要正面和孩子商量怎样解决这个问题。像处理案例中孩子尿床的问题，家长就可以告诉孩子："妈妈知道你不是故意的，我们可以小心一点，慢慢就不尿了。其实，妈妈 7 岁时还尿过一次床呢。"然后，父母可以和孩子商量，看看是下次在床上铺一块不透水的布，还是让妈妈夜里喊孩子起来尿尿；也可以找医生看看孩子尿床是不是有什么问题，如果没有问题，妈妈就可以放心了。这样孩子就会觉得，尿床像其他平常的事情一样，只是一个需要解决的问题，与别的问题没有高下之分。不要像案例中的妈妈那样，先是对孩子说"你又尿床了"（这本来就是指责），再当着孩子的面向其他人揭穿孩子的"谎言"。家长心满意足地扮演了警察角色，却将孩子晾在众人面前，独自承受羞辱。

4—5 岁的孩子撒谎

孩子到了 4 岁后会突然发现，自己知道的事情如果自己不说，或者不被别人看到，别人就不会知道，这有可能使孩子特别感兴趣。于是，孩子就开始试验自己说的话别人信不信，自己偷偷拿走别人的东西会不会有人知道。当他们骗别人并取得成功后，他们会特别愉悦，这种愉悦感与完成一件工作时的愉悦感一样。

撒谎和不诚实是不好的，但如果一个人不知道自己在多大范围内具有独立的心理空间，不知道有些事是别人不知道的，不会把自己外显的行为和内在的心理分开，那么这个人该如何在人群中生活呢？所以，孩子到了 4 岁，会进入一个探索别人心智的时期，而探索方式大多是撒谎、偷拿别人的东西等等。我们要允许孩子探索一段时间，然后再想办法解决这些问题。

66. 孩子从幼儿园偷偷往家拿东西，还撒谎，怎么办？

☺　我的宝宝怎么了

我的女儿 4 岁了，昨天放学回来后，她从自己的袜子里拿出来一个小发卡。我问她是从哪儿来的，她说是老师给的。我知道肯定不是老师给的，如果是的话，她会特别高兴地夹到头上的。当时，我没有训她。后来，她又说："我逗你玩儿呢，是果果的，我从地上捡的，她看见了，说可以给我。"我也不知道是不是真的，反正当晚女儿不敢戴着发卡找果果玩了。

我担心，如果不加以引导，女儿会养成撒谎和偷拿别人东西的坏习惯，但我又不知该如何引导才能真正帮助女儿。

☺　大李老师来帮忙

4 岁左右的孩子出现这种状况是正常现象。当孩子的心智发展到一定阶段时，他会发现自己想的事别人并不知道，而自己知道的事情，也可以通过运用智慧不让别人知道。这一发现使孩子特别兴奋和痴迷，于是他就开始在这一问题上试验自己的能力。这类事情很容易也很快会让孩子产生自我效能认知，即自己将事情做成什么样，对方就会察觉不到。于是，孩子就开始探索自己的想法和行为与别人对事情的了解程度之间的关系。这种探索是通过以下两个途径实现的：

一个探索途径是撒谎，孩子会讲一些事情来试探别人是否相信。如果别人相信，孩子就会获得极大的愉悦感，这种成功不需要付出艰辛的劳动，而编造情节的想象过程也能使孩子获得精神满足。于是，当孩子的心智发展到一定阶段，就会出现一个撒谎期，一般这个时期出现在 4—5 岁，此时孩子撒谎是有意撒谎，其目的就是探索别人的心智，这也是自我效能认知的一条通道。

另一个探索途径是偷拿别人的东西。3 岁以前，孩子以为自己知道的事情别人也知道，所以当他背着别人做一件事情时，他其实认为所有人都知道这件事。当他的心智发展到一定程度，发现自己在做某些事情时，只要使用技巧，想办法不让别人发现，别人就不会知道，他就会因此体会到成功的喜悦，他会像发现新大陆一样，为发现了自己的另一项能力而兴奋。由于痴迷于享受这项能力带来的成功的喜悦，他会持续地试验。偷拿别人的东西能非常快速地实现孩子的这一愿望，所以，孩子到 4 岁左右，除了撒谎，还可能偷拿别人东西。当孩子出现这种情况时，如果我们将其理解为探索行为，就应该给孩子一点获得成功的机会，让孩子发现自己的能力，然后为孩子建构价值观和道德观。所以，在孩子刚开始做出这样的行为时，家长最好不动声色，不要进行直接的道德教育。如果孩子偷拿别人的东西是显而易见的，那家长就只需和孩子一起把东西还给别人，不要做太多的评价。

家长需要注意的是，千万不要以为孩子做出了这种行为就是道德品质出了问题，以为必须得在问题出现的早期严加管教，才能制止这种不良行为，其实这么做大多会适得其反。此时，孩子撒谎和探索是出于发展的本能，而本能的力量是巨大的，如果家长用严厉的态度强行阻止这种行为，撒谎和偷拿别人的东西就会成为一种强烈的心理需求，孩子会被迫采取更加隐秘的手段，成功后也会感觉更加刺激。有一些孩子单纯为了追求这种刺激而养成习惯，这就等于家长用不当的管教方式强化了孩子对偷拿别人的东西的爱好。

如果家里没有不佳环境，比如家长对孩子管教过严，或在管教孩子时情绪不佳，那么当孩子在 4 岁后做出撒谎或偷拿别人的东西行为时，家长如果判断出孩子不是为了保护自己的利益而为之，就应该给孩子大约两个月去探索。在孩子撒谎时，只要没有漏洞，家长就可以假装没有发现，认可孩子的行为。大约两个月之后，在孩子某次撒谎出现破绽之后，家长要抓住那个破绽并平静地询问孩子，让孩子发现那件事情的真实情况与他说的不一样。如果孩子是故意撒谎，那么在他承认后，家长要告诉孩子这是撒谎，我们不可以用撒谎的方式哄别人，以后不要再做这样的事了。孩子一般不会立刻停止撒谎，所以家长要在此后随时注意孩子的行为，如果孩子撒谎，一定要让孩子明白撒谎是不能成功的，慢慢地，孩子也就不撒谎了。在跟孩子斗智时，家长一定不要情绪激动。

发现孩子偷拿别人的东西时，家长也要不动声色，可以问孩子："这个东西是你捡的吗？"如果孩子说"是"，家长就不要做其他表示。只要家长平常没让孩子感觉到恐惧，孩子就憋不了多久，他一定会自己说出实情。前两次，家长要博得孩子的信任，当孩子说出真相时，家长不要大发脾气，或逼着孩子把东西送回去，否则，孩子就不敢再相信家长了。

其实，孩子偷拿小物品并不带有恶意侵占别人财产的目的，家长只要态度平和，孩子就不会获得恶作剧刺激。几次之后，家长可以跟孩子好好谈一次，告诉孩子不可以不经别人同意就随便拿走别人的东西，捡了别人的东西要归还。家长只要告诉孩子应该怎样做就可以了，不要指责孩子以前做得如何不对，也不要用"偷盗"这个词，不要让孩子把自己的发展行为与这个词匹配起来。跟孩子谈完之后，家长可以态度非常平和、不带任何情绪地领着孩子把以前从别人那里拿来的东西一一还回去，然后拥抱孩子，并对他归还物品这一行为表示欣赏。从这次之后，孩子拿一次，就要让他归还一次。这样，孩子只体验了成功却没有获利，将来就不会用这样的方式去获利。如果家长有几次没有发现，孩子也做得更加隐秘，家长也不必惊慌失措，在这个时期要尽量满足孩子的期望，孩子偷拿了什么，就与孩子一起想办法通过正当渠道获得什么，让孩子知道通过正当途径也可以获得自己需要的东西。这样一来，慢慢地，孩子对偷东西也就不感兴趣了。

67. 孩子为什么被批评后会撒谎呢？

☺ 我的宝宝怎么了

昨晚，女儿拿小塑料管划墙壁。我说："不可以划墙壁。"

她说："我没划。"

我说："我看到你划了。"

她继续说："我真的没划。"

我怒火顿生，走到她跟前，用力把她拉到墙边，指着划痕说："这是谁划的？"

"这不是我划的。"她居然死不认账。

我大声喊："是你划的，我亲眼看见你划的。"

我起初只是想提醒她不可以这样，并没有责罚她的念头，但她死不承认的态度激怒了我。

早上，我和她爸爸交流，他也发现她最近频频如此。这是为什么呢？

☺　大李老师来帮忙

保护自己不受伤害是人类的本能，所有自我保护机制完善的孩子都会在察觉到危险时进行自我保护。案例中的孩子就是这样，她从妈妈的态度中判断出妈妈对自己刚才的行为很生气，生存的本能使孩子必须取悦养育者，而发展的本能又使孩子一定会去做自己想做的事。当养育者的需求和孩子的发展需求出现冲突时，孩子往往会用撒谎的方式保护自己。

问题是，妈妈为什么要对孩子的这种小小的自我保护行为感到如此愤怒？真的要把孩子当成罪犯而自己扮演警察吗？如果想要孩子诚实，家长就要对孩子的"不诚实"宽容一些，对孩子的诚实大加赞赏，这样，孩子慢慢就会诚实起来。如果我们表现得很恼怒，那孩子就有可能把智慧都用在让自己更加"不诚实"上。

所以，每当遇到这种情况，家长都要想一想怎样做才不会让孩子为探索付出太大的代价。案例中的妈妈完全可以说："我发现你喜欢在墙上画画，来，我们找一个能画的地方，好好去画一张你想画的画。"这样，妈妈就能避免与孩子的冲突，也能让孩子知道什么地方是可以画的，什么地方是不可以画的。而案例中的妈妈使用的方法把孩子逼到了敌对面，妈妈成了警察，孩子则成了被追捕的对象，那孩子当然要想尽办法逃跑了。这种撒谎是孩子情急之下的无奈之举，孩子是被迫的，她不知道自己承认的后果是什么，所以才会撒谎。

父母是孩子在世界上最爱的人。在任何时候，父母都不要把孩子逼到与自己对立的位置上，一定要坚定地站在孩子这一边，去面对孩子所遇到的问题，跟孩子一起解决。

5—6 岁的孩子撒谎

4 岁半到 5 岁是孩子探索他人心智的时期，在这一时期，孩子比较容易做出撒谎和拿别人东西的行为，这也为家长提供了更多的帮助孩子建构诚实品质的机会，因为只有当孩子出现这些问题时，我们才有机会让孩子认识到哪些事情可以做，哪些事情不能做。如果孩子能够很好地度过这一时期，到了 5 岁之后，他就不会再集中地撒谎了。不过，通过前一时期的探索，孩子已经学会了用恰当的谎言来保护自己。没有人能够做到一生中每时每刻都诚实，况且孩子又不是圣人，让他们在会给别人带来伤害和损失的事情上做到诚实就已经不错了。

68. 孩子为什么偷偷抄答案？

☺ 我的宝宝怎么了

我不应该用"撒谎"这个字眼，但是如果不这样，我又不知道该如何定义女儿的行为，思考了半天，还是就叫这种行为"撒谎"吧！

事例一：亮光笔

女儿今年夏天就要上小学了。最近，孩子班上时兴用一种亮光笔画画，女儿念叨好几天了。我给她买了笔，她很兴奋，还说其他小朋友只有12色，她的是16色的。不过，我发现这种亮光笔油墨味太浓，而且生产厂家不明，就告诉女儿，只能用这种笔点缀画面，不可以整幅画都用它来涂，会对身体不好。

第二天早上，因为匆忙，女儿只带了亮光笔、没带彩笔就出门了。我们说好在幼儿园画画时跟小朋友换着用，可是晚上，我发现她图画本里的画都是用亮光笔画的。我问她，她说是小朋友都不借给她彩笔。我还发现，她用亮光笔给自己涂了指甲。

我当时就直接问："不是小朋友不借给你，是你要用它画画吧？"不过，女儿否认了："就是他们不借给我。"她看着还有些委屈的样子。我对此没有深究。当时看她正在抠鼻子，我就说："你要想涂指甲，妈妈可以给你用真正的指甲油，你用这个笔涂，再抠鼻子，亮粉都弄到鼻子里去了。"女儿有点不好意思，不过也没要求我真的给她涂指甲油。

对于这件事，我可以理解她，觉得也没什么大不了的，所以就到此为止了。不过接下来的事是我始料未及的，它让我开始重新审视孩子，不得不来求助。

事例二：数学题与答案

前天，也就是亮光笔事件的两天后，女儿主动说要做练习，并且事先说明："我要是错了一两道题，你也得给我100

分。"我笑着说："100分的意思是全对，错一两道题只能得95分吧，不过也没关系。"然后，我去拿我们平时在家用的数学练习册，不过她不要我挑的那本，自己选了一本（后来看，这是有预谋的了）。这本练习册前面基本做完了，后面的有点难，这也是我没选这本的原因。不过，按照她的能力，仔细思考应该也做得出。一共有10道题，女儿大概用了一分多钟就交了卷。我对她的速度感到诧异，但当时我和她爸爸正在看电视，也就没细想。不过我一看，她做的10道题错了一大半（想来这个时候女儿是失望的）。我和她讲了讲，女儿又拿回去重新做，还哭了。几分钟后，她回来了，这次只错了一道题。我突然发现了端倪——原来答案就写在题目的下面，不过要把书倒过来看。很显然，第一回她抄了答案，但她没有把书倒过来看，所以答案的顺序全都错了。为了验证，我看了看她已经擦去的铅笔印，看来确实是这样。

我当时除了感觉好笑，就是突然觉得孩子在不经意间长大了。我不能理解为什么孩子要以这种方式来证明自己的能力，是我给她太大压力了吗？

接下来，我问她："你是不是看答案了？"

"没有。"

"真的没有吗？"

"可能看了一两道吧。"

"你跟妈妈说实话，妈妈不说你，可是你要撒谎，妈妈就要批评你了。"

最后，女儿终于不好意思地承认自己是抄答案了。我就啰啰唆唆地讲了"南郭先生""狼来了"的故事，意在告诉她，作弊撒谎最后骗的是自己。在整个过程中，我不是很严肃，老有想笑的感觉。

我一直对女儿的自控能力引以为傲。她看电视到时间就自己关掉。以前因为经常和我们一起吃薯片，她被查出铅超标，后来我们再吃薯片，她最多只吃一片，姥姥给她，她也会拒绝。因此，我虽然知道那本书有答案，但也没做任何遮挡措施。

这次的事情真是大大出乎我的意料。我平时完全没有这方面的知识储备和心理准备，当时真的不知如何应对，后来她爸爸说我的态度太不严厉。当天晚上，女儿又有别的事情没有做好，我就重提了一下这件事，态度很严肃认真，但她一副无所谓的样子，而且在我教育完了还板着脸的时候，她还故意做一些可笑的动作来打破尴尬的气氛。之前，我因为着急说话的声音大了，都会弄得她哭哭啼啼，这次我这样板着脸说她，她居然没哭。

昨天，我们去奶奶家吃晚饭。我试探地说："这小丫头现在可鬼了。"其实我也没想揭穿她，我就是想知道这事在她心里的分量，可她马上就制止了我："不许说。"后来，我悄悄问她："你知道妈妈要说你什么事吗？"她不好意思地说是抄答案。

我一直对她采取不设防的态度，她自己也控制得很好，可如果她发现突破界限之后真的可以尝到甜头，那就麻烦了。我还不想在心理上对她设防，但是太信任也出现问题了。亮光笔的事还好理解，可是数学题的事我实在不明白：她并不缺少这方面的自信和鼓励啊。我也从来不看重 100 分，不过老师给满分时，我也是会表扬她的。

我后来想了想，孩子有些投机取巧，谎言没被我识破的话，她倒是可以快速地得到她想要的。谎言的恶果短时间内无法显现，我也没法让孩子理解，所以说谎带来的利益对孩子还是有很大诱惑的。关键是，批评会不会强化这种行为，让谎言隐蔽得更深？淡化问题就完全可以让问题自然解决吗？我心里也没底。

☺ 大李老师来帮忙

在这个世界上，哪件物品对人是重要的，哪件物品对人是不重要的，哪些事情是人们所向往的，哪些事情不是人们所向往的，本来就没有一个统一的标准。后来，一些事物被普遍置于高一些的层级，一些事物被普遍置于低一些的层级，这都是出于人类的某种需求。

在案例中，老师和家长将做对了多少道数学题、得了多少分这件事置于至高无上的位置。为了生存，孩子必须获得权威人士的赏识，要获得赏识，就必须去做权威人士重视的事情。所以，孩子准确地选择了那件权威人士都重视的事情，也就是多做难题、多得高分。如果孩子不是一个数学天才，那她 5 岁的时候就还不能思考那么抽象和复杂的数学题，这样，孩子就需要去背，而重复记忆是不能够愉悦精神的，这也是大多数人不喜欢做重复性的工作、不喜欢背东西的原因。这样，孩子的生活中就出现了严重的冲突，父母等家庭成员都没有办法帮助孩子解决这个冲突。面对困难，孩子只能用案例中的方式去解决。对于一个不到 10 岁的孩子，家长不能期望他们的道德标准高到能够自我控制，因为自我控制需要成熟的意志力。

面对灵魂感受的痛苦（枯燥的学习），孩子怎样才能既达到权威人士的要求，又不让自己痛苦呢？孩子手里的学习课本和教学材料为她铺设了解决的道路，也就是提供答案。对于一个意志力还没有发展起来的孩子来说，不让看答案就像把一个快要饿晕的人单独关在一间屋子里，又摆上香喷喷的饭菜不让她吃一样。我们可以把这种行为叫作精神折磨，这是不人道的。父母千万不要用这样的方式考验孩子的自控能力和道德品质，因为考验的结果只会让孩子认为自己是一个不高尚的人，并且发现做不高尚的人很轻松。这就是为什么案例中的孩子撒谎被妈妈发现后会那样坦荡的原因。

在这个案例里，我们不能怪孩子撒谎，也不能说妈妈做错了什么，孩子撒谎只是因为家长和孩子互相了解得还不够深入。我们当然不能期望一个 5 岁多的孩子去深刻地理解家长的意图，但家长有能力将事情做得更好一些。妈妈完全可以给孩子出一份或找一份更适合孩子的试卷做，让她达成自己的愿望，让她相信自己的能力，让她发现不必照抄答案也能把题做对，最后让孩子为自己获得的成果自豪，为自己的能力自豪，这对一个正在成长和发展的孩子是非常重要的，这甚至对人的一生都极其重要。如果家长是像案例中那样，已经发现孩子被逼着抄了答案，那么就要欣赏孩子的这一行为，可以说："啊，我发现你找到答案的位置了，这样你就知道这道题的答案了。我们再来自己算一算，看看是否和书上的答案一样。"这样，孩子既没有因家长的鄙视而受到伤害，又学会了实证的方法。可能很多人会担心这样的鼓励方式会使孩子以后做题都抄答案，但其实只要家长在夸赞孩子的同时帮助孩子发现自己有能力找到解决问题的方法，孩子就会把更多的兴趣放在解决问题上，而不是投机取巧上。所以，在孩子玩小诡计时，家长一定要扮演一个单纯善良的"傻子"，向好的方面去"误解"孩子，而不要扮演一个警察，去侦破孩子的行径，把孩子逼成一个高级的"罪犯"。

孩子有时候会做出令家长感到惊恐的行为，其实孩子自己并不知道它的性质好坏，为这种行为定性的一定是评价它的人。如果定性是好的，孩子就会朝着好的方向发展；如果定性是坏的，孩子就会朝着坏的方向发展。定性的方式并不只有语言，家长的态度也完全能够起到作用。

事情虽然是孩子做出来的，但方向是家长把握的。其实深究一下，我们会发现，孩子撒谎一定是因为他遇到了自己无法解决的困难。所以，家长只制止孩子撒谎是不明智的，帮助孩子解决他面临的困难才是明智的。

69. 孩子总是说谎，怎么办?

☺ 我的宝宝怎么了

孩子刚刚能自己独睡。一天，他求我陪他睡，因为本来说好了今天他自己睡，我就没答应。一会儿，他躺在床上大哭。他跟我说，他的好朋友说了一些话，不和他玩，也让别的小朋友都不和他玩，还要拔掉我们家的电话线，让所有的小朋友都不能给他打电话；还有其他很可怕的事情。我问他："今天某某不是和你玩了吗?"一开始，我只是觉得那个小孩说话狠，感觉儿子受了委屈，就陪他一起睡了，后来我才发现，这件事是儿子编的，我感到好恐怖! 孩子的心理有些"阴暗"! 我狠狠地打了他，把他关在小屋里半个小时，希望他能记住。他说自己改，以后不编了。

又有一天，老师让大班的小朋友带书包上幼儿园，他告诉我，老师说他的书包太小了，让换一个大的。我深信不疑，就给他买了。后来，我无意中知道老师根本没这么说。我回来问他，并答应只要他说实话就不惩罚他，他才说要是直接说自己想要一个大书包，我肯定不同意，所以就这么说了。我告诉他以后不许再说谎了，他说下次一定改。我没收了大书包，希望他真的不再编了，并警告他下次再犯一定重重地打他。

前几天，儿子的小伙伴向我告状，说他跟他们说我们家有一些奥特曼的影碟，还有一些玩具，然而我们家并没有。我告诉儿子以后不要这样，这是说谎，他也答应以后不说了。我觉得我应该相信他。

前两天，他一直让我带他去种子市场，说要去买黄瓜种子带到幼儿园。我说不知道种子市场在哪里，也没当回事儿。今天，我送他去幼儿园，老师告诉我，儿子说我们家里有黄瓜种子，老师就让他带到幼儿园来种，今天问他说忘了，明天问他还说忘了。我告诉老师，我家根本没有黄瓜种子。儿子当时也在场，抱住我的腿喊"妈妈"，可能是害怕了吧！

我现在很伤心，也很着急，他为什么总是说谎呢？我现在想到的方法就是回来狠狠地打他一顿，一定让他疼得记住，除此之外，没有别的办法了！

这么大的孩子说谎，是不是很可怕？现在，我有一种很强的挫败感，不知该怎么办！请李老师给我出出主意吧！

☺　大李老师来帮忙

这个案例帮助我们证实了前文提到的关于家长处理孩子撒谎问题的观点，即家长如果不帮助孩子解决逼他撒谎的那个困难，只是用严厉的态度来逼孩子不再撒谎，那孩子就会被迫成为撒谎专家。孩子其实真的不明白自己为什么要撒谎，而家长也不明白孩子为什么要撒谎，不过，相信会解读孩子谎言的家长都能理解案例中孩子撒谎的原因。

第一次，孩子撒谎是想要妈妈陪他睡，但一个孩子面对自己心爱的妈妈，为什么不能直接提出自己的需求，而要编那么圆满的谎言来达到自己的目的呢？如果孩子的每一个要求都能得到妈妈的满足和理解，那孩子为什么要通过装可怜的方式去得到妈妈的帮助？孩子这样做，说明他已经在这方面获得了经验，他反复撒谎，只是在重复使用经验而已。

第二次，孩子想要一个大书包，他自己又没有钱，他要仰仗妈妈来达到自己的目的，而妈妈是这个世界上最爱他的人，他为什么不相信妈妈会给他买书包呢？孩子自己说了，如果他提出正当的要求，妈妈是不会给他买的，所以他才用自己的智慧达到目的。

两件事发生后，妈妈只是对这种"不道德"的行为感到惊恐，只是"堵"而不懂得"疏"，"堵"的结果是孩子的谎言一次比一次精妙，孩子在撒谎时一次比一次熟练。好在案例中的孩子撒谎还有一定的目的，而且这些目的都是正当的。一旦孩子出现了没有什么目的也撒谎的情况，就说明他已经进入了一种习惯性撒谎的状态。家长需要明白，不是只盯着孩子哪个地方出了毛病就算尽到了家长的责任，要能够深刻地理解人类的本性和灵魂的需求，要用帮助人的方式来帮助自己的孩子，而不是用训练动物的方式来改造孩子。我们看到，即便孩子已经 5 岁了，他撒谎也不是恶意的，也不是故意骗人的，而是为了解决自己的问题。如果妈妈不使孩子这样无助，孩子大概是不需要撒这些谎的。

大家一定要明白，孩子在童年时撒谎是一件正常的事，没有一个孩子从来不撒谎。只要家长能够学会正确地帮助孩子，孩子是不会因为童年撒过谎，而在成年后变成一个不诚实的人的。

如果你的孩子已经出现了案例中所描述的状态，那么，你需要做的就是忘记孩子撒谎的毛病，重新跟孩子建立良好的亲子关系，试着去信任孩子，避免指责孩子，而是要不遗余力地去帮助孩子。

70. 发现孩子说谎后不再相信他，孩子很委屈，怎么办？

☺　我的宝宝怎么了

最近，儿子总觉得我不相信他，并为此非常委屈。比如，我不相信他已经刷过牙了，不相信他已经洗过脸了，诸如此类。这事从他三四岁的时候就开始了。那个时候，在他看来，偷个小懒，耍个小滑头，是很有趣的事情，明明没有刷牙洗脸，他却转身就告诉我自己已经刷牙洗脸了，这时，他的脸上带着一股狡黠的笑意。

我承认我处理得不好，总是在揭穿他的小阴谋和假装没看见之间摇摆不定。现在，如果我说"妈妈知道你还没洗呢"，儿子会说"你怎么知道我没洗"。如果我摆出事实证实他没有洗，他马上就会说："你总是这样，呜呜呜……"如果那时不干涉孩子的念头占了上风，我就会克制着揭穿他的冲动，说："这可是你自己的事，你应该自觉去做。"于是儿子就回答："既然是我自己的事情，为什么不能由我自己来决定？"

我感觉我挖了个坑，让自己掉进去了。我真是矛盾！管他还是不管他？淡化问题还是好好想想问题到底出在哪里？以后要怎么处理这样的问题呢？

不过，有时候我以做游戏的方式叫他，倒是没问题。比如我唱着歌邀请他"我已倒好了洗脚水，谁和我一起洗脚丫"，他听到后就会放下手里的东西飞奔过来。但是，如果我没有时间陪他，让他自己单独行动，就会出现前面的情形。

☺ 大李老师来帮忙

从这个案例可以看出，如果我们不相信孩子，孩子就会留下固定的印象，即人和人是不容易互相信任的，即便是自己的妈妈也有可能不相信自己，需要在某些事情上反复求证、逼问。因此，孩子在那些被逼问的事情上就不会认真自主地去做，而家长为了纠正孩子的毛病，又偏偏要求孩子认真完成这些事情，长此以往，亲子关系会受到影响。

如果我们不太看重孩子刷牙洗脸的事，那么，孩子哪天不想刷牙了就可以直接告诉妈妈，而妈妈也可以自然地对孩子说："好吧，今天牙刷放假。"这样的话，可能就不会出现案例中的这种情况。

所有的孩子都会对要持续反复做的事情有厌烦的时候。苍天造人，赋予人各种感觉，就是为了让人能够持续做必须重复的事情。比如吃饭，人每天要吃三顿，一天不吃都难受。

大自然赋予了人类味觉，而人类也烹制出许许多多味道不同的饭菜，从而让自己不厌烦吃饭，维持生命。吃饭是人类生存的基础，因此，人类天生会因为味觉得到满足而感到舒服。但人类并不会天生就因为讲究卫生而感到舒适，所以，必须慢慢培养孩子的良好生活习惯。如果培养时，家长能让孩子感到不做这些事就难受，做了这些事就舒服，那么孩子就会自愿去做；如果培养时，家长让孩子感到这些事做起来很痛苦，感到非常厌烦，那么孩子就会想尽办法逃离。当这种逃离的渴望超过对舒适的追求时，孩子即便蓬头垢面也不会愿意洗漱。

我们可以看到，案例中的妈妈唱着歌引领孩子去做事时，孩子就快乐地奔过来；要求孩子自己去做时，由于没有妈妈所营造的美好氛围，孩子就不愿意去做。孩子才 6 岁，生活习惯还没有固定下来，他无法持续完成那些重复的、无聊的事情。案例中的妈妈对孩子期望过高，在孩子无法做到时，就认为孩子撒谎。如果妈妈每天都能唱着歌引导孩子或设计一个有趣的情景游戏，与孩子一起去做那些重复的、无聊的事情，那么孩子就没有必要去撒谎，更没有必要去感受自己的"不足"。所以，父母在给孩子培养某项生活习惯时，一定要让孩子感到这件事是容易做到的并引导他喜欢去做。如果我们硬逼着孩子去做一件事，那么孩子就不得不作假，而父母对待此事的态度又会使孩子认为自己有毛病，并将这种想法烙印在人格中。与洗脸相比，孩子的人格形成当然更重要，我们宁肯允许孩子蓬头垢面，也不应迫使孩子通过撒谎来完成家长布置的工作。在案例中，既然家长发现只要陪着孩子，孩子就能很高兴地去做，那么家长就要一直陪下去，陪到孩子不再需要家长的那一天。

只要理解了孩子，我们就会发现，天生爱撒谎、想故意欺骗别人的孩子并不多。只要家长学会了正确地爱孩子，孩子就不需要持续地撒谎。

71. 孩子开始偷钱，怎么办?

☺ 我的宝宝怎么了

女儿6岁了，我觉得应该给她讲一点理财方面的知识，就找出一本《小狗钱钱》，每天抽出一些时间念给她听，还照着书里面讲的方法帮女儿做了两个储蓄罐。储蓄罐让女儿养成了放零钱的习惯。半年过去了，我带女儿去银行开了一个存折，这些零钱总共存了100元。

可很快，没想到的事情发生了，女儿的零食莫名其妙地多了起来，我开始担心了，翻看了她的口袋，发现里面装满了零钱，追问之下，女儿说是从三姨家拿的。妻子很生气，训了女儿，告诫她不许再犯这个毛病。可没过三天，女儿又偷偷拿了妻子的钱。这次妻子把账算到了我的头上，埋怨我把女儿弄成了"财迷"。

我应该怎么处理孩子偷拿钱的问题呢?

☺ **大李老师来帮忙**

这个案例中的情况叫作"不当唤醒"。父亲无意间唤醒了孩子对钱的欲望，其实这对一个 6 岁的孩子来说没有什么不好，但在唤醒后，家长没有进一步为孩子创造正当获利的机会，那么，一个从未受过正确赚钱训练的孩子要怎样去解决自己需要钱的问题呢？孩子想到的办法就是把能看到的钱据为己有。6 岁的孩子还没有完全养成判别好恶的能力，当孩子出现这类问题时，家长应该先欣赏孩子，告诉她，在遇到问题时想出这种解决办法是值得赞扬的，然后，跟孩子一起商量怎样正确地赚钱，最后，直接给孩子设定原则——不是自己的钱不能拿。按照这三个步骤来做就可以了，家长完全不必惊慌失措。

在整个过程中，家长都缺少对孩子的尊重。父亲既然想给孩子培养金钱意识，就应该让孩子自己去管理零钱，孩子有权决定怎样处置自己的零钱，而不是按照父亲的意愿把钱都存到银行里去。这样无法帮助孩子建立起对钱的概念，因为钱本来就是用来换取人类所需的，不是用来存在银行的。对一个还处在形象思维期的孩子来说，拿着上面写着"100元"的存折没有任何意义。孩子被激起了对于钱的欲望，又没有权利处置自己的钱，而探索的本能使孩子要去探索钱，面对这样一个成长中的冲突，孩子要怎样做才能达到自己的目的呢？偷偷拿走家长的钱显然变得顺理成章。

这个案例提醒我们，在训练孩子这件事上，家长一定要有系统的、完备的规划，不能想起一出是一出，不能只开个头而不做适当的进度安排，更不能不去收尾，只由孩子去无助地走完整个过程。当孩子的行为出现偏差时，家长又不知如何应对，在那里大惊小怪，这有点叶公好龙啊。

开发、培养孩子的能力时，家长要严肃认真地制订好完整的计划，并意识到孩子可能会在计划的实施过程中出现与家长想象中的不一样的状态。家长要接纳孩子的各种状态，而不要硬逼孩子做得与自己想象的一样。孩子和父母都是各自独立的人，每个人的思考方法和行事风格都完全不一样。家长如果尊重孩子，就要允许孩子与自己不同，这才是给孩子自由。如果不能做到这一点，那就不要心血来潮地为孩子开发潜能、培养爱好，否则，家长会把自己没做到的事情所导致的不良后果转嫁到孩子身上，给孩子的心灵蒙上阴影。

第七章

如何消解孩子的负面情绪

孩子是上天赐予我们的礼物，也是落于凡间的精灵，他们可以帮助我们反思自己、重新成长。但是，孩子也会大哭、大叫、拍桌子、摔椅子、打别人，无法控制自己的坏脾气，此时我们往往陷入束手无策的境地。

孩子还没学会控制自己的情绪，所以情绪变化多样，会随意任性地表达自己的情绪。如何疏导孩子的情绪，是教育的重要内容。在这一章里，我们会根据实例解读孩子产生负面情绪的真正原因，指导家长找到症结所在，更有效地帮助孩子，疏解孩子的种种负面情绪。

0—2 岁孩子的负面情绪

　　当童年时代的我们还无法完全理解自己和他人时，当我们与别人发生冲突时，或当别人的误解给我们造成了很大困扰时，我们会产生并表达情绪。如果一个孩子还懂得表达情绪，就说明他还有内在的力量，想要争取和改变现状；如果这个孩子已经不再表达情绪，就说明他已经缺少了内在的力量，放弃了努力，也放弃了自我。

72. 孩子的脾气越来越大，怎么办?

☺　我的宝宝怎么了

　　孩子在她出生后的头半年十分安静，很少哭。想当初，我是很少在她要求抱的时候抱她的，因为我有一个朋友的孩子整天被保姆抱惯了，连睡觉都一定要人抱着，一分钟都不能放下。我朋友对此十分头疼，我对此也是印象深刻。那时我还没有结婚，但已经下了决心——以后自己的孩子决不能这样带。现在看了这么多的书，我才知道自己多傻。

　　不知是什么原因，孩子越大，脾气也越大，稍不如意就大喊大叫，有时还会拍桌子，甚至打自己的脸，我想请教一下，这种情况正常吗？

另外，她现在16个月大了才愿意自己走，之前一直是爬着到家里各个地方去，或者要大人扶着她，而且更喜欢我抱着。她不会有什么心理问题吧？这会不会是小时候我抱她太少引起的？

最后我想再请教：这样大的孩子在家里该玩什么呢？我很少给她买玩具的，但是看她在房间里走来走去的，好像有点无聊。她有些好奇大人的东西，大多数的用具我都让她随便拿，可是拿了一会儿她就不感兴趣了。不知有没有适合这么大孩子的教具？

☺　大李老师来帮忙

孩子在吃饱了、穿暖了之后，最需要的就是安全感，在安全感也得到满足后，孩子就只剩下了一件事情——不停地探索环境，使自己获得发展。如果孩子在这方面能获得满足，就没有什么事情能使他产生负面情绪。所以，一个常常会大发脾气的孩子，一定是某一方面没有获得满足。

案例中的妈妈问，自己在孩子小的时候没有过多地抱孩子，会不会导致孩子现在产生负面情绪。实际上，对人类来说，任何一种需求都只应当恰到好处地满足——不能过分缺失，也不能过分满足。孩子从出生起就需要有独立的空间去进行探索和工作，如果家长一刻不停地把孩子抱在怀里，孩子就不会按照内心的需求去寻找感兴趣的事物，而是注意在他们面前非常显眼的家长。家长的身体、家长使用的物品、家长的一举一动……这些不断变化的信息会让孩子觉得应接不暇。如果孩子的身体时时刻刻挨着成人的身体，那他就很容易丢失大自然所赋予的探索内在的兴趣，转而对家长周围的各种信息产生兴趣，并且不习惯离开家长独处。这样的结果就是，在今后的发展中，孩子也不会对身边的其他事物产生太浓厚的兴趣，会丢失探索的欲望。

在所有造成孩子发展受阻的事情中，被抱到 3 岁是最可怕的。这样的孩子，身体内在的精神力量基本退化，很不容易被唤醒，他们的大脑因为没有工作经历，没有探索事物的刺激，所以一片空白。3 岁之后，由于没有探索习惯和工作习惯，他们也很少自主学习和工作，大脑和肢体基本被闲置起来，功能退缩，到了上小学之后，他们很难成为聪明好学的孩子。

但是案例中的情况与上面说的恰好相反。在孩子要求妈妈抱时，妈妈拒绝。孩子要求妈妈抱就像肚子饿时需要食物，如果孩子饿了向妈妈要吃的而妈妈不给，那么这样的情况出现多了，这个孩子就肯定只对吃的感兴趣，而且她对食物的需求会从需要转化成欲望。欲望会捕获孩子的内心，使孩子失去自由。被某一种欲望所缠绕，会成为一个人一生的难题。

在孩子不需要抱的时候，就不要抱孩子；在孩子需要抱的时候，一定要抱孩子。这样做肯定是没错的。如果在孩子需要情感，并需要妈妈安抚时，妈妈故意不抱他，那么这个孩子日后就可能脾气暴躁，缺乏对情绪的控制能力，孩子的发展结果跟被抱得多的孩子很相似。不同的是，被抱得少的孩子还会有工作的机会，被抱得多的孩子连工作机会都丧失了。

看案例中的情况，妈妈在抱孩子的事情上似乎做得不太恰当。另外，由于妈妈不知道给孩子提供什么样的工作材料，孩子可能在工作需求上也没有获得满足。因此，孩子大发脾气应该是可以理解的。

妈妈一定要像感受艺术品那样去感受孩子，不要用大脑去思考孩子什么时候需要妈妈的亲昵，什么时候自己不应该跟孩子亲昵。只要家长用心灵去感受孩子，就一定能把握好和孩子培养感情的时机。

家里家长的生活用品是孩子最好的工作材料，孩子生活在家里，所以是从家开始探索这个世界的。因为人类最先探索的物品一定是生存所需要的物品（这样才能保证人类在没有其他物品的情况下存活下去），所以厨房的物品最适合孩子玩，因为这里的物品形状多样，尺寸又非常适合孩子的手和体形，孩子可以利用这些物品做各种各样的工作。这些物品不是玩具，而是工作材料，比玩具的价值要高得多。从这个角度看，如果家长觉得给孩子买玩具不好，那就可以给孩子准备类似厨房用品的工作材料，并将这些工作材料布置成工作区供孩子使用。

当然，只有工作材料还远远不够，因为孩子不知道怎样去使用这些工作材料，这时就需要家长给孩子进行工作展示，引领孩子去工作。一个孩子获得了足够的爱，又获得了工作的满足，就不会再有什么负面情绪了。

73. 孩子任性、脾气坏，怎么教育他?

☺　我的宝宝怎么了

18个月似乎是个很重要的年龄段，儿子虽然还不怎么会说话，但一天天地越来越像个大孩子了。只是，他的脾气也越来越坏了。以前，我还能通过转移注意力的方式让他安静地玩会儿，可是现在他只要稍不如意，就会"嗷嗷"地哭，还指着门口喊："走，走!"他很任性，做什么事都非要达到目的，否则就会大哭，打妈妈，打阿姨，拍桌子。

在超市，收银的阿姨逗他，拿两个硬币换他手上的一个。他烦了，就使劲把手里的硬币往地上一扔，嘴巴噘得老高，一副恨恨的表情。在爸爸的批评下，他才自己捡了起来，想想不解气，又扔掉一次!

昨天，在他又一次哭闹，伸手要爸爸抱，并说"走，走"的时候，爸爸终于伸手打了他。儿子伸手，爸爸就再打。儿子又说："抱，抱!"爸爸才把他抱住，并要求他喝稀饭，让阿姨把他抱走。

儿子走了之后，我谈起无条件的爱。我弟弟说，无条件的爱是溺爱。可是，他的孩子已经3岁多了，养育0—3岁的孩子和养育3岁以上的孩子应该还是有区别的吧?

我和老公说："你打他，他还要你抱，如果你抱完他他再说'走'，你能忍住不打他吗？"老公说："我准备继续打！"

这个时候，我就受不了了。可是这个时候受不了，前面的坚持就功亏一篑了。

不到 18 个月的孩子任性、脾气坏，需要教育吗？

☺ 大李老师来帮忙

案例中有些地方说得不是太清楚，但无论如何，18 个月的孩子那样发脾气还是有原因的。受先天遗传气质的影响，有的孩子天生脾气比较温和，有的孩子天生性子急，从出生起就比较爱哭，容易发脾气。看案例中孩子的状态，他这样哭闹可能有以下几个原因：

第一，孩子天生脾气就比较急。18 个月大的孩子探索范围比以前更大了，他会不停地在家里任何能到达的地方进行探索，如果家长经常简单地限制孩子的探索范围，时间久了，孩子就会心烦意乱。这一时期，孩子开始有了表达的欲望，但表达时还不能正确地用词，而别人由于听不懂又无法正确地帮助他，于是他只能发脾气并大哭。

第二，家庭成员中有人爱发脾气，这种气质被孩子吸收了。于是，孩子稍不如意就会学习家长的方式，用发脾气的方式来解决问题和表达自己。

第三，孩子在偶尔不愉快或生气时发了脾气，而家长对孩子发脾气这件事反应强烈，使孩子发现了发脾气的功能，于是反复发脾气。

总之，孩子不愉快一定是有原因的，家长应该找到原因，帮助孩子从根本上解决问题，而不是使用伤害孩子心理和身体的方式来阻止孩子发脾气。如果需要解决的问题没有得到解决，孩子还被莫名其妙地打了一顿，他就会不敢再去表达自己，不敢再去探索，也可能由于恐惧变得心理不健康，在不使用暴力的人面前更加暴躁。

在这个世界上，任何人都不应该用伤害别人的方式解决生活中的问题。孩子的爸爸试图用打的方式解决孩子发脾气的问题显然是错误的，这样做不但不能阻止孩子发脾气，还会使孩子模仿家长，由摔东西发展到打人。

给孩子无条件的爱并不等于溺爱，爱是一个含义很广的词，它代表任何为被爱者着想的事。如果一对夫妻是因为希望有孩子后自己能够获得幸福，因为想象着孩子如何可爱、孩子长大后会怎样对自己好于是生了一个孩子，那么这就很难说他们是在想着怎样爱孩子，这是爱自己。意识到生一个孩子就要尽做父母的一切责任，为了担起这份责任，自己要不断成长，这样的家长才叫爱孩子。前者会接受不了孩子的行为超出自己的想象，对孩子的一些自我的、家长不喜欢的行为无法接纳，他们会因为担心孩子病了、伤了，自己心疼、怕麻烦而不让孩子自己做事，自作主张地替孩子承担一切，不给孩子发展的自由，他们的行为叫作溺爱。后者则比较容易接纳孩子的个人特点和发展行为，能为孩子的发展不遗余力地提供帮助，给孩子成长的自由，他们的行为叫作无条件的爱。

案例中的父母还需要更加深入地理解爱的含义，不可以打孩子。在孩子出现一些特殊情况时，家长要先反省自己，并想一想环境中的哪些因素会引发孩子的负面情绪，比如，可供孩子探索的工作材料是否不够充足；看护孩子的家长是否为了避免孩子磕碰而抱孩子太多，不让孩子自己活动？找到原因后，大家要一起努力改进。家长要相信，如果一个孩子的发展需要得到满足，他一定是平和的。

孩子被爸爸打了之后，不明白爱自己的爸爸为什么会这样对待自己，孩子感到恐惧，才会在爸爸打过自己之后，让爸爸抱自己，这样做是为了找回以前那个爱自己的父亲。孩子是无法将被打与自己刚才发脾气联系起来的，他会以为是这个地方不好，所以才要求离开。对一个有这样心态的孩子，哪个家长还能下得了手？如果爸爸再打孩子，孩子只能认为爸爸不再爱自己了。

74. 孩子的性格和父母一样不好，怎么办？

☺ 我的宝宝怎么了

我和老公脾气都不好，近来我发现女儿的脾气也不好。有一次，她要求我带她出去玩，我没有理会，她就拿着她的玩具铲子照着我的头猛拍。我揍了她几下，她在那里生气，也不哭。过一会儿，她生完气，跑到我面前叫"妈妈"，我不理她，她就一直叫，还上前亲我。我真是又好气，又好笑。以前，有时我叫她打爸爸，她爸爸也曾叫她打我，当时只是为了好玩，没有想到，现在只要不顺她意，她就打人，特别是最近几天。

因为我的性格不好，所以我希望女儿能够温柔，但现在看来她的性格就像小男孩。她顽皮好动，我们周围的小男孩也没有她这么调皮的。别人说像她这个年龄段的孩子就这样，等过段时间就好了。这样的孩子，应该如何引导？

☺　大李老师来帮忙

案例中的妈妈看上去初为人母，需要学习。孩子遗传了父母的基因，也会吸收父母的特质，再加上教育的影响，孩子最终会形成自己的人格特质。

据妈妈说，她和先生脾气都不好，孩子不但会遗传相关的基因，而且会模仿父母的行为模式。案例中说得很清楚，父母对孩子不满竟然用打的方式解决，而父母两个人还都教孩子打对方，这样，孩子当然也会学到用打的方式解决问题。幼小的孩子并不知道不能打父母这样的道德规范，对他们来说，父母是这个世界上最安全可靠的人，所以他们在生气和痛苦时总是先找父母，痛苦时一头扑到父母怀里哭泣、疗伤，生气时当然也会朝父母发火。所以，父母不要居功自傲，觉得自己生养了孩子，孩子就应该感激你，绝不可以动手打你。在孩子 5 岁以前，父母要更加伟大一些，要明白，孩子有脾气朝父母发，说明他知道父母是爱他的。

案例中的孩子在朝妈妈发脾气后，得到的结果是妈妈打她，这会吓坏孩子。很遗憾，妈妈的爱没有深厚到能承受一个幼儿的脾气，她要跟自己幼小的孩子对打，这使孩子感到恐惧，所以孩子才没有哭——她被震慑了。之后，孩子就要再去找回爱。在双方对打后，她忍住了气愤和伤心，主动向妈妈示爱，因为生存本能告诉孩子，只有找到爱，才能存活下去。之所以说孩子是天使，是因为无论父母怎样对待他们，他们依然会深情地爱着父母，并且不会记仇。

如果父母已经发现自己有某一种性格缺陷，并且已经影响了孩子，那就应该先努力改掉自己不好的习惯，不要在还没有解决自己的负面情绪问题前，就用不良方式解决孩子的负面情绪问题，这样不公平，而且会给孩子做出更加不好的榜样。家长要注意以下三点：

第一，把孩子不该做的事情交给孩子去做，就等于给孩子喝精神毒奶。所以，家长不但不应该训练孩子做出违反儿童天性的行为，自己也不能做出这样的示范。

第二，家长想要孩子温柔，就要自己先练习着温柔起来。其实温柔的品性既能愉悦自己，又能使自己赢得他人的喜爱，只要多加练习，家长就一定可以培养出温柔的气质。

第三，坏脾气会使所有人都不愉快，它对发脾气的人自己也没有好处，这对家长可以借助心理咨询等方法来改变自己。

孩子顽皮好动，其实是在不停地探索这个世界，这是人类天生的发展机制。孩子身体里有巨大的力量，他们用这种力量来发展自己，只要醒着，他们就会一刻不停地发展自己，每个孩子都会这样。家长不应该担心孩子顽皮好动，如果一个孩子不再顽皮，那反而是应该担心的。有案例中想法的父母一定要去学习、了解孩子的自然发展规律，这样才能正确地养育孩子。

2—3 岁孩子的负面情绪

2岁的孩子，智力开始快速发展，他们发现自己拥有独立的自我，于是开始试探自己能够享有多少权利，变得难以对付。孩子的负面情绪跟年龄和发展阶段也有一些关系。孩子的阶段性特征一般会每半年更替一次，比如，孩子2岁时特别温顺，对家长的所有要求都特别顺从：但到了2岁半，孩子就变得很难对付，情绪特别不稳定，大发脾气，不配合，什么都拒绝；到了3岁，孩子又会好一些。其实，孩子的情绪总在不断转换，发脾气、尖叫、跺脚大哭都是很正常的，我们不能指望一个2岁多的孩子能够像成年人那样情绪稳定。接下来，我们就看一看家长们在这方面都有哪些困惑。

75. 孩子的脾气越来越急，怎么办？

☺ 我的宝宝怎么了

我儿子2岁零1个月。他50多天的时候，爸爸就去外地学习了，一年只能回来三四次，每次也就十几天，所以，儿子基本上是我和姥姥、姥爷带大的，平时我上班的时候，孩子就由老人带着。儿子1岁之前，我还没看出他与别的孩子有什么不同，可他1岁后，我就明显觉出他非常依赖我。比如，他不小心摔倒了，姥姥去扶他，他就哭，不让扶，我说"没关系，自己起来"，他也不起，最后我只得装作摔倒，自己起来，告诉他"看，妈妈都是自己起来的"，他才能慢慢自己起来。有时我看不到，姥姥将他扶起，他竟又哭着回到原来摔倒的地方重新坐下哭，还伸出小手，示意我来抱他，看着他那个可怜样，我只好将他抱起。还有，儿子流鼻涕，别人替他擦，他就非常不高兴，他会红着脸带着哭腔喊"要妈妈擦，要妈妈擦"。他什么事情都要我来帮，不允许别人帮助。

还有一点，孩子渐渐大了，脾气越来越急，说话有些不清楚，我重复他的话时，一旦跟他的原意不一致，他就立刻着急了，边哭边跺脚；有时他在别的房间玩，叫我，我不能马上过去，他就急了，急得满脸通红。我经常跟他说："不要着急，慢慢跟妈妈说，妈妈在这里，妈妈在这里等着。"可是一点也不奏效，这种情况持续好长时间了。

最近换成他奶奶带他，他将近一年没见着奶奶了，感情上有点疏远，只要我在家，他就根本不理奶奶，还动不动就冲奶奶发脾气，搡奶奶走，不让奶奶碰他的东西。奶奶给他喂饭，一开始他好好的，一见我就坏了，不要奶奶喂，让奶奶走开，非得要妈妈喂，而且也不好好吃了，上蹿下跳的。奶奶说："妈妈来给你撑腰了。"我也经常给他讲："不要和奶奶打架，宝宝和奶奶是好朋友。"据奶奶讲，我上班出门后，儿子大部分时间与奶奶可亲了，也很听话，饭也好喂。那为什么儿子一见到我就突然变了个人似的呢，是缺少安全感吗？

他爸爸不在身边，为了更好地照顾儿子，单位出差我一律不去，晚上的应酬也能推就推掉了，我就是希望能尽量多陪陪儿子。难道是我陪儿子的时间太多？我觉得也不是呀，真不知道是什么原因造成了儿子现在的这种状态，我该怎么做呢？

☺ 大李老师来帮忙

当孩子还不理解社会和人的自然规律时，他会认为别人就是自己，会认为想要叫别人做的事情别人都能理解，他们还无法跳出自己的世界去感受别人，所以他们不能接受别人的做法和想法与自己不同。当遇到他们不能理解的这种不同时，他们会非常生气。这是儿童发展的一个必经阶段，叫作"执拗敏感期"，这是儿童将自己的愿望与别人的愿望相磨合的开始。由于缺乏经验且认识不足，孩子会显得脾气变坏了，其实这是正常的发展阶段的表现。

无论多么艰难，家长都要平和地忍耐过这一时期。随着经验的增长，孩子会发现自己与别人是不同的，并慢慢认可别人的不同，到那时，孩子就不会有那么大的脾气了。

案例中孩子对奶奶的恶劣态度和对妈妈的依恋，是所有上班族母亲的孩子的正常状态。孩子为了将妈妈留在身边，必须赶走其他人，这是因为在他的经验中，只要奶奶来了，妈妈就会离开，孩子认为这是由奶奶造成的。当妈妈和奶奶同时出现时，孩子认为一定要赶走奶奶，才能确保妈妈留在身边。当妈妈不在时，生存的本能又会使他依恋奶奶，将奶奶作为安全依恋对象，由于此时矛盾消失，孩子的状态就会显得比较好。

在孩子的成长过程中，家长要找资料学习，了解孩子各阶段的发展规律，认识孩子的发展状态，分清孩子的哪些行为可以不必干涉，哪些行为意味着孩子有需要解决的问题，需要家长立刻帮助，这样，才能从心理上帮助孩子，并正确处理孩子的负面情绪。一个孩子将来会成为什么样的人，与成长过程中家长对孩子的理解有很大的关系。

76. 孩子特别爱哭，而且脾气犟，怎么办?

☺　我的宝宝怎么了

儿子是一个特别爱哭的孩子，并且特别犟。每天，他都要哭很多次。比如，喝完奶粉，他还想要喝，我答应得有点慢，他就哭了很长时间。不管是什么事，只要他稍微不满意，就会躺在地上不起来。

让他做点什么，他很少答应。比如，让他帮忙把垃圾放到垃圾桶里或是捡起掉在地上的东西，他都坚决不同意。

昨天，不知什么原因，他又躺在地上哭。我非常生气，全然忘了《倾听孩子》中的注意事项，躲到另一个房间去了。

他在客厅喊"妈妈抱",却决不起来找我,只是躺在地上喊。我试过站在他旁边让他起来,坚持了40多分钟,他仍在哭着喊"妈妈抱",就是不起来。最后,表姐把他抱到我待的地方,他也不伸手让我抱,只是嘴上说说。我无奈伸手后,他才伸手。

我抱着他坐在客厅沙发上,跟他讲道理。他拿了卷尺玩,不小心掉到地上。我让他捡起来,他就是不捡。我就把他放下来,非让他捡。他往下面伸了下胳膊,说自己够不着。然后,他又说要喝奶粉,我说:"你不捡起来,我就不让你喝。"他哭,不肯捡,我们僵持了很长时间。最后,我说:"我跟你一起捡。"说了很多次,他还是不愿意,仍然在哭。后来,可能时间太长了,他终于同意和我一起捡。我拉着他的手,把卷尺捡起来了。我把他抱起来,告诉他:"你早捡起来不就没事了吗?"

其实,这段时间我心里也很难受。我的孩子是怎么了?我甚至怀疑他在性格方面有什么问题,2岁多的孩子怎么会这样呢?他非常聪明,学东西比哥哥快很多。他的双胞胎哥哥是个特别乐观、积极向上的孩子,从来不这样。

☺ 大李老师来帮忙

从案例中可以看出,妈妈和孩子之间有强烈的情感冲突,妈妈只注意到了这种冲突,并把孩子自然发展阶段产生的情绪与妈妈被激发的情绪混为一谈,给孩子定性为"特别犟",

却没有去思考孩子为什么会与她有这种冲突，会这样倔强。

案例中冲奶粉的情况，在 2 岁多的孩子身上是很常见的，因为这么大的孩子还不理解冲奶粉需要时间，以为只要他想喝，奶就会立刻到他嘴里，如果没有如愿，他就会感到非常愤怒。如果妈妈把这理解成孩子脾气犟，给孩子贴上这样的标签，就很容易把孩子的其他行为也理解成犟，并为了解决脾气犟的问题与孩子对峙。

关于妈妈让孩子把垃圾扔进垃圾桶这件事，如果妈妈不认为孩子脾气犟，就可能体贴地以一种游戏的形式引领孩子把垃圾扔到垃圾桶里。在这种心态下，妈妈可能会这样说："我看到这里有一个塑料袋，有人愿意帮妈妈把它扔到垃圾桶里吗？"妈妈也可以拉着孩子的手说："来，宝贝，跟妈妈来，我们一起把这个垃圾扔到垃圾桶里。"在这个过程中，妈妈应该自己将垃圾捡起来，领着孩子，让孩子看到妈妈把垃圾扔到垃圾桶里。但如果妈妈是觉得孩子太任性，想给孩子改掉这个毛病，指着垃圾生硬地对孩子说"把垃圾捡起来扔到垃圾桶里"，而孩子又正在做自己的事情，或正想找事情做，那孩子就无论如何都不会愿意接受这种命令。如果孩子从母亲身上感受到不满的情绪，那他就更不愿意接受命令了。

案例中描述的另外几件事都与这件事类似，显然，妈妈在处理这些问题时抱有对孩子的负面想法，一心想把孩子的坏脾气改正过来，语言和行为中都带着强迫的信号，没有满怀慈爱地去帮助孩子建构某种优良品质。

在后面的描述中，孩子躺在地上大哭肯定有他的原因，而妈妈在不知道原因的情况下，没有坐在孩子身边去倾听孩子，反而同样发了脾气并且离开，这会使孩子感到妈妈不爱他。如果以前他用哭的方式能使妈妈做出关怀的行为，如将他抱起来、哄他，那么在妈妈发脾气离开时，孩子就更要使用以前的成功手段来胁迫妈妈爱自己了。所以他绝不会爬起来跑到妈妈身边，因为那样无法证明妈妈是爱他的，他一定要延长哭的时间，放大哭的音量，最后达到目的。孩子被抱到妈妈身边却不伸手让妈妈抱，可能也是出于这样的心理状态。只有妈妈伸出手要抱他，才能证明妈妈是爱他的，孩子才会伸出手去回应。

在案例中，我们还注意到，这位妈妈有两个双胞胎儿子，如果孩子被唤醒了争抢母亲的需求，那他也会想尽办法吸引母亲的注意力，将母亲留在自己身边。案例中的孩子用哭的方式去尽可能多地把妈妈留在身边，也是可以理解的。

案例中的这位妈妈除了要懂得孩子、能够分析出孩子的心理状态以外，还需要修炼自己，在面对孩子的负面情绪时，不能自己也变得情绪不佳，因为母亲的坏情绪会影响孩子，使孩子的情绪变得更糟。

《倾听孩子》是一本很好的书，对解决孩子的情绪问题非常有用，但书中所讲的方法需要家长多次练习才能够做到。案例中，如果孩子用哭去胁迫妈妈并占有妈妈，妈妈就得在这方面下功夫，发明出能让两个孩子和妈妈共同玩耍的游戏，使两个孩子都沉浸在游戏中，不再注意谁占有妈妈多、谁占有妈妈少的问题。在一个孩子闹情绪时，妈妈要先冷静下来，找到孩子闹情绪的原因，如果发现孩子实际上只是为了占有妈妈而没有理由地大哭大闹，那么妈妈就应该平静地坐在孩子身边。不要对孩子提出任何要求，不必非要让孩子起来或是躺下，等孩子发完脾气，再询问孩子需不需要妈妈抱他就好。一般这时，孩子都会哭得很伤心，我们能听出来孩子这时的哭跟刚才大发脾气时的哭完全不同。这时，妈妈可以把孩子抱起来，让孩子坐在自己的腿上，把孩子的身体搂在自己怀里。如果这时另外一个孩子正在旁边看着这一切，那妈妈就要征求正在哭的孩子的意见，告诉孩子让哥哥也过来和他们坐在一起，然后把另一个孩子也抱过来，搂在怀里，等哭的孩子不哭了，再提出一起玩的建议。一般到这个时候，那个哭闹的孩子会很快答应。

千万不能哪个孩子哭得多，妈妈就关注哪个孩子多一些。否则，不被关注的孩子看似状态很好，其实是切断了他对妈妈的需求。如果两个孩子都需要妈妈的安抚，那妈妈可以同时抱两个孩子，也可以在不同的时间轮换着抱他们。家长可以让孩子养成这样的习惯——现在轮到谁了就抱谁，这样可以避免孩子为了争抢妈妈的爱而产生负面情绪。

77. 面对难养型的孩子，应该怎么应对？

☺ 我的宝宝怎么了

我家女儿还差两个半月满 3 岁。1 岁多时，医生判定她是"难养型"宝宝，后来随着慢慢长大，孩子开始变得比较懂事，生活也比较有规律，可最近半个月，她突然又开始作怪了。

第一个问题是大人不能批评她，有时我们语气稍重一点，表情稍严肃一点，她就委屈得大哭。出门与小朋友们玩，有时玩得好好的就去打人家、推人家或是扔别人的东西，这时说她一两句，她又会大哭一场。有时，她甚至自己打自己的脑袋，说些"不喜欢头了，不要头了"之类的话。

第二个问题是睡眠问题，以前她虽然睡眠时间不长，但不哭闹，而现在，我要哄她一个多小时她才能睡，而且常常是大哭大闹之后才入睡。我是软硬兼施——哄、说教，实在忍不住也会责骂，可是都不行。我真的很困惑，不知该如何养育这个小孩了。因为她属于敏感型的孩子，心思很细腻，所以平时我们还比较注意爱护她，而且她一直是由我和她姥姥带着的。她现在这个样子我真的很担心。

☺ 大李老师来帮忙

孩子 1 岁多时，不知有什么样的特征，会被医生判定为"难养型"。有时，难养型的孩子不一定是从刚出生时就难养。

比如以下这种情况。一个孩子出生后只要一哭，妈妈就赶紧把他抱起来，检查有没有尿，或者认为孩子肯定是饿了，不停地给孩子吃。有时候孩子并不饿，吃两口睡着了，可一被放下就又醒了，醒来后一哼哼，妈妈就又认为孩子一定是有需求了，便再给他喂奶。就这样，孩子在出生的头两周不停地哭闹，由于没有形成良好的进食规律，孩子总是处于半饥不饱的状态，到第三周时，妈妈已经被折磨得焦头烂额。孩子出现这种情况，也很有可能被判定为"难养型"婴儿。

后来，有人坚持要这位妈妈调整育儿方式，监督他在孩子睡醒后不立刻把孩子抱起来，而是等孩子稍微哭一会儿再抱；抱起来后不立刻给孩子喂奶，而是尽量在屋里走动，延长喂奶的间隔。第一天，妈妈从半小时喂三次奶改成了半小时喂一次。这样的改变使大人感到难以忍受，因为孩子哭得太厉害了，最后嗓子都哭哑了。但第二天，妈妈还是继续延长喂奶的间隔，并且在孩子醒来后用玩具逗孩子，不去抱他。一周后，这个孩子已经能在吃饱后自己躺在床上，观察床上吊着的玩具了。两个月大时，这个孩子已经能够4小时吃一次奶，醒来后能自己躺在那儿玩很久，在不想大小便和不饿时都不会哭闹。到六七个月时，这个孩子能自己坐着玩一个小时左右，不需要大人在旁边陪伴。

如果这个孩子一直像头一两个星期那样，那么最后他就会成为一个"难养型"的孩子。当"难养型"成为标签贴在这个孩子身上时，家长就会以对待"难养型"孩子的态度来对待他，而这一切都会被孩子感觉到，并且反过来影响孩子的情绪。

相反，如果家长认为孩子哭闹和发脾气是正常的，是自己没有让孩子养成良好的生活习惯使孩子变得难养，从而下决心给孩子养成良好的生活习惯，为孩子准备丰富有趣的活动，使孩子愉悦，并且总是抱着轻松和接纳的心态与孩子互动，以平静的态度去解决孩子的问题，不再感到忧愁和困扰，那么，孩子的心态也会被家长的情绪所影响，变得积极而松弛。

如果孩子天生就是"难养型"的，那不太可能在 3 岁之前不难养，而快到 3 岁时突然难养。孩子突然发生情绪变化，一定是有什么原因的。一般来说，孩子突然攻击别人，要么是出于交流的愿望，要么是出于恐惧和焦虑。有时，问题并不是出在孩子身上，而是出在孩子周围的环境上，如最近家里有人生气，吵架吵得很厉害；或者家长冷战，家庭氛围比较紧张；或者孩子被其他孩子攻击，对其他孩子产生了防范心理和敌意；或者孩子和父母睡在一起，看到了父母的性生活等。这些因素都会导致孩子的情绪波动和攻击行为。

孩子生气时打自己的头和脸，肯定是因为这样做能够使家里人产生一定的反应，于是，孩子就会反复以这种方式来控制家长。其实孩子这么做时，只要家长从内心到外表都尽量表现得平静和沉稳，不带任何反应地看着孩子，几次之后，孩子就不会再采取这样的行为了。

　　关于批评的问题，其实孩子并不能够理解家长话里的所有含义，但他能够从家长说话时的语气和状态中感受到家长的情绪。如果家长在批评孩子时带有负面情绪，孩子就会非常不舒服。每个孩子表达不舒服的方式也是不同的，有的是大哭，有的是发呆、变得僵硬，有的是默默流泪，有的是嬉皮笑脸、更加调皮捣蛋。案例中的孩子只是选择了一种表达不舒服的方式，只不过她的方式比较独特，家长并不能认为打头的方式就比大哭的方式更激烈一些。总之，家长还是要根据孩子的特质去理解孩子，不要用异样的眼光看待孩子的行为，这样，孩子慢慢就会变得平和。

3—4 岁孩子的负面情绪

一般说来，孩子到了 3 岁会变得相对平和一些，没有之前半年那么难看护。如果环境没有限制孩子的自然发展，在这个时期，孩子会表现出交友的意愿，喜欢跟别人一起玩耍，观察别人的工作，并找到一个相对固定的朋友，与之建立友谊。到了 3 岁半左右，孩子发现了一些自然规律，而自己又无法理解，并且，由于固守一些观念，他无法被别人理解，于是，孩子就又进入了一个家长很难看护的时期，我们把这一时期称为"执拗敏感期"。在这个时期，孩子会突然出现奇怪的情绪和行为，孩子和家长都会感到困扰。让我们来看一看，在这个时期，家长都会产生哪些困惑，又该如何处理孩子的情绪问题。

78. 3 岁的孩子也会自我否定吗？

☺　我的宝宝怎么了

我家小孩去年上的幼儿园，今年前两个月还好，"五一"长假过后，她只上了两天就不想上幼儿园了。我问她原因，她也说不出为什么。我与她的老师交流过，老师说她在幼儿园表现还好，没有什么异常。

这样过了两个星期，小孩因为生病在家休息了几天。上学的前一天，我跟她在玩的时候给她"打预防针"，告诉她第二天要去上幼儿园了，她依然不愿意。我问她原因，她突然说她不喜欢幼儿园的 KK（她在幼儿园的英文名）。我听了很诧异，就问她原因，她说幼儿园的 KK 不乖。我问她："老师喜欢幼儿园的 KK 吗？"她说喜欢。我问她喜不喜欢家里的KK，她很快地点头说喜欢。我又问她："幼儿园的 KK 是不是吃饭不乖呀（她在幼儿园吃饭像完成任务一样，总是吃得很慢，她说过老师批评她吃饭慢吞吞，所以我就往这方面引导）？"她说是。我又问她上课乖不乖、睡觉乖不乖、做游戏乖不乖，结果她说都不乖。问到这里，我就没有再问了。

第二天早上，我做她的思想工作，说上学可以和小朋友玩，还不会得手足口病（这是她早上问到的）。这天早上，她很平静地去上幼儿园了，还跟我挥手再见。我还以为她的问题解决了。然而，之后的几天，她又不愿意去上幼儿园了，每次都是由幼儿园老师抱上楼的。今天早上，她又不愿意去幼儿园。我问她为什么，她又跟我说，她不喜欢幼儿园的KK。后来，我做了半天的工作，并让她穿裙子去幼儿园学跳舞，她才跟我去的。到了门口，她又开始哭，而且哭得比以前还惨。

我家小孩胆子比较小，总是先观察再行动，而且特别黏我，特别喜欢哭，这可能与我原来的养育方法不当有关。最近我在网上学到了不少知识，也看了一些书，就慢慢改变了对她的态度，试着多倾听她、多理解她。所以，当她有以上表现时，我曾以为是修复期，随着我倾听的次数增多，她在家哭闹的次数明显减少了，与我在一起时也越来越融洽了。

她在几天内两次提到了不喜欢幼儿园的KK，而且都说是因为她认为幼儿园的KK不乖，还说她不是幼儿园的KK。这真是把我难住了，我不知道这是不是她真实的想法，但她提到幼儿园的KK时表情是有点不开心的。我都不知道坚持让她上幼儿园对不对了。看到她那样，我真的很想不让她去了，可是不去的话，我又担心这个问题会一直存在下去。

这个问题应该怎么解决？

☺ 大李老师来帮忙

在某一方面有需求，然后，觉得自己所需要的东西自己没有，而且自己也没有能力获得，再与别人比较，发现自己在某些方面不如别人，这样，人才会否定自己。3岁的孩子反思能力和比较思维能力都还没有发展起来，如果条件合适的话，他们每天都会沉浸在对朋友和物品的探索之中。他们刚刚发现人是可以交朋友的，会无意识地需要朋友，但还没有意识到自己需要友谊。因此，他们不可能对着镜子看了自己，再去跟其他小朋友做比较，在长相上找出自己不如其他小朋友的地方。案例中的孩子对家里人说不喜欢幼儿园里的自己，这样的比较往往只有相当成熟的人才能做出来。她需要认识到家里的这个自己有什么样的特质，幼儿园的那个自己有什么样的特质，哪个是真实的，哪个是装出来的，还要认识到自己身上的哪些特质是自己喜欢的，哪些特质是自己不喜欢的。一个 3 岁的孩子很难达到这样的水平。

如果这个孩子在家里时，家人表现出来的都是关怀、爱意和接纳，那么孩子就会感到自己是被喜欢的。但等到了幼儿园，老师可能因为累了、烦了，目光中带着冷漠，甚至表现出厌烦，并且还可能对孩子说，如果你不怎么怎么样，我就不喜欢你，或是如果你怎么怎么样，我就喜欢你。孩子无法辨别是非，会认为老师说的都是真理，只要老师不喜欢，那就一定是不好的。所以，有些孩子被老师批评，回家后却不会跟家长说，因为他们认为是自己不好，说了以后家长也会像老师那样对待他。于是，他们会将恐惧和痛苦深深地埋在心里，选择另外的时机和另外的方式流露出来。3 岁的孩子还无法深刻地理解语言，所以他们往往并不能非常准确地表达自己经历的事情，只能随意地回答家长的问题。所以，家长不能太以孩子的语言描述为准，要看孩子的状态。至于孩子不愿意去幼儿园的问题，还要另当别论。再好的幼儿园，孩子也会有不想去的时候。所以，孩子不愿意去幼儿园，不一定是因为幼儿园有什么问题，但孩子说不喜欢幼儿园的自己，一定是有问题的。

3 岁大的孩子是比较难带的。这个时期，孩子刚刚发现了"我"的价值，开始认识自我的权利，并对自己与周围事件的关系有了清晰的认知。由于这些认知才刚刚开始发展，孩子还没有经验，许多事情是他们无法理解的，而家长也无法给他们解释清楚。他们根据以往对事物的了解积累起来的经验使他们更多地相信自己，不相信家长，这就导致他们会做出许多看似不可理喻的事情。知道2岁半到3岁半的孩子比较难带后，家长也就应该能够以正常而平和的态度来看待这个年龄的孩子身上的所有怪现象了。

对于案例中孩子的情况，家长还需要去了解孩子在园里的状态，以及老师在家长离开后对待小朋友的态度，找到问题的症结，这样就能够正确地帮助孩子了。

79. 孩子在幼儿园表现反常，为什么？

☺ 我的宝宝怎么了

女儿上幼儿园已经3个月了，这家幼儿园是我老公单位的传统园。大概第二个月的时候，女儿不再哭了，说起幼儿园的小朋友也挺有兴趣的，她能说出很多小朋友的名字，甚至每个小朋友对应的小头像也知道不少。每天送她上幼儿园，经过窗户的时候，她都会伸长脖子看一看，露出高兴的表情。这样的情况让我比较放心——起码她对幼儿园没有排斥了。看到老师，她也会露出笑容，可能有时是发自内心的，有时是刻意摆出来的。总之，我对老师的感觉还好，他们对孩子们还是和蔼、有耐心的……

然而，前天的事情让我有些不知所措，我在这里说出来，是想请大家帮我分析分析。

可能是星期天出去玩着了凉，星期一起来，女儿就有些感冒，但我没在意，还是把她送去幼儿园了。下午4点多，姥姥去接她时，她一如既往玩得很起劲，看到姥姥过来也一如既往地很高兴，收好玩具，放好小凳子，就高高兴兴和姥姥一起到教室里面的洗手间洗手。结果一进洗手间，她整个人的状态就不对了，不肯洗手，还站在那里不肯动，姥姥给她洗了手，拿来毛巾时，她的眼泪就哗哗地流了下来。这个时候，姥姥还以为她是心情不好，没有太在意。出洗手间之前，她还特地要求姥姥给她擦干眼泪。经过教室向外走时，老师要求她和自己说再见时，她还扭过头挤出了一个笑容。可是一出幼儿园，她就一步也不肯走了，一直伏在姥姥身上，到家后我给她一量体温，已经快40度了。这个孩子，在姥姥来接她之前，身体一定已经很不舒服了，但一直绷得紧紧的，表现一切如常，到了老师看不到的地方，才一下子放松下来，甚至从洗手间出来经过教室的那段路都还是绷着的。我真的困惑了，她为什么会这样呢？是因为害怕老师，还是因为要在老师面前做个好孩子？她是不是承受了来自老师的什么压力？

她刚开始上幼儿园的时候，早上还会哭一哭，但每次进幼儿园之前都会要求我给她擦干眼泪，擦眼泪的纸巾还要收起来不让老师看到；有时到了教室门口，在看到老师的那一瞬间，她的眼泪就夺眶而出，然后她会立刻转身跑得远远的，不让老师看到……

我知道，老师会和她说"不能哭，哭就不好看了哦"，还会说"不听话会有老拐子①（孩子回来转述的，并且笑老师骗人）"。有时，女儿独自玩时会模仿老师的语调说话，听得出来，老师不凶，挺温和。我也问过女儿，老师对小朋友们凶不凶，女儿说不凶；问她怕不怕老师，她也摇头说不怕。这件事情让我挺困惑的，不知道这是孩子的性格使然，不必在意，还是说这样是不正常的，我应该做些什么？

☺ 大李老师来帮忙

孩子的表现的确是有些反常，如果孩子相信身边的人，那她就一定会自然地表达自己的情绪，身体不舒服也一定会表现出来。如果在孩子的经验中，只要需要帮助，身边的大人就一定会帮助她，那么她生了病就绝不会有案例中描述的表现。既然孩子在姥姥面前不再装作没病，就说明孩子对姥姥和老师的看法是不同的，也说明孩子不敢让老师知道自己发烧，不敢让老师看到自己流泪，这里面一定有问题。

孩子无法改变自己的环境，在家长强行要求他们做一些他们不愿意做的事情时，他们不知道自己有权利拒绝。在受到伤害和摧残时，他们以为世界本来就是这样的，所以会默默地承受这些痛苦。当他们过于恐惧和痛苦时，他们会不愿

---

① 拐子：拐骗人口的人。——编者注

意提起这些事，因为一旦提起，痛苦的感觉就会袭上心头，为了阻断痛苦，他们会拒绝回忆。当事件过去，有人逗他们乐时，他们会暂时忘记痛苦，但即使这样，他们的内心深处也留下了阴影，这些阴影时常会以不同的形式表现出来。

在一些幼儿园，老师每天将孩子组织起来进行集体活动，而有些孩子天生更适合以个体的形式自我学习，老师组织活动的方式和内容有可能不适合这些孩子。所以，这些孩子会感到痛苦，会想方设法逃脱和挣扎，这样的行为就会被老师当作故意捣乱。没有受过专门培训的老师，往往会用压制的办法来控制孩子的行为，并把这种压制叫作维持纪律。维持纪律的事情做多了，老师就会情绪不好，无法从自己的职业中获得更多愉悦感，从而很快产生职业倦怠。幼教这种职业不像其他的职业，其工作对象是身心稚嫩的孩子，一旦产生了职业倦怠，老师就不会对孩子有足够耐心。在这种情况下，幼儿园和家庭的反差就会很大，孩子还没有做好应对这种恶劣环境的准备，于是就会尽可能不使老师发作。当发生一些状况时，孩子会自然地将所有过错都归咎于自己，而且，他也无法判断老师是否还喜欢自己，只要老师说喜欢他，就认为老师是真的喜欢他了。当然，一个班里的所有老师不可能同时产生职业倦怠，但只要有一个老师产生了职业倦怠，孩子们就会受到伤害。

如果孩子上幼儿园时过了入园期，老师的脸色依然变得越来越阴沉，那么家长就要多了解些情况。如果老师人不错，家长可以组织起来，想办法影响老师，多多关心老师的生活和感情，使老师有心力持续地爱孩子。如果老师产生了职业倦怠，家长应该联合起来与园方沟通，对老师进行适当调整。

不要用案例中妈妈的方式来询问孩子，因为那样不会得到确切的结果。孩子很容易接受暗示，往往会按家长希望的去说，或是随意接家长的话。概括地描述自己的生活环境，需要有很高的思考能力，而一个 3 岁左右的孩子还不具备这种能力，而当环境条件不好时，孩子就更弄不清楚自己的感受，也无法准确地表达自己的感受。像案例中那样询问会使孩子去注意老师喜欢不喜欢自己，可能反而给孩子造成更多的伤害。

80. 孩子为什么在家长参观日这天表现反常？

☺ 我的宝宝怎么了

我一直认为女儿是个很棒的孩子，大家讨论的各种行为问题都和她沾不上边儿，可是昨天，我迷惑了。

女儿去年 9 月入园，只用了 5 天就不闹了。老师说她每天都度过了"快乐的一天"。女儿回家后，从不和我们说幼儿园的事，可看她天天很快乐的样子，我认为一切都好。昨天上午幼儿园向家长开放，我带着摄像机，高高兴兴地和女儿一起去了。到了幼儿园，已经过了早饭时间，老师让家长都在外面等着，我说女儿还没吃早饭，一个老师就去厨房拿了个包子来。我从窗口看见女儿拿着包子吃，老师们在收桌子。

几分钟后，老师领着孩子们出来了，我看见女儿在哭，很伤心的样子，老师说可能是吃饭太急了。

接着，家长们领着孩子开始做游戏，老师扮成导游阿姨，带小朋友们"逛动物园"。人很多，场面有点混乱，女儿情绪不好，非要我抱。别的孩子都挤在老师面前听讲，回答问题，女儿却要我抱着她，她看了一会儿就转去别的地方玩了，还要求出去。

然后，孩子们开始喝水吃点心了，女儿很熟练地搬椅子、洗手、用小毛巾擦手、吃东西，我在旁边录像。可她一看不到我就哭，我只好抱着她哄。看着其他家长在一边轻轻松松的样子，我有点不是滋味。

该出去玩了，一大群人乱哄哄地往外走。女儿说："好多陌生人。"我觉得她可能是害怕了，因为我们平时经常告诉她别和陌生人说话、别和陌生人走……

在操场做游戏时，女儿很快乐，可还是紧盯着我，让我把摄像机收起来和她玩。大家一起拿着沙锤做操，她非要我站在她旁边才做。结果，别的家长都在外面看，我和小朋友站在一起跳。

回到教室后，孩子们开始上英语课。老师是美国人，课上得非常生动。其他孩子都很投入，气氛很好，女儿却很紧张，总是要确认我在她身后。我只能蹲在她后面搂着她。其间，女儿又哭了两三次，因为右边的小姑娘时不时就拍她一下。

接下来，英文老师组织孩子们做游戏，让女儿和她左边的小男孩上去。女儿很高兴，做完了游戏，两人还来了个大大的拥抱。可回到座位，一个男孩子坐了女儿的椅子，女儿立刻哭了，说："他坐我椅子了。"最后，我只好劝那个男孩子换一下。

在这期间，几乎所有的孩子都在专注地和老师做游戏，家长们都站在后面笑眯眯地看、拍照，只有我，半跪在地上搂着一个时刻会哭的孩子。

最后，老师说给家长们跳个"六一"要表演的舞，别的孩子都上去了，女儿非要拉着我也上台。我说不行，她就一屁股坐椅子上怎么也不动了。结果其他孩子开始跳舞，我们看着。

到了中午，老师说让孩子们留在教室里吃午饭，家长们到隔壁去开会。绝大多数家长都走了，无论我怎么和女儿解释一吃完饭就来接她回家，她都死抱着我不放，一个劲儿地哭。结果，我带着她去开了会，午饭回家才吃。

我真的很吃惊，为什么女儿会这样？她平时开朗大方，老师说她很爱唱歌跳舞，常常在上课时还非要大家听她唱一段。接孩子时，老师会对家长说几句孩子的表现什么的，问到女儿，老师总是回答女儿没问题，所以我认为一切大好。我感觉我和女儿没有什么依恋问题，她一出生就和我在一张床上睡，母乳到 2 岁半才断。我晚上什么都不干，只陪她玩，周末更是 24 小时时刻陪着。我是比较惯她，且受孙瑞雪老师的影响很大，按说女儿不该有昨天的表现。

看看其他孩子快乐自信的样子，再看看怀里哭哭啼啼的女儿，我迷惑了，到底是哪儿出了问题？

☺　大李老师来帮忙

孩子在家长参观日这天与平时判若两人，这可能与孩子灵敏的感受力和以前家长对陌生人的描述有关。平时，幼儿园里都是孩子，身高与她差不多，只有老师是成年人；而参观日这天，以往熟悉的空间里突然挤满了密密麻麻的家长，而且这些家长还一脸的兴奋。在这种情况下，既然有可靠的妈妈在，孩子自然会向妈妈求助。

可当孩子靠在妈妈身上时，她却察觉妈妈在散发出不愉快的气息，于是孩子越发觉得是环境中的陌生人把妈妈变成这样的。妈妈对孩子的状态越来越不满意，而妈妈不愉快的情绪又使得孩子越来越不安，最后，孩子能做的只有紧紧盯着妈妈。

环境中这种突如其来的可怕感觉又被妈妈曾经的"别和陌生人说话、别和陌生人走"的训教强化着，孩子无法理解陌生人到底会带来什么危险，所以就把所有陌生人都当成了危险的来源。教室里有这么多陌生人，而孩子无法不跟他们在一起，而妈妈也跟陌生人在一起（孩子肯定也会为妈妈担心），在这样的复杂环境下，孩子怎能放松地参加活动呢？

有很多孩子在这种情况下不焦虑、没什么特殊的感觉，这并不一定值得羡慕。人的自我保护本能，使孩子天生就会在有陌生人时或在陌生环境下依偎在安全依恋人的身边。如果其他孩子没什么特殊的感觉，那也许是因为有别的东西占据了他们的心理空间，使他们没有表现出本能。在大型活动中，芭学园的孩子们经常会出现案例中孩子的这种情况，这种表现是非常正常的。

家长如果的确相信自己的孩子，那就要接纳孩子与别人不同的行为和情绪，无论孩子出现什么状态，都要去爱、去体贴孩子，而不是觉得孩子给自己丢了脸。如果家长实践了跟大多数人不同的教育理念，那就得接纳孩子出现的跟大多数孩子不同的状态。在优秀的教育理念下培养起来的孩子，也并不是在任何情况下都能表现出大多数家长眼里的"好状态"。

所谓好的教育，也许正是以能养育出保持天然本性孩子为基本。例如，孩子伤心了一定会哭，因为他对环境有敏锐的感受力；孩子在伤心时忍着不哭，这是违背他天然本性的，因为孩子绝不应该为了给妈妈争面子而拼命表现。

成熟的教育先要教育的是家长，我们所说的爱孩子，是要求家长在任何情况下都能够爱孩子。案例中的妈妈在孩子给她丢脸时就不爱孩子了，她只注意孩子不如别人的地方，并因此怀疑孩子是否优秀和快乐，仅凭看到的一点情况，家长就把孩子否定了。接受一个教育观点，不能只接受它的方法，而是要发自内心地改变自己的观念和态度，这样才能真正对孩子有利。

4—5 岁孩子的负面情绪

　　孩子在 2—3 岁时不愿意跟别人打招呼，遇到事情发脾气、哭闹，家长一般都可以忍受，因为父母认为孩子还小，但 4 岁的孩子再表现出小时候的这些状态，家长就会有些担心。有些家长可能因为孩子长大了还这样，觉得孩子没出息。其实在 3 岁之前，孩子的很多独特个性还没有显现出来，而 4 岁之后孩子表现出来的一些问题，很多都形成于 3 岁之前。这时，孩子的智力已经发展得比较成熟了，家长应对起来也会更加困难，再加上家长对孩子的要求变高，家长和孩子的冲突就会变大。而且，孩子在 4 岁后还会进入一个情绪探索阶段，在这个阶段，孩子会变得很容易激动，用很夸张的措辞，会经常试探家长以探索家长的情绪，可能会说"妈妈，你不爱我，你不是我的好妈妈""我不想要妈妈了""妈妈，你找不到我会伤心吗"之类的话。如果家长不了解孩子在这个时期的状态，就会被孩子吓坏。下面我们来看看，这个年龄段的孩子都有哪些情绪问题，家长都有哪些困惑。

81. 孩子在外面放不开，怎么办?

☺ 我的宝宝怎么了

女儿在外面从不给我们面子，外人也不理解，觉得她是被我们宠坏了。

在家时，女儿表现一切正常，但只要有外人在，她马上就变脸了。比如，家人聚会一起吃饭，她不吃，嘴里还说着"我不吃，就不吃"。如果别人逗她，她就更加生气了。她也不和到家里来的其他孩子玩，在外面时也不愿意和小朋友玩。我发现，其实她挺想和小朋友玩的，可就是不敢去。

前几天上舞蹈课，我和女儿连着三次课都是只坐在凳子上，可奇怪的是，一回到家里，她就学着老师的样子跳起来了。她平时一遇到困难就放弃，比如画画，她觉得画得不好就不画了，还哭。

女儿非常敏感，自信心也不强，似乎总是在担心什么。在幼儿园老师的帮助下，现在她基本上能在幼儿园里发言和玩耍了，但我从侧面观察，发现她不如其他孩子那么放得开。

女儿两三岁之前基本上是由老人带的，老人对她限制比较多，我带她时因为害怕再次挫伤她的自信心，所以基本是以鼓励为主，但我还是不知道该如何教育这样的孩子，怎样让她释放自我，独立完成一件事。有的老师说她有自闭的倾向，她非常渴望去参与活动，但总表现出不合作的态度。在外面的时候，我基本上都和她在一起，鼓励她和小朋友一起玩，拉她和小朋友握手，可效果都不是很好。

☺　大李老师来帮忙

从案例中的描述可以看出，孩子只是不愿意在别人面前表现自己，但还是愿意学习、愿意表达的。这个世界上有各种不同的人，先天遗传、养育环境等因素都会造成每个孩子各有不同。所以，只要孩子的学习机制没有被破坏，家长就完全不必在意孩子是否愿意表演，自然更不必感到不满和担心。案例中，家长不满只是因为孩子没有给家长面子，但家长的面子并不需要由孩子来挣。

另外我认为，出现案例中的情况并不是孩子自己的问题。在办幼儿园的这十几年中，我们发现，由老人带大的孩子一般会比较拘谨。老人在帮助儿女照顾孩子时，生怕有什么不周和闪失，于是会倍加小心，再加上隔辈亲的传统观念，对孩子就更加呵护有加。在这样的条件下，老人往往缺乏科学的养育常识，缺乏对儿童精神发展规律的总结和了解，在养育孩子时，往往以养育自己子女的旧经验为基础，他们只是在按照自己的愿望行事，而这些愿望是不理性的，是一些心理需求的反射，结果，在养育孩子时就经常犯以下错误：

第一，老人总是怕孩子受伤，过于小心谨慎。这样会使孩子以为这个世界到处都是不安全的，自己是脆弱的，从而变得小心谨慎。这种过分的谨慎会使孩子不断地假设危险的存在，无论到了什么场合都去关注危险，被危险吓到的机会就会比别的孩子多，而这种惊吓会使孩子越来越敏感，这就像一个人的手臂受了伤，很痛，他就会注意任何可能会碰到伤口的东西和可能，而没受伤的人就不会有这份担忧。即便伤口只是轻轻地被碰一下，受伤的人也有可能跳起来大叫。人心里的伤口也是一样。案例中孩子心里的伤口就是担心，而妈妈认为她是胆怯。

第二，老人认为要管好孩子，所以孩子做任何事时都在一旁不停地指导。孩子想做一件事时，一定是心中有了要按自己的需要做这件事的愿望，孩子只有按照这个愿望去做自己想做的事，才能获得发展、感受到愉悦。家长如果不了解这一点，就会按照自己的愿望去教孩子。想一想，孩子发现了一块土块，然后蹲下来用手抓着土块，观察并体验着它的重量和触感，下一步将怎样探索，孩子自己也不知道，但孩子会利用每一个机会继续进行探索。这时，老人可能会想，要教孩子爱护公共环境，让孩子具备良好的品德，于是说："孩子，把土块扔进垃圾桶，我们要爱护公共环境，你看早晨阿姨打扫卫生多辛苦。"老人这么说是出于公共道德，如果孩子不理他们，他们就会认为应该进一步教育孩子，于是将孩子手里的土块抢过来，扔进垃圾桶。这时，孩子可能会大哭，可能会忘记自己刚才的兴致，转而去寻找别的目标，也可能会自己将土块扔进垃圾桶。老人会对孩子的表现有自己的看法，但无论产生哪一种结果，这种结果都不符合孩子的自然需求。这样，孩子的意愿没能得到满足，一两年下来，孩子就慢慢地不会再果断地实践自己的想法，也就没有了探索和自我学习的愿望，不再感受得到来自生命本能的愉悦，变得麻木起来，对什么都失去了兴趣。

第三，为了照顾好孩子，老人不让孩子自己做任何事，包括吃饭都要给孩子喂。这样的话，孩子就没有机会通过尝试发现自己的能力范围，于是不知道自己能做哪些事，做不成哪些事。在做一些事情时，一旦失败了，他就会认为自己做不了，而不会想办法解决，不会继续尝试。这样，孩子就会没有自信，看起来畏首畏尾，没有抗挫折的能力。

孩子如果出现以上这些问题，是无法仅靠家长的几句鼓励就变得有自信、有生命力的。这需要家长改变孩子的生活环境，一点一滴地帮助孩子弥补成长中的缺失，使孩子重新获得发展。

如果无法改变老人，为了孩子的一生，一定要请老人暂时离开。否则，老人为了证明自己的正确性，会拼命抵制父母的方法，问题就会变得更严重；而父母与老人的冲突也会给孩子带来更大的伤害。老人离开后，父母可以营造一个开放的、快乐的环境，让孩子在家里做事、探索，不要干涉孩子，慢慢地，孩子的生命需求会再次被唤醒。

父母千万不能用语言鼓励孩子，如"你去跟小朋友玩吧""你去跳舞吧"，这实际上是在催逼孩子，会使孩子更加害怕父母要他做的那些事，更加羞羞答答的。家长可以教孩子一步一步来做，每完成一步都要称赞他。比如，在教孩子与小朋友分享礼物时，家长可以先选择一个小朋友，对孩子说："孩子，走，我们一起去小朋友跟前。"走到小朋友跟前后，家长再对孩子说："来，帮我掏出一块饼干！"等孩子掏出饼干后，家长就可以说："请你把饼干递给小朋友！"孩子递上去后，家长要拥抱他，并说："哇，妈妈看到你给小朋友送饼干了。"坚持这样做，相信你很快就会忘记你的孩子曾是一个忸怩的孩子。

切记，不管孩子多么忸怩和放不开，家长都不要因此而不满。孩子并没有给家长丢脸，是家长给孩子丢了脸，因为是家长把孩子养育成了这样。

82. 孩子不愿意刷牙了，怎么办？

☺ 我的宝宝怎么了

晚上睡觉前，4 岁半的女儿和爸爸一起刷完牙，两个人牵着手过来找我。"妈妈，你看，我们俩谁的牙齿更白？"

"嗯，你的门牙比爸爸的白多了，但旁边的牙就有些黄喽！"

就说了这么一句，她的脸色马上就变了："我以后再也不刷牙了，天天都不刷！"说着，她就靠在我怀里大哭起来，哭了大概有一分钟。在这期间，我只是让她靠坐在我的腿上，什么也没说。渐渐地，她的哭声小了，我抱着她坐到床边，对她说："既然你以后都不想刷牙了，那从明天开始，我们就一个月不刷牙。一个月以后，我们去看牙医，如果牙医说你的牙齿很好，没有问题，以后都不用刷牙了，那我们就照做！"

"不好，我要一天刷牙，一天不刷牙，一天刷牙，一天不刷牙！"

我不知该怎样回答才好，只好坚持刚才说过的话："既然你不想刷，那还是一个月不刷吧！"

"不好，不好！我就要一天刷，一天不刷！"说这句话的时候，她的情绪已经基本平静了。她也离开了我的怀抱，准备去书架上拿书了。

在这件事情上，可能大家觉得我其实不应该那么讲，我只要告诉她"你的牙齿很白，明天继续努力啊"就行了。事实上，我平时也是这样做的，但今天我是故意那样讲的，因为我想看看她会怎样面对别人带有批评的指责，而大家也可以看出，我在处理类似问题时（她已经不止一次在面对别人的批评时反应如此激烈）明显束手无策。我把它写下来，希望大家能帮我分析分析，也帮我想想看用什么方式来处理这个问题更好！

☺　大李老师来帮忙

情绪是一种自然的产物，成年人经过社会的磨砺，已经了解哪些情绪对自己和别人有利，哪些情绪对自己和别人都没有利。于是，人在成年后就会学会根据自己的经验来控制那些不被喜欢的情绪，并展示出被人喜欢的情绪。

案例中的孩子只有 4 岁半，还没有获得有关情绪选择的经验，也不能控制情绪，所以她才被叫作未成年人。在她充满期待地想获得妈妈的赞赏时，妈妈的批评破坏了她内心的美好，使她感到扫兴，从而产生了恼怒的情绪。

孩子都是艺术家，他们的心灵对积极的情感和美好的氛围极为敏感，对充满爱的情景非常迷恋。如案例中的孩子，她那么努力地刷完了牙，又跟爸爸一起拉着手来让妈妈看谁的牙白，在她的想象中有一幅充满爱意的美好图景，那就是妈妈称赞、欣赏她。此时，欣赏是爱，是美好的情感，而妈妈却没能很好地感受这个难得的美好时刻，只是就事论事地评论孩子的某颗牙没有爸爸的白。这就像一个热恋中的人，为了情人精心打扮，去展示给情人看，而情人却不解风情，如实评价，这样一定会使费心打扮的人非常扫兴。所以，在充满爱的时刻，家长一定要用心灵来感受孩子的情意，给予孩子他需要的爱。此时，给孩子纠正错误、弥补不足是次要的，可以以后再找机会解决这些问题。

根据上面的分析我们可以明白，案例中的孩子可能并不是因为受不了批评而闹情绪，而是因为失望而闹情绪。

孩子就像原生态的自然万物一样展示着自己的本来面目却不能自知，无法向别人解释自己的特质。父母应该像感受美丽的自然万物一样去感受孩子，这样才能给孩子的灵魂以温情和满足。在案例中的那种情况下，妈妈应该充满爱意地对孩子说"你的牙真的比爸爸的白"，然后拥抱并祝贺她。对于孩子的建设性行为，用这样的强化方式比用批评和逼迫的方式对孩子有帮助得多。

所以，家长一定要努力为孩子营造美好的氛围，这样，孩子的心灵才会得到滋润并充满感受力。当孩子亲自营造了氛围时，家长一定要配合。如果一不小心破坏了氛围，导致孩子恼怒并哭闹，那么家长就需要倾听孩子，并向孩子说明和补救。在这个案例中，妈妈可以暂时答应孩子的要求，因为那并不是需求而是发泄，而妈妈的承诺可以平复孩子因失望而产生的忧伤。家长可以到第二天刷牙时，再彻底弥补昨天的批评给孩子带来的伤害，使孩子获得信心。

83. 孩子变得粗鲁偏激，怎么办？

☺　我的宝宝怎么了

儿子4岁零9个月，上幼儿园中班。这阵子，儿子变得有些不可理喻，一点儿劝导都听不进去，变得粗鲁、偏激！孩子忽然让我觉得很陌生，那个总是笑眯眯的孩子哪里去了？假期中，我们一家和可乐一家出去游玩，儿子动不动就和可乐起争执：他的东西，可乐动都不能动，碰都不能碰；可乐的东西，他看上了就要占为己有，还不让可乐动！可乐是他最好的朋友，平日里几天不见，他都嚷嚷着要去找可乐，可这次，他完全不再让着可乐，仗着自己个头高，还动不动就对可乐拳打脚踢，大声喊着："我不要和可乐做朋友了，他小我也不原谅他！我原谅大的，不原谅小的！我最讨厌别人欺负我了！"这孩子到底怎么了？

昨天，我带他去公园玩。他看到一个小木马上没有人，就径直坐上去玩，还没有坐稳，一个大概 2 岁多的小男孩就过来抢。儿子喊："是我先来的！"那个小男孩还是要玩。以前，儿子一定是干着急，不会有别的举动。可现在，他喊了两遍"是我先看到的"后，就上手推人家。我跑过去的时候，小男孩的妈妈已经把小男孩抱走了，儿子还在气鼓鼓地哭："我最讨厌小的了，我就是不原谅小的！"

丈夫很生气，让他给小朋友道歉，他哭得一塌糊涂："我不，是我先看到的，我就是不让小的！他不懂道理，还让我给他道歉？"我看丈夫和儿子争执不下，就把儿子抱到一边，告诉他："开始是那个小朋友不对，可你打了他，就是你不对了！你要跟他说这是我先看到的，你等我玩一会儿，就给你玩，这样你们两个就都玩了！或者你去玩别的也好啊！打比自己小的小朋友是肯定不对的！"小家伙哪里听得进去啊，他哭着说："全世界的东西都是我的！在幼儿园，比我小的小朋友总是打我，抢我的玩具，把我弄哭，我就是不原谅比我小的！我就是不打比我大的，比我大的打我没关系，比我小的就是不能欺负我！"

开始，我很生气，后来听儿子说了幼儿园的事情，我心里难受极了。儿子上的是蒙氏混龄班。之前的幼儿园很注重一些传统意义上的教学，转到蒙氏幼儿园后，宽松的环境让儿子很痴迷，他还是很喜欢上课的。这两天我就在想，在蒙氏混龄班里，儿子会不会被要求谦让年龄小的同学，并受到大龄同学的"指挥"，这会不会让他觉得压抑？作为家长，我该怎么引导孩子？

☺　**大李老师来帮忙**

　　大多数幼儿园在教学的时候是把孩子们组织起来学习文化知识，全班几十个孩子在同一时间做同一件事，听同样的课，写同样的字，课上不能说话，几十分钟都要坐在固定的座位上。如果有孩子做了不符合老师要求的事，老师就会严厉制止孩子。这种教学方式会使孩子自然地减少冲突，但他们自己解决问题的机会也会越来越少，生活环境也会变得单一。虽然孩子看上去听从了老师的要求，但他的内心并不愉快，也无法习得人的基本生存能力。在经历了一段这样的生活后，孩子又被置于受尊重的并可按自己意愿做事的环境中，他发现以前被严厉禁止的事现在是被允许的，自己还能自然发展新的人际关系，于是，在不解和惊喜之余，他会反复尝试那些以前不被允许的事，由于不知道目前不被允许的边界在哪儿，他可能会试过了头，使家长感到他在胡闹。

　　孩子从以前的经验中，没有得到解决新环境中冲突的能力和办法，这会让他觉得痛苦和难以忍受。如案例中的孩子，他从单纯的、被统一管理的同龄班转到了混龄班，班里有大孩子、小孩子，他一时无法应对，出现心理失衡，于是开始尽力寻找解决冲突的方法。其实，这是一个很好的成长过程，也可以被叫作适应新环境的过程。人类的适应能力是在适应过程中获得的，而适应能力就是生存能力，所以，成长的过程是伴随着烦恼的，经历了烦恼，孩子才能获得成长。在案例中，孩子的诉说非常明显地说明了这一点，这需要家长的理解。

另外，孩子在自由发展后，情感变得丰富起来，这是一个从"机器"变成人的过程。案例中的父母应该感到欣慰，并怀着喜悦的心情等待孩子完成这一转型，让孩子找到那个有灵敏感受的自己。对于物质的占有欲，也是这一修复过程中会产生的，这是孩子在探索自己的权利和力量。

在这个转变期，父母不要对孩子在修复过程中的行为产生恐惧和不满，帮助孩子发现自己权利的边界即可。父母应该给孩子一些时间让他适应，再慢慢地帮他建立关爱他人和分享的习惯。现在，他就像一只饥饿了很久的小动物，见了食物一定会拼命争抢、霸占，而孩子在精神上的饥饿意味着自主权的丢失，所以，一旦获得自主权，他就会做出过分的行为。家长应该怀着怜悯心，宽容孩子的这种过分行为。

关于群体关系的问题，随着经验的积累，孩子会找到属于自己的解决办法，家长可以在孩子痛苦时同情孩子，并帮助孩子找到解决方式，像案例中的父母那样教育孩子是可以的。

5—7 岁孩子的负面情绪

孩子到了 5 岁，已经度过了探索别人情感、认知自己情况的时期，他们开始关注群体。为了能够进入群体，他们开始表现出他人所喜欢的或者受他人欢迎的特质。在很多时候，他们能够聪明地利用自己的情绪，不会随便发脾气，会克制住脾气然后观察、思考自己要如何表达情绪才能达到目的。但他们毕竟还是孩子，无法像家长那样隐藏或转换情绪。下面我们来看一下，5—7 岁的孩子在情绪表达上会有怎样的问题，家长又会有哪些疑惑。

84. 这样给孩子立规矩，对吗？

☺ 我的宝宝怎么了

"六一"儿童节的前一天，我从幼儿园接儿子出来，把他送到附近上课。一小时的课程结束后，儿子很高兴地走出了教室，一切似乎都很顺利，我也很开心地上去抱了一下儿子，拉着他的手向外走。一出大门，儿子就说："妈妈，我要吃肯德基。"根据以往的经验，他是饿了。针对这种情况，我有两种处理方法：其一，很痛快地答应，因为儿子提这种要求不是太频繁，而且我也可以顺便偷个懒，回去不用做饭了；其二，迂回战术，就是不说可以，也不说不可以，而是说一些无关紧要的话分散一下孩子的注意力，最主要的目的是拖延时间，然后以最快的速度赶回家，再用吃的堵住他的嘴，只要肚里有食物了，肯德基的事也就被他抛在脑后了。但这次，我想换一种方法，直接面对问题，因为我想，如果每次都这样顺着他，以后一旦遭到拒绝，他怎么能承受得了呢？没想到，方法的改变引来了一场较量。下面是我和儿子的对话。

我：今天不行，改天吧。

儿子：不行，我就要今天吃。

我：妈妈今天给你做你爱吃的香菇油菜，赶紧回家，马上就能吃到嘴里了。

儿子：不行不行，我就要今天吃（他反应很激烈，一副想哭的样子，看来今天饿得厉害）。

我：那你先上车，上车再说（我声音有点严厉）。

儿子：不行，我不回家（哭音）。

我：不回家也要往外走啊（我不耐烦了，强行把他抱上座椅，骑上车子就往外走）！

儿子：不行不行，就不回家（他开始用拳头打我的后背）。

我：不许打妈妈（我很严厉，而他开始撕扯我的衣服并开始大哭，我猛蹬车子，想尽快回到家，解决问题）！

骑了一段路后，儿子又开始嚷"我不回家，我要下车"，并抬起腿要下车，我一看实在不行，就把车子停在了人行道上。

我：好了，不回家了，哭够了咱们再回（他哭了一会儿，没有停的意思）。好了，别哭了，哭也哭不饱肚子，只能消耗更多的能量，只能更饿。

儿子：我不怕消耗能量，我不怕饿（他继续哭，有点儿不讲理了）。

我：（稳定一下情绪，但声调依然比平时要高）妈妈已经说过了，今天家里有吃的，抓紧时间回家就能很快吃上东西，你在这儿耽误的时间越长，饿的时间就越长。

儿子：不行不行，就不回家（他继续大哭，我在旁边站着等，引来不少路人的目光，我有点儿烦，本来这几天我自己的情绪也不太好，我们僵持着）。

我：（忽然想到一个办法）好了，停，明天就是儿童节了，高兴一点儿。这样吧，今天就不吃了，明天上午看完了节目，妈妈领你到公园里玩一会儿，中午的时候再去吃肯德基。

儿子：（哭声停了一下）不行，就今天吃（哭声继续）。

我：今天吃了，明天就不能吃了。

儿子：那我明天就不吃了（得，我自己把自己给绕进去了。儿子仍在哭）。

看着儿子的可怜样，我有点儿动摇，这样坚持到底是对还是错，这符合训育的原则吗？要不干脆让他今天吃得了，大家都高兴，而且我确信今天他吃了，明天肯定就不要了。

可转念一想，如果我现在妥协，就前功尽弃了。对我来说，这是训育的彻底失败；对儿子来说，他会觉得哭就可以解决问题，下次他还会用哭来要挟。所以，我不能放弃。

我：不行！我已经说得很清楚了，今天不能吃，要吃得等到明天，哭解决不了任何问题，妈妈不会因为你哭就答应你的。好好想想吧，想通了咱们再走。

儿子：我想不通。

我没搭理他。过了一会儿，看他渐渐不哭了，我就骑车带他回家了。他进屋后，一句话也不说就躺在沙发上，估计是哭累了，也饿坏了。我拿起桌子上的生菜，蘸了点芝麻酱，问他吃不吃。他把脸一扭不看我，还在生气。我也不理他，去厨房准备饭菜。走到厨房门口时，我回头看了一眼，只见儿子一下子坐起来，拿起菜就往嘴里塞，就像是这辈子没吃过饭似的。那情景我真是永生难忘。我知道，拨云见日，天晴了。

这是发生在我和儿子之间的一件小事。事情过去一个月了，好像这件事给儿子也留下了印象。在后来的日子里，儿子也有想吃肯德基的时候，当时他嗓子不太舒服，我就让他忍几天，等嗓子好了再吃。他哼哼唧唧地不高兴，过一会儿也就没事了。然而我不敢肯定，儿子在这件事中是否受到了伤害，他是因为害怕我，知道我不会让步而屈服呢，还是真的想通了？如果儿子真的受到了伤害，我应该怎么弥补呢？毕竟当时我的态度不太好。

☺　大李老师来帮忙

　　案例中这位妈妈，在为孩子建构规则时举棋不定，于是感到恐慌和焦虑，进而把内心的不愉快流露了出来，影响了孩子的情绪，继而又带着焦虑和恐慌来判断孩子的行为，也因此无法进行正确的感知和准确的判断。

　　我们先来分析一下，妈妈选择建构规则的时机是否合适。一般来说，为孩子建构规则，应该是根据孩子的不良习惯和不良状态，事先制定。举个例子，如果孩子每天都要吃一次肯德基，或一周吃好几次，身体已经出现一些问题或者有可能出现问题，这时，妈妈可以给孩子制定规则，要求他一个月只能吃几次肯德基、每次什么时间吃、吃哪几种食物。妈妈要当着全家的面向孩子宣布这些规则，所有人都要遵守它们。从这时起，大家才可以开始执行这些规则，而且在执行的过程中也不能像案例中这样，在孩子肚子饿、兴致很高的时候突然拒绝孩子，而是应该让孩子有个缓冲，比如对孩子说："我们制定的规则是下周五下午 5 点钟吃肯德基，现在时间还不到，怎么办呢？"这个时候要让孩子自己拿主意，因为 5 岁的孩子已经可以思考这些问题了，孩子有可能会说今天吃了，周五就不吃了，那妈妈就可以同意，并告诉孩子下次必须到约定的时间再吃。这实际上算是妈妈给孩子的一次警告，对于孩子来说，不加警告就直接惩罚会造成两个问题：一是会让孩子对惩罚人产生恐惧，二是惩罚起不到切实的作用。被警告后，孩子对即将到来的惩罚可以做个心理准备，在真正接受惩罚时，尽管孩子还会痛苦，还会抗争，但他会意识到惩罚所要达到的目的，不会再认为自己受到惩罚是因为母亲拥有至高无上的权力，而自己是由于没有权力、太过弱小才得不到自己想得到的机会，并从而感到自卑。

我们再回过头来看一下案例中的情况：

第一，案例中的妈妈并没有事先给孩子制定关于吃肯德基的规则，我们完全可以猜测妈妈是因为近来心情不好，所以才用禁止吃肯德基的方式来向孩子发泄自己的情绪。有时候，家长对自己的情绪并没有察觉，其实，如果这天妈妈情绪很好，可能就不会想起来要禁止孩子吃肯德基了。

第二，孩子肚子很饿，在这个时候，任何人看到美味的食物都会犯馋，何况一个5岁的孩子。妈妈一定要设身处地地去体察孩子的心理，要怀着深厚的怜悯去理解孩子这种本能的需要。如果能够做到，我想任何一位妈妈都不会忍心拒绝孩子的要求。

第三，孩子的判断是妈妈一定会理解他的，妈妈是爱他的，再加上他刚才上课上得很好，他认为妈妈一定也会很高兴，所以当见到妈妈时，他怀着喜悦的心情向妈妈提出自己的要求，他认为妈妈一定会答应，而妈妈突然的拒绝使他感到非常扫兴和伤心。孩子哭闹并不只是因为想要吃肯德基，也是因为被自己最爱的人拒绝而感到恼怒。所以说，父母一定要体察孩子的心情，不要只是古板地看事情的表面，吃一次肯德基并不会对孩子的身体造成多大伤害，在这种情况下，应该让孩子吃完再说。

第四，母亲在给孩子建构规则的时候，逻辑不清，胡搅蛮缠，这比让孩子扫兴给他造成的不良影响更大。所以，家长在跟孩子讲道理时，一定要把握住事情的根本，即便是自己辩输了，也不能把孩子的逻辑搅乱。

给孩子订立规则后，家长并不一定每时每刻都必须刻板地固守规则，在突然发生了意外情况，必须提示孩子或者制止孩子的行动时，家长可以先停一下，不要说话，想清楚自己到底想干什么、要达到什么目的，然后很快地合计一下，看看用什么方法对孩子最有利，再一步一步去实施。如果自己心里没底，目的也没想明白，那就暂时什么也不要做，先观察一下，看事情会怎样发展。家长在一边默默地保护孩子，使孩子不受伤害即可。

给孩子建构规则时，如果孩子哭闹，家长先要告诉自己："我在为我的孩子建构规则，为我的孩子培养一种良好的品质，这是让我们家获利的事。"这样，家长就能够不在意路人不解的目光和表情，不至于让别人的状态影响自己正在做的事情，也不至于因为自己的面子受损而迁怒孩子。

在给孩子建构规则时，如果没那么多的理由可讲，就不要硬编出很多歪理，比如，案例中妈妈说的好多理由跟吃肯德基是没有关系的。其实，妈妈只需要说："今天不可以吃，我知道你很生气，如果你需要哭的话，可以在这里先哭一会儿，等你哭完了，我们一起回家去吃饭。"妈妈说完这些话就可以不再说话了，等孩子情绪平复下来，再提出建议。

85. 家长该如何安慰心理受伤的孩子？

☺　我的宝宝怎么了

今天早上一起床，儿子就不肯上幼儿园，他给我打电话，说今天不想去上幼儿园，后来还哭了很久。家里的阿姨把他送到幼儿园门口，他也不肯进去。

昨天早上，儿子很高兴地说"明天早上我们学校早操比赛"，还和我聊了好些比赛规则，今天早上，他却不愿意去上学，我百思不得其解。后来我想了想，肯定是学校老师批评了他，或是纠正过他做得不对的地方。

儿子比较不能接受批评，而且他乐感不强，做大动作、精细动作也都不太灵活协调。上一学期他好像也有类似不肯参加比赛的情况。今天早上接到儿子的电话时，我一时也不知该怎么说，只是说："是吗？妈妈有时也不想上班，你今天不是要比赛做早操吗？要不你等一下再去？"儿子还是一个劲儿地说："我不想去。"最后，他觉得妈妈也不支持他不去上幼儿园，"哇"的一下就哭了，把电话给了阿姨。

在这种情况下，作为母亲的我该如何回应儿子呢？是不是不应该让他上幼儿园？今天晚上等儿子回到家，我又该如何处理他的情绪呢？

☺ 大李老师来帮忙

孩子的内心跟家长一样丰富，他们有快乐的时候，也有忧伤的时候；有信心十足的时候，也有没有信心的时候。不同的是，家长能够理性地分析自己出现的这些状况，并能用外在的行为掩盖内心的活动。儿童由于还不成熟，没有习得与心理相分离的外部行为模式，会把内心活动全部展露出来，儿童精神分析学家把这样的行为叫作象征性行为。我们可以猜测，案例中的孩子在比赛的那一天早晨不愿意上幼儿园，是因为对比赛担心、恐惧才出现这种情况的。

在儿童的成长期内，为了孩子的身心健康，家长尽量不要安排他参加竞技性的活动。每个孩子的特征都不同，发展的节律也不同，而这些不同都体现了他们全部的本质，他们无法离开这种本质去发展出社会性的表面技能来应付那些竞技的场面。举个例子，一个孩子没有奔跑的特长，学校却选他去比赛，为了适应这个社会性需要，这个孩子就拼命跑。如果跑好了，他获得了愉悦，从此发现了自己的能力，就会重复练习；可如果跑不好，他会想一想自己是不是更适合打球，不适合跑步，于是也不会自卑。一个孩子能够进行这种程度的思考，要等到 12 岁以后，6 岁的孩子在拿自己的短处与别人的长处相比时，无法通过任何分析来弥补自尊心所受到的伤害。所以，在孩子 6 岁之前，家长不应该安排孩子参加任何竞赛活动。如果竞赛不可避免，家长也应该努力保护孩子，使孩子发现自己在此项比赛中的成果，感到自己是成功的，而不是在比赛之后再也看不到自己的能力，只看到自己不如别人的地方。如果孩子被这样刺激过，就会极其害怕比赛和竞争。

案例中的妈妈对孩子这样说是非常好的，孩子会发现妈妈能够感知自己的情绪，孩子虽然还会感到恐惧，但已经有了精神支持，不会在困境之中感到绝望。任何一位父母都有责任保护自己的孩子，如果某项社会活动对孩子是有伤害的，那么找借口带孩子离开是对的，不过这样做的时候不能让孩子知道。

86. 孩子的心理压力大，诱发了抽动症，怎么办？

☺ 我的宝宝怎么了

女儿从某天起开始有扭头、眨眼的表现，经确诊为抽动症，之后，我几乎每天晚上都守着她流泪。我知道这主要是因为我给她的压力太大了，内心非常悔恨。我在网上查了许多资料，我们全家人一致认为宽松的家庭环境是缓解病情的关键。家庭环境改善后，女儿开始恢复，不知道的人几乎看不出她和其他孩子有什么不同。

上周，我带女儿去北京开了中药回来。因为一直和女儿在一起，我发现了她的一些心理问题。实际上，这些情况以前也有，只是被我忽视了。我想把这些症状说出来，请李老师告诉我怎样做才能缓解她的心理压力？

第一，她害怕陌生人的关注，害怕陌生人指出某件事不能做。有一次在酒店大堂，她想去玩自动门，我陪她一起去了。当时，有个保安看她进出了几次，就笑着说"还玩呢"，她马上感到不好意思，迅速跑开了。她还边推我边说："都怪你。"

在返家登机安检时，机场安检非常严格，气氛有点紧张，她马上感觉到害怕，我就想抱着她一起安检。安检人员让她到另一边去，她碰了下门，安检人员说别碰门，她就开始扭头、眨眼。在北京那几天，她表现得非常好，差不多有两三天没有发作，这时怎么会突然发作呢？我很害怕，急忙带她离开。差不多半小时后，她的紧张情绪得以缓解，又恢复了正常。

第二，她和小朋友交往时争强好胜，不肯让步，凡事都要争第一。她和小朋友交往时多数时间是正常的，她很容易和不认识的小朋友玩起来，玩的时候也很开朗，但如果是和小朋友一起跑步，她就一定要跑在最前面，否则会想办法阻止别人跑，或朝另一个方向跑。她很有控制欲，希望别人听她的指挥。这样的个性已经影响了她和好朋友的交往，会惹得朋友不开心。新交的朋友不了解她的个性时还好，一旦了解了，他们的关系也会受到影响。

第三，她做事力求完美。她摆放图书、画笔、画片，以及铺被子时都有自己的顺序，不能被打乱，如果顺序被破坏，就会很生气。

我感觉她安静下来时不太快乐。有的小朋友几乎从没有想事情的时候，而她在坐车时偶尔会很安静地看着窗外，好像在想事情。她非常敏感。有一次她上厕所之后让我擦屁股，我怕她冷就拿了件衣服给她，她说想要另一件。我走出门时叹了口气，她问我："你是不是觉得有些麻烦？"我很吃惊。她描述自己的情绪时非常准确，也总是能准确地感知别人的情绪。吃饭的时候，我不想再吃可还是勉强自己吃时，她就一定要阻止我，说不要吃了，再吃就不舒服了！我说妈妈爱吃，她就会问："真的吗？"

我暂时只能想到这么多。关于以前的家庭教育，我只能用不堪回首来形容。4岁以前我对她的教育也许是没问题的，但4岁后几乎是完全失败的。4岁半后，她开始学钢琴，我经常会斥责她、打她，但在生活上又对她溺爱。我真的不敢回忆，想起这些我杀死自己的心都有。

☺ 大李老师来帮忙

每个人都有天生的气质类型。有些人天生神经比较强韧，哪怕受尽折磨，精神也不会出问题；有些人则天生神经比较脆弱，和别人受到同样的伤害时，别人没事，而自己的精神却出了很大的问题。案例中的妈妈已经对自己的行为有所反思，对孩子的问题也有了一定的认识。

实际上，造成孩子心理压力过大的原因很复杂。有一些压力是家长直接给孩子造成的，像案例中所说的，为了使孩子更优秀一点，妈妈对孩子要求过严，使用的方法过于情绪化且充满暴力，使孩子陷入了不好的状态。还有一些压力是间接的原因造成的，比如，夫妻双方都对孩子溺爱，两人之间的关系却非常恶劣，在这种情况下，夫妻二人都不能从对方那里获得关怀和爱，于是他们就将对爱的需求转化为给予，投射到孩子身上。这会使孩子一方面缺乏承受力，一方面又被父母的关系所伤害。当孩子的心理压力大到一定程度时，他就会有一些怪异的表现，如抽动、咳嗽、眨眼、过敏、起皮疹等。根据心理学的分析，孩子之所以有这些表现是因为"他在拯救父母的关系"——父母会因孩子生病而停止彼此之间的争斗。

孩子只要身心健康，就什么都能学会，因为孩子本身就有学习的心智。但是对于学习的内容，家长要根据孩子心智的成熟程度来安排。任何人都做不好一件让自己痛苦的事情，所以，要想让孩子学好某个领域的知识，就一定要先让孩子在其中获得快乐。案例中的经验教训已经说明，如果孩子是痛苦的，连自身的健康都无法保证，那也就根本谈不上在某个领域里有所成就了。

孩子出现案例中的状态，是需要心理医生或精神科医生的帮助的，但是父母如果能够醒悟过来，改变不适当的教育方法，解决自己的问题，孩子就会很快好转。

看案例中描述的情况，孩子患上抽动性多动症不只是因为受到了母亲的负面情绪的伤害，她对陌生人的反应也过于敏感，这说明除了父母以外，其他人也给孩子带来了很严重的伤害。如果一个妈妈把孩子管教得唯唯诺诺，那么孩子在上幼儿园或者上学时，就可能会不被老师和同学们喜爱。在这种情况下，孩子可能会持续地受到不友善的对待，并陷入恶性循环。在一群孩子中，某个孩子是否被群体接纳，不是由长相是否漂亮决定的，而是由身心是否健康决定的。所以，父母应该先让孩子成长为一个身心健康的人，之后再考虑学习的问题。

谢谢这位家长为大家提供案例，大家可以有所警醒，不再犯同样的错误。

87. 如何化解孩子的消极情绪？

☺ 我的宝宝怎么了

小侄儿最近几个月常有一些消极言论。

"奶奶多好呀，每天就吃饭、睡觉，不用上幼儿园。"

"爸爸，我要是一只青蛙多好，白天睡觉、晚上呱呱叫就是它的工作。"

对此，他的父母不知如何作答。

小侄儿的父母对他主要是娇宠着，有时也呵斥。他跟父母的话很多，但是不愿说或说不清在幼儿园的活动情况。据他爸爸说，他在幼儿园适应得不好，每天就枯坐着看墙上的钟。但很奇怪的是，他一点儿也不排斥上幼儿园，每天早晨都催着大人快点，别迟到。

他非常喜欢跟我玩，可是我有了自己的孩子之后，他就和我变得疏远了。我想通过和他的父母沟通来帮他，但是不可能。现在，他的这些消极言论把我难住了。那么，我应该如何在言词上回应、引导他呢？

☺　大李老师来帮忙

人们每时每刻都会被身边的某种事物所影响，产生某种心境和情感，并且在这种心境和情感的影响下做出某种行为或说出某些话来。如果孩子的生活没有发生很大的消极的改变，那大人就不必太在意某些细节上的变化。就像有些孩子在某段时间里会非常容易动感情，经常把自己感动得痛哭流涕，这是孩子在精神发展中出现的正常现象，如果这时家长大惊小怪，以为自己的教育出了什么问题，就会把这种情感烙印在孩子的心灵上，并把它强化为问题。实际上，家长只要在孩子有情感表达需要时配合他即可，可以平静地倾听孩子的诉说，然后把他从负面情绪中拉出来。

案例中的孩子可能是在生活中遇到了一点儿困难，于是有了负面的情绪。其实，这是在儿童成长中比较正常的现象，孩子用这样的语言表达情绪，说明这个孩子是幸福的。他能够清楚地意识到自己想要变成没有烦恼的动物的想法，这说明他的心智是健康的。如果一个孩子心智不健康，他的大脑就是混乱的，他无法感受自己，也无法感受别人，更不能准确地表达自己。像案例中的这种情况，家长不必担心，有时可以开玩笑似的让他试试这些有趣的想法，并跟他谈论一下学校的事情；也可以根据自己的判断，用自己来举例，讲述一下孩子可能遇到的问题。比如，家长可以说："在我小的时候，有一个朋友老是欺负我，我怎么也对付不了他，回家又不敢跟爸爸妈妈说，也不敢跟老师说，这时，我就非常想变成一只青蛙。"家长可以按照孩子的需要去编一个孩子能够接受的结果，对孩子进行引领。这样一来，孩子虽然没有说出自己到底遇到的是什么，但也不会觉得家长的故事莫名其妙，不会觉得这是在对自己的情况进行猜测。客观来讲，家长对孩子的情况无端猜测会让孩子对家长丧失信心，而如果家长只是在讲自己的故事，就不存在这个问题。故事里的事情是孩子很可能会遇到的，即便与孩子遭遇的情况不同，也能让孩子得到一些经验，这对孩子是有益的。孩子会发现，原来人人都会遇到这些问题，这样，他就能够面对自己遇到的困难了。

家长一定要学会判断孩子是不是幸福。有时候，一个整天都有事做，见了妈妈十分腻歪，哭哭啼啼地诉说自己的痛苦的孩子，反而可能是一个幸福的孩子。孩子越是这样，他的情感就越丰富，想法也越多。这些想法在家长看来并不全是阳光的、积极向上的，这是因为孩子还没有能力判别想法的好坏，也没有意志力去控制不好的想法。但是，有想法的孩子一定不是一个痛苦的孩子。

案例中提到，当姑姑有了自己的孩子，侄子就一下子疏远了姑姑，这只是暂时的现象。在以后的时间里，当侄子发现姑姑虽然有了宝宝，但还是爱着自己，这种疏远就会消失。姑姑可以让侄子帮忙照顾小宝宝，培养侄子和小宝宝的感情，这样就会消除侄子因为妒忌而产生的疏远的感觉。

88. 孩子遇到困难就退缩，怎么办？

☺　我的宝宝怎么了

　　我的女儿今年6周岁，是个倔强的孩子。从孩子出生，我就立志做她的朋友，爱她、尊重她。应该说，我为她营造的环境是比较宽松的。在幼儿园里，老师对她的评价比较好。但是后来，她上到幼儿园大班时学习了拼音、数学，放学回家后，我让她再做一做、学一学，她就很不愿意，特别是在遇到了困难后，她更是非常抵触。

　　今年4月，为了让她更健康地成长，我让她学了钢琴。我想，如果她能学会一种乐器，那她在感到快乐或心情不好时，就能用音乐来调节自己的情绪。刚开始她还很有兴趣，但随着难度的增大，她又开始不愿下功夫了，一坐到钢琴前就没精打采的。也不能就说她对钢琴没有兴趣，她有美好的愿望，希望能弹一手好钢琴。可是天上不会掉馅饼，不努力就弹不好。我每次说她，她总是表态，说以后一定会好好弹，可到练琴时，她还是不用功。我现在已经精疲力竭，不想让她学钢琴了。我现在最担心的是，9月她就要进入小学了，她在以后的学习中遇到的困难会更多，如果现在放弃钢琴，导致她今后在学习上也轻易放弃，那该怎么办？请给我支支招吧！

☺　大李老师来帮忙

孩子天生就热爱学习、热爱劳动，只有出生时受过创伤的孩子才会出现所谓的退化现象。有些孩子在来到这个世界的过程中会感受到疼痛或者窒息等，于是就以为他所来到的这个世界会让他经常感受到这种伤痛，从而变得容易退缩。在心理学上，这被认为是孩子想退回到出生前的状态。这样的孩子在婴儿时期会睡眠过多，显得对学习不感兴趣，例如不会吃手指头，不去啃抓到的东西，在走路时让家长抱，长大以后表现得对所有事情都不感兴趣，等等。

我们发现，孩子如果在出生时没有受过创伤，但在 3 岁之前被抱得过多，要进行大多数学习时都被阻止了，那么在 3 岁之后，孩子也会显得对任何工作都不感兴趣，对老师的引领没有反应。在上小学后，孩子的大脑也发育得较慢，其实，这不是孩子天生脑子笨，而是他缺少自我学习和建构的机会，造成大脑没有发展到应有的程度，在遇到问题时不会主动工作。一旦孩子变成这样，家长就需要付出很长的时间和大量的耐心来帮助孩子。

看案例中的描述，孩子还是能够做事的。孩子是否能够坚持学习，家长是否要求孩子坚持，这是很复杂的问题，需要根据孩子本身的情况以及发展的需要来决定。如果孩子从小就没有获得很好的锻炼机会，又被家里人娇生惯养，很少自己独立解决问题，等孩子到了 4 岁或 5 岁时，再想让她突然优秀起来，自主地去学习、工作，这是不可能的，尤其是家长又给孩子额外布置作业，这时，孩子自然会非常不喜欢，并出现抗拒的情绪。其实，孩子抗拒并不见得是因为对工作本身不感兴趣，她有可能只是无法分清抗拒和不感兴趣之间的区别，本能地拒绝去做那件事。当孩子无法掌握生存所必需的能力时，家长就需要和孩子一起坚持，使孩子能够掌握这些能力，同时对学到的内容感兴趣。这样一来，孩子的承受能力就会慢慢地越来越强。随着感受成功带来的愉悦，孩子会逐渐喜欢上那些生存所必需的训练。

孩子出现问题时，家长不要只看到孩子当下的表现，而要看到造成这些问题的原因，找到原因后，再从根本上加以解决。如果不能做到这一点，家长就会把原因归结到孩子身上，从而对孩子不满。这种不满会被孩子吸收，让孩子把自己定位为一个不被欣赏的人，逐渐变得精神萎靡和不自信。这样造成的直接结果是，孩子在遇到所有的事情时，都会认为自己做不了而放弃。

孩子 6 岁之后，家长一定要盯着孩子去完成他们每天必须完成的任务。如果监督的时候，家长的情绪是平和的，孩子就会得到精神支持，顺利完成工作。如果家长吓唬孩子，迫使孩子完成工作，就会造成完全不同的结果。前者会帮助孩子逐渐发现自己的能力，变得越来越有信心；后者会使孩子越来越害怕承担自己的工作，变得越来越没有信心。

89. 孩子要"自杀"，怎么办?

☺　我的宝宝怎么了

　　儿子 6 岁零 2 个月，他一直想自己一个人回台湾的爷爷奶奶家。我上个月答应了他的要求，并安排他和他表姐一起回去（表姐已成年，27 岁）。儿子在台湾待了 17 天，奶奶和三个姑姑几乎每天都会找不同的理由带他出去玩，因此他每天都没有午觉睡（平时，他虽然没有每天必睡午觉的习惯，但通常至少会躺着休息一会儿）。

　　开始的几天还好，一个多星期后，儿子晚上睡觉时就会想妈妈，还会哭一下。我每天都打电话给他，问他开不开心，他都说开心，还告诉我他想我的时候会哭。我就说："哭就哭吧，妈妈想你的时候也会哭，想家的时候也会哭，如果你还是想我，那就给我打电话。"他总是表现得很愉快，在电话里跟我和他爸爸说再见，所以我们也没有很担心，也没有想提前去接他回来。

　　直到回来的那天，和他一起来的大姑姑跟我讲了他的一些表现，我才开始焦虑。

　　第一，儿子的表哥（24 岁，刚从国外回来休假）要看电视，他要看卡通片。表哥说自己只看 5 分钟，结果没等到 5 分钟，儿子就把电视换台了。表哥生气地离开了，然后儿子就一直不理人，也不说话。

　　第二，大姑姑全家带他和朋友吃饭。他吃完后一直吵闹，表姐告诉他大人要谈事情，没有办法关注他，他就大声喊叫"我白来了！我白来了！"还要用头撞墙。

第三，大人晚上让儿子睡觉，他不肯，还激动地说："我要把自己刺死！"而且，他还真的去拿了剪刀对着自己。

第四，儿子生气的时候对旁边的人说："你们都生我的气，我要告诉我妈妈！"可事后他并没有对我说过这件事。

我本来想淡化这件事，但还是太担心，就忍不住问了他。他告诉我，他不理人是因为自己在生闷气。我告诉他，下次生闷气的时候，如果真的是自己不对，可以对别人说"对不起"，以后不再犯同样的错，并且不要再放在心上。他说，他就是想让别人知道他很生气，他生气的时候偶尔会有想死掉的念头。我问他为什么不告诉我，他说他知道我不会指责他，不管他做什么我都一样爱他，但是他觉得自己这样不好，所以不想让我知道。

我听了很心酸。我一直努力做一个好妈妈，希望他有什么想法都愿意和我沟通，可他不高兴的时候却不想告诉我。他一直都是一个很开心的小孩，我们的关系很好，会一起玩、一起疯。他和妹妹的关系也很好，对妹妹很照顾。在邻居、老师眼里，他也是一个很阳光、很自在、与人为善、有爱心的小孩。

他的这种负面情绪让我很担心，我怕他有自虐的行为。在妹妹出生前后一年左右，也就是他四五岁的时候，他有一段时间也有类似的表达，比如说想消失不见，让别人看不到他。当时我觉得他是担心自己得到的爱被妹妹分享才会这样，也开导过他，还买了个沙袋给他，告诉他生气的时候可以打沙袋，那时他没有过不好的举动。现在这样的问题又出现了，这真的让我很担心，大家是否可以帮帮我，看看怎样处理。

儿子认为自己能够独自去台湾是一种长大的表现，他很期待也很骄傲。在台湾，他几乎每天都出门，去公园、看展览等等。我知道他不一定对这些活动都感兴趣，因为他喜欢的是玩乐高、看电视、看书。别人问他想去哪儿，他也说不出个所以然，但不管去哪儿，他都会表现出很乐意的样子。我告诉他："我想过了，以前妹妹还小，比较需要我照顾……"还没说完，他就说："你是想说你还是一样爱我，对不对？"我说："我会每天找一个单独的时间来陪你。"他就说："那就每天晚上睡前半小时吧！可是妹妹会找你呢。"我说："我会和妹妹讲清楚，这个是我和哥哥的时间，在哥哥上学出门的时候，我已经一直和妹妹在一起了。"我想尽量让他知道我的心意，不知道是否有用？

☺　大李老师来帮忙

人的一生中，没有什么比童年离开父母更令人悲伤和痛苦了。孩子无法改变环境和家长为他所做的安排，于是只好想办法保护自己，使自己的痛苦和忧伤减轻一些，并尽最大的可能获得快乐和爱。案例中的孩子离开父母以后，实际上是不快乐的。另外一个亲戚的群体爱他，但爱的方式和父母不一样，这会让孩子感到恐慌。孩子无法确定自己是否会一直跟这些人生活在一起，虽然家长告诉孩子多久之后会来接他，但孩子在一天中的每一分钟，都跟一些不是自己父母的人在一起。孩子在内心出现情感冲突的时候，获得不了已经熟悉的安抚，这样的反差一定会使孩子感到落寞和忧伤。

生存的本能会使孩子想尽办法试探周围人对他的爱，弄清楚周围人是怎样爱他的，又有多爱他。如果微微试探一下时，没有收到满意的效果，他就会加强试探的力度。他在家里时，可能只要脸色稍微阴沉一下，就会获得父母的关注和爱抚，可是在这些亲戚中，他都阴沉了一天了，也没有人发觉。这样一来，他就会换一种更激烈的试探方式，比如不吃饭，如果还没有引起重视，他有可能会假装生病。如果假装生病还是不灵，他当然就会用生命来威胁。其实不光是孩子，在溺爱中长大的成人在对待外人时也是这样。因此在本案例中，孩子说出要自杀的话，只是在试探周围人对他的爱和关心。

其实，被溺爱长大的孩子在七八岁时短时间地经历一下类似的事，对他们来说是有好处的。如果孩子每年都能有一两次这样的经历，并且在这段时间里，他人能真正地爱孩子，帮助孩子解决他遇到的问题，这对孩子就是有利的。不必害怕孩子说自杀这样的话，也不必害怕孩子自我伤害（比如用头撞墙或者打自己）。

如果孩子以伤害自己来威胁家长，说明家长的行为让孩子觉得自己过于重要。当孩子出现自残行为时，家长千万不要惊慌失措，平时要把可能伤人的剪刀、刀子之类物品放好，对其他没有危险性的家庭用品，不必进行过度的安全防护。在孩子做出威胁行为时，家长最好面部没有表情，平静地看着孩子，告诉他，等他平静下来再来解决问题。

在孩子出现自残行为时，一定要在事态平静下来后，跟孩子进行深入的谈话，了解孩子的内心状态，帮助他解决困难，度过这段艰难时期。

案例中的情况，是孩子短时间内产生了忧伤的情绪造成的。孩子顺应自己的情绪解决问题，这并不是人格有缺陷，所以家长不必担心。过一段时间，等孩子适应了环境，了解了亲戚与妈妈的区别后，这种忧伤的状态就会过去。家长要鼓励孩子在忧伤的时候向大人表达，不要以夸奖的形式将孩子抬高到不能达到的高度，使孩子隐藏自己的真实情感，背着家长以其他的方式展现出来。

90. 孩子无法集中注意力，怎么办？

☺ 我的宝宝怎么了

儿子还有半个月就将开始小学生涯，面对即将到来的学校生活，我对在儿子身上发现的一些问题感到十分着急和困惑。

儿子要上的是实行小班化教学的小学，一个班不超过30个孩子，这也是我选择这所学校的一个重要原因。儿子很顽皮，幼儿园老师一直评价他精力太旺盛了。从小，他的运动能力就不错，坐、站、走、跑、跳，他都要比一般的孩子提前掌握一些。后来在幼儿园里，无论是拍球还是跳绳、转呼啦圈，尽管我们从来不在家训练他，但他总是能最快学会而且做得最好。但是他在学习上表现一般，尤其是一些需要强记的地方总是记不住。经过观察，我发现他的注意力非常不集中，老师讲课时他根本没有仔细听。中班的时候，他学过一段时间围棋，也出现了这个问题，上课的时候注意力一点儿都不集中。近期学游泳时他也是这样，他不听老师讲，光顾着自己玩去了。儿子马上就要上小学了，可是无法集中注意力，这让我感到十分着急。

另外，孩子十分顽皮和机灵。我发现他平时有些喜欢投机取巧，和别人比赛时如果比不过，就想做些小动作来取胜。学习的时候也是，有些浮躁，非常不踏实。

对于孩子注意力不集中和不踏实的问题，我该如何应对呢？

☺　大李老师来帮忙

人一出生，就像一颗种子一样，蕴含着将来能够长成大树的所有能力。但种子还不是一棵树，如果想让种子长成一棵树，还需要人的帮助和自然的条件。其实，任何一个人的身上都蕴含着人类所具有的全部能力，但先天的气质和后天的影响，决定了有些人会使用这方面的能力，有些人会使用那方面的能力。被使用的能力将得到成长和发展，不被使用的能力就会慢慢地退化、消失。

孩子出生后，我们先得设想孩子将来要过什么样的生活。孩子从 6 岁开始，要在学校度过将近 20 年，其中的大部分时间是在运用智力。在 6 岁之前，孩子会准备和发展自己所擅长的能力。所以，家长必须精心地为孩子准备未来可能发挥能力的种种环境。如果家长发现孩子非常爱好大运动，并在这方面有天赋，就可以为他提供可以进行各种大运动的环境。

但是，如果孩子在 6 岁之前一直只做这个领域的活动，很少接触语言、逻辑、艺术等智力性的活动，那么到 6 岁之后，想让他对那些蚂蚁一样的文字、数字符号及大脑工作、小肢体活动感兴趣，就需要一个长期的过程。这是由于孩子在大肢体领域里已经获得了一些成功的愉悦体验，但在小肢体领域里经常有挫败感。孩子无法克服这种挫败感，就会拼命将自己留在能够展示能力的领域，拒绝那些做不好的领域。因此，在孩子 6 岁之前，家长一定要为孩子准备一个完善的环境，引领孩子去尝试文化、艺术、运动等种种领域，使孩子不会拒绝在这些领域中的实践。只有这样，他才能够顺利地进入学校接受教育。

实际上，学前教育并不是从 5 岁才开始的，也不是说让孩子从 2 岁起就开始学习识字和阅读就是学前教育，学前教育是一个非常科学和复杂的过程。家长要经过学习来了解这一过程，才能够正确地帮助孩子成长。看案例中的情况，孩子不见得是注意力不集中，他只是发展出现了缺陷，需要弥补。家长可以让孩子边上学边弥补这些缺陷，但方法一定要对，否则会适得其反，使孩子更加讨厌学习。

如果怀疑孩子有注意力方面的障碍，家长要立刻带孩子到儿童精神科或者儿童发展中心这样的机构去检查。如果是器质性的病变，就要及早治疗；如果不是，排除了疾病的可能性，就可以确定是教育方法有问题，家长需要找儿童教育方面的专家进行咨询，并在专家的指导下对孩子进行缺陷弥补训练。家长千万不能靠自己的想象，胡乱给孩子训练：认为孩子多动，就让孩子坐在一个地方不让动，或者送孩子去参加培训班，锻炼孩子的专注力；认为孩子胆小，就把孩子一个人关在黑屋子里锻炼胆量；认为孩子注意力不集中，就每时每刻提醒孩子要集中注意力。这些方法都会加重孩子的问题。

关于孩子投机取巧和不踏实的问题，任何一个孩子在心智发展到一定程度时都会出现这种状态。他会尝试用自己的心智与家长进行较量。例如，有些孩子会从 4 岁开始撒谎，一直到 10 岁。孩子会不停地进行这方面的探索，这正是我们家长对孩子进行教育的机会。家长可以利用这个机会，教育孩子不再投机取巧，培养孩子踏实真诚的品格。